AF305715

# BÉATIFICATION

## DU SERVITEUR DE DIEU

# LOUIS-MARIE GRIGNON DE MONTFORT

### Histoire du Procès. Décrets. Cérémonies de la Béatification

## FÊTES DE SAINT-LAURENT-SUR-SÈVRE

### PANÉGYRIQUES

> Au déclin du XVII' siècle, Dieu
> envoya un homme doué d'une singu-
> lière et très éminente vertu, puis-
> sant en paroles et en œuvres, pour
> affirmer et soutenir avec une pleine
> énergie la doctrine et le magistère
> du Siège apostolique, pour corriger,
> par l'innocence de sa vie, les
> mœurs en décadence, les ramener
> à la forme de la loi évangélique, et
> confondre la sagesse du monde par
> la folie de la Croix.
>
> (BREF DE BÉATIFICATION.)

Se vend au profit de l'église de Saint-Laurent-sur-Sèvre

LUÇON. — VEUVE BIDEAUX ET FILS, IMPRIMEURS DE L'ÉVÊCHÉ

# BÉATIFICATION

## DU SERVITEUR DE DIEU

# Louis-Marie Grignon de Montfort

## HISTOIRE DU PROCÈS
## DÉCRETS
## CÉRÉMONIES DE LA BÉATIFICATION

Au déclin du xvii° siècle, Dieu
envoya un homme doué d'une
singulière et très éminente vertu,
puissant en paroles et en œuvres,
pour affirmer et soutenir avec une
pleine énergie la doctrine et le
magistère du Siège apostolique,
pour corriger, par l'innocence de
sa vie, les mœurs en décadence,
les ramener à la forme de la loi
évangélique, et confondre la sagesse du monde par la folie de la
Croix.

(BREF DE BÉATIFICATION.)

LUÇON

VEUVE BIDEAUX ET FILS, IMPRIMEURS DE L'ÉVÊCHÉ

IMPRIMATUR :

C. GIRAUD, Vic. Gén.

# BÉATIFICATION

## DU SERVITEUR DE DIEU

# LOUIS - MARIE GRIGNON DE MONTFORT

---

HISTOIRE DU PROCÈS

DÉCRETS

CÉRÉMONIES DE LA BÉATIFICATION

Montfort vient d'être honoré par l'Eglise du nom de *Bienheureux*. Il nous est permis de lui rendre des hommages publics et solennels. Chaque année, le 28 avril, nous célèbrerons sa fête. De splendides cérémonies inaugurent son culte, particulièrement cher à notre piété.

Le jugement du Souverain Pontife est la conclusion d'un procès qui a duré cinquante-six ans. Nous avons sous les yeux les pièces de ce procès, les unes manuscrites, les autres imprimées. Ce sont des documents innombrables, recueillis par des commissions spéciales et étudiés par la S. Congrégation des Rites.

Quand on parcourt ces pages, où le souci de la plus scrupuleuse exactitude se fait partout remarquer, on ne peut s'empêcher d'admirer avec quel sérieux, avec quelle maturité procède Rome dans ses jugements sur la béatification et la canonisation d'un Serviteur de Dieu.

Dans ces actes de la S. Congrégation sont consignés non seulement les faits qui honorent le Serviteur de Dieu, mais encore tous les reproches que ses ennemis lui ont adressés, toutes les observations dont ses œuvres et sa vie peuvent être l'objet.

Un procès de Béatification ressemble beaucoup aux procès que nous voyons se dérouler devant les tribunaux civils. C'est un jugement contradictoire ; il y a un tribunal qui informe ; il y a une cause à juger ; un avocat la défend ; un adversaire l'attaque.

Le défenseur est le Postulateur de la Cause : son rôle est d'établir, par des preuves péremptoires, la sainteté du Serviteur de Dieu. L'adversaire est le Promoteur de la Foi : il prend parti pour les intérêts de la Foi contre le serviteur de Dieu ; ce serait en effet un préjudice pour la Foi, si l'Eglise mettait sur ses autels des hommes qui ne méritent pas cet honneur ; il présente des objections ; il force le défenseur à résoudre les difficultés. Pendant ce temps, le tribunal s'éclaire ; et quand il porte son jugement, c'est après un long et mûr examen. Toute l'affaire se déroule sous les yeux du Pape, dont les prières appellent les lumières divines, et qui doit sanctionner de son autorité les décisions de la S. Congrégation.

Une histoire complète du procès de béatification de Montfort serait fort intéressante. Ne pouvant l'entreprendre, nous en rappellerons du moins les phases principales. Nous avons pensé qu'il serait particulièrement agréable aux amis de Montfort, c'est-à-dire à tous les fidèles de nos contrées évangélisées par cet apôtre, d'avoir dans une même brochure tous les décrets dont il a été l'objet dans le cours du long procès qui vient de se terminer.

---

## INTRODUCTION DE LA CAUSE

Si les Congrégations de la sainte Eglise ont été amenées à étudier la vie du Père de Montfort dans le but de le placer un jour au nombre des *Bienheureux* et des *Saints*, il faut principalement attribuer ce résultat à la haute opinion que notre contrée a toujours eue de sa sainteté.

Montfort en effet a toujours été regardé comme un saint dans l'ouest de la France où il a vécu. Durant sa vie, les populations avaient pour lui un religieux respect ; partout il exerçait un prestige extraordinaire. Ses vertus dépassaient de beaucoup la mesure commune ; il y avait dans sa personne et dans sa conduite quelque chose de surhumain, et l'on ne doutait pas qu'il ne fût sous la direction de l'Esprit de Dieu.

C'est après sa mort surtout et auprès de son tombeau que l'on vit éclater l'universelle vénération dont il était l'objet. Une foule immense accourut de toutes parts pour assister à sa sépulture. On racontait ses exploits apostoliques ; on rappelait ses vertus ; tout le monde le nommait un saint.

Autour de son tombeau accoururent des multitudes de pèlerins,

Esprit et des Filles de la Sagesse. Obéissant très religieusement à ces ordres, le dit Evêque a, dans son diocèse, institué une commission pour faire d'exactes recherches, et il a transmis à la Sacrée Congrégation des Rites tous les écrits trouvés par cette commission avec le procès-verbal authentique de ses recherches....

(Suit la liste de 292 écrits examinés par la S. Congrégation des Rites.)

D'après les censures des Théologiens désignés par l'Eminentissime et Révérendissime Cardinal Jean Serafini, Ponent de la Cause, certains passages des écrits du vénérable serviteur de Dieu Louis-Marie Grignon de Montfort parurent avoir besoin d'éclaircissements. Et la Cause ayant été proposée dans la réunion ordinaire de la Congrégation des Sacrés Rites, tenue au Vatican en 1851, le 4 des calendes d'avril, la réponse a été celle-ci : Que l'on fasse connaître les avis des censeurs, en supprimant les noms.

Il fut fait selon ce rescrit, et l'année suivante, 1852, le 4 des ides de janvier, la cause fut encore proposée en de nouvelles séances ordinaires ; il fut répondu : Que l'on diffère, et que l'on nomme un autre théologien censeur.

Cette nouvelle prescription ayant été remplie, il plut à la même S. Congrégation, dans une autre réunion tenue au Vatican le 16 des calendes de mai de la même année, de donner la décision suivante: Que l'on fasse connaître l'avis de cet autre savant en supprimant le nom.

Enfin grâce aux soins et au grand talent du Patron très zélé de la Cause, il fut démontré péremptoirement, par des arguments abondants, qu'il n'y a absolument rien dans les œuvres et dans les écrits du vénérable Serviteur de Dieu Louis-Marie Grignon de Montfort qui puisse faire obstacle à la poursuite de sa Cause.

La Cause a été proposée de nouveau aujourd'hui, dans la séance ordinaire ; et les Eminentissimes et Révérendissimes Pères préposés à la garde des Sacrés Rites, après avoir examiné l'exposé de l'affaire, après avoir mûrement et soigneusement pesé tous les motifs, ayant entendu le R. P. André-Marie Frattini, Promoteur de la sainte Foi, sur la relation du Révérendissime Cardinal Ponent, ont prononcé le jugement suivant: Rien ne s'oppose à ce que la Cause soit poursuivie, toute réserve faite en faveur du Promoteur de la Foi, qui peut faire opposition s'il en est besoin et autant qu'il en est besoin. Le 7 mai 1853.

Une relation fidèle de toutes ces choses ayant été faite à Notre Très Saint Père le Pape Pie IX par moi soussigné, pro-secrétaire de la S. Congrégation, Sa Sainteté s'est montrée, elle aussi, favorable à l'affaire, et elle a approuvé et confirmé le rescrit de la S. Congrégation. Le 12 du même mois et de la même année.

A. Card. Lambruschini, Préf. de la S. C. des Rites.

D. Gigli, Pro-Secr. de la S. C. des Rites.

## PROCÈS DES VERTUS DE MONTFORT

Après avoir jugé les écrits de Montfort, la cour de Rome avait à se prononcer sur ses vertus.

Rien n'est plus édifiant que la lecture des pièces de ce procès. C'est là qu'on apprend surtout à connaître cette âme héroïque, ornée des vertus les plus excellentes.

Toute la vie de Montfort, éprouvée, comme on le sait, par des contradictions incessantes, si calomniée même par des ennemis acharnés, fut longuement examinée à la lumière d'une rigoureuse théologie ; et malgré les objections du Promoteur de la foi, la S. Congrégation reconnut qu'elle avait été la vie d'un saint. Aussi, après de longs travaux, et à la suite de plusieurs réunions tenues de 1866 à 1869, elle rendit, en septembre 1869, le décret suivant :

### DÉCRET

Parmi les hommes apostoliques que la nation très illustre des Français a produits continuellement jusqu'à nos jours, on devra compter le Vénérable Louis Grignon. Il naquit, en 1673, dans une petite ville de Bretagne, appelée Montfort, d'où il prit son nom. Il passa très pieusement son enfance et sa jeunesse dans la crainte du Seigneur ; après avoir fait ses études littéraires et philosophiques à Rennes, il fit son cours de théologie à Paris, dans le séminaire de Saint-Sulpice, et mérita d'être élevé au sacerdoce. Il commença aussitôt à enseigner aux pauvres, réunis dans les hospices, les vérités élémentaires de la foi et à en prendre soin. Mais touché de compassion pour les infidèles, assis dans les ténèbres et à l'ombre de la mort, il souhaitait de voler à leur salut ; il voulut néanmoins se rendre dans notre illustre ville pour visiter le tombeau des apôtres, et communiquer son projet au Souverain Pontife Clément XI, de sainte mémoire. Ce pape cependant lui fit entendre qu'il avait été choisi de Dieu plutôt pour l'utilité de la France que pour le salut des barbares, afin qu'il combattît vaillamment l'hérésie des jansénistes, qui faisait alors beaucoup de ravages. Excité par ces paroles, le Vénérable de Montfort brûla de zèle pour la maison de Dieu, dans l'esprit et la vertu d'Elie, et, revenu en France, revêtu du titre de missionnaire apostolique, il se dévoua entièrement, toute sa vie, au ministère sacré des missions, et avec un tel succès, qu'il ramena dans le chemin du salut un nombre presque infini de pécheurs, même des plus égarés, et fit rentrer dans le bercail de Jésus-Christ un grand nombre d'hérétiques ; qu'il changea partout les mœurs des lieux qu'il évangélisait, et éloigna du clergé le fléau du jansénisme. De plus, il institua deux congrégations, l'une de prêtres appelée du Saint-Esprit, Missionnaires de la Compagnie de Marie, qui s'adonneraient à l'œuvre sainte des missions dans les diverses parties de la France ; l'autre, de pieuses vierges auxquelles il donna le nom de Filles de la Sagesse, et qui devaient se consacrer au soulagement de tous les besoins des pauvres. Enfin ce vaillant imitateur d'Elie, épuisé de forces par le poids accablant de ses travaux, tourmenté par les persécutions, harcelé par les calomnies, rassasié d'opprobres, parvint à la fin de la vie. Fortifié par les sacrements de l'Eglise, et désirant ardemment la mort pour être avec Jésus-Christ, il se reposa très doucement dans le baiser du Seigneur, le 28 avril 1716. Sa réputation de sainteté qui, pendant sa vie, fleurit toujours parmi les injures multipliées de ses calomniateurs, après sa mort se répandit de jour en jour davantage dans toute la France. C'est pourquoi, après l'approbation des procès faits par l'autorité de l'Ordinaire, dans le diocèse de Luçon, le Souverain Pontife Grégoire XVI, de sainte mémoire, la veille de la Nativité de la Sainte Vierge de l'année 1838, signa de sa propre main la commission de l'introduction de la Cause. Ensuite, après l'expédition des lettres rémissoriales, les procès apostoliques ont été faits dans le même diocèse de Luçon. Après la reconnaissance de la validité de ces procès, la Congrégation des Rites sacrés commença, suivant l'usage reçu, à examiner la question sur les vertus du

Vénérable Serviteur de Dieu, Louis, et on tint les Congrégations anté-préparatoires chez le cardinal Clément Villecourt, d'illustre mémoire, le 9 janvier 1866. Ensuite, cette question fut proposée de nouveau dans la Congrégation préparatoire tenue au Vatican, le 16 juillet 1867. Mais, comme le Postulateur, pour arriver plus sûrement au succès de la cause, avait fait des instances à l'effet de tenir une autre Congrégation préparatoire, cette autre Congrégation, accordée par notre Saint-Père le Pape Pie IX, fut tenue le 15 février de cette année 1869. Enfin, on discuta la question des vertus du même Serviteur de Dieu, dans la Congrégation générale qui se tint devant le Saint-Père, au Vatican, le 27 juillet de la même année, dans laquelle Son Eminence, le cardinal Nicolas Clarelli Paracciani, substitué au cardinal Clément Villecourt, décédé, proposa cette même question : « S'il est certain que le Vénérable ait pratiqué les vertus théologales de Foi, d'Espérance et de Charité, soit envers Dieu, soit envers le prochain, et les vertus cardinales de Prudence, de Justice, de Force et de Tempérance, et les vertus morales qui s'y rapportent, dans un degré héroïque, dans le cas et pour l'effet dont il s'agit ? » Et les Eminentissimes Cardinaux et les Révérendissimess Pères Consulteurs donnèrent par ordre leur avis. Mais Sa Sainteté, après avoir recueilli les suffrages, exhorta les Consulteurs à continuer de prier avec Elle pour obtenir de la divine Sagesse lumière et conseil pour achever cette affaire très importante.

Enfin, aujourd'hui, jour consacré au très invincible prince de la milice céleste, saint Michel, Archange, notre Saint-Père le Pape, après avoir célébré la messe dans sa chapelle privée du palais du Vatican, monta sur son trône, dans la salle Noble du même palais, et appela auprès de lui l'Eminentissime cardinal Constantin Patrizi, évêque de Porto et de Sainte-Rufine, préfet de la Sacrée-Congrégation des Rites, et en même temps l'Eminentissime cardinal Clarelli Paracciani, évêque de Frascati, et rapporteur de la Cause, avec le Révérend Père Pierre Minetti, Promoteur de la foi, et moi, secrétaire soussigné, et décréta en leur présence : « Qu'il est tellement certain que le Vénérable Serviteur de Dieu Louis-Marie Grignon de Montfort a pratiqué les vertus théologales de Foi, d'Espérance et de Charité envers Dieu et le prochain, et les vertus cardinales de Prudence, de Justice, de Force et de Tempérance, et les vertus morales qui s'y rapportent dans un degré héroïque, dans le cas et à l'effet dont il s'agit, que l'on peut procéder à la discussion des quatre miracles. »

Sa Sainteté a commandé que ce Décret fût publié et relaté dans les actes de la Sacrée-Congrégation des Rites, le 29 septembre 1869.

Constantin, évêque de Porto et de Sainte-Rufine.

Cardinal Patrizi, préfet de la Sacrée-Congrégation des Rites.

« D. Bartolini,
Secrétaire, etc... »

## PROCÈS DES MIRACLES DE MONTFORT

Pour qu'un Serviteur de Dieu soit mis par l'Eglise au nombre des Bienheureux et des Saints, il ne suffit pas que sa doctrine ait été orthodoxe et qu'il se soit fait remarquer par des vertus héroïques ; l'Eglise veut de plus qu'après sa mort Dieu ait lui-même confirmé sa sainteté par des miracles.

Les miracles attribués au Père de Montfort sont très nombreux. Un volume ne suffirait pas, disent ses historiens, pour relater toutes les faveurs extraordinaires obtenues par son intercession. Le P. Fonteneau, dans la *Vie* du Bienheureux qu'il a publiée récemment, en raconte plusieurs qui sont très remarquables.

Parmi les miracles par lesquels il a plu à Dieu de faire éclater la sainteté de l'apôtre de nos régions, quatre ont été particulièrement examinés par la S. Congrégation des Rites.

L'étude de ces miracles fut très longue, Rome étant toujours très sévère en ces sortes de jugements. L'affaire semblait avancer lentement, lorsqu'à la fin de l'année 1881, Mgr Catteau, évêque de Luçon, faisant son voyage *ad limina*, put entretenir le Souverain Pontife Léon XIII de la Cause du Père Montfort, et témoigner à Sa Sainteté combien il serait heureux et quelle joie ce serait dans notre pays, si l'on voyait cette Cause se terminer promptement et selon les vœux de tous.

Léon XIII fut sensible à cette prière. Il parut s'intéresser vivement au procès de Montfort et en désirer le prompt succès.

La S. Congrégation des Rites s'était occupée une première fois de cette affaire en 1873 , elle la termina en deux autres réunions, l'une en 1885, l'autre en 1886, et le 21 février 1886 elle rendit le décret suivant :

DÉCRET

En un temps où, dans le royaume florissant de la France, tout était *concupiscence de la chair, et concupiscence des yeux, et orgueil de la vie, chose qui vient non pas du Père, mais du monde* (1 ép. de S. Jean. 2.), Dieu opposa au siècle un homme chéri de son cœur, le Vénérable Louis-Marie Grignon, né dans une bourgade de la Bretagne qu'on appelle Montfort, pour reproduire dans ses mœurs et dans sa vie tout entière la folie de la Croix. Il le fit prêtre et il le remplit du zèle apostolique, afin que, *non par l'élévation du langage ou de la sagesse humaine, mais par les effets sensibles de l'esprit et de la vertu de Dieu* (1 Cor. 2.), annonçant la parole sainte aux peuples, il les ramenât des fantômes fugitifs des choses de ce monde à la pensée de la vie éternelle et à l'humble pratique de la loi évangélique.

Ne faut-il pas, en effet, regarder comme une merveille de la vertu divine les travaux de ses saintes missions, et tout ce qu'il entreprit pour exciter la ferveur de la foi et de la charité dans toute la France occidentale, pour dissiper les erreurs si subtiles de l'hérésie janséniste par l'éclat de la vérité catholique, pour propager partout la piété envers les augustes mystères de la Passion de Notre-Seigneur, et envers la Vierge Immaculée, Mère de Dieu, surtout par la récitation habituelle du Rosaire de Marie? Dans cette dévotion, il ne le cède à aucun des vaillants disciples du patriarche Gusman Dominique, et c'est à bon droit qu'on le regarde comme l'égal de Bernard.

Il fonda deux Congrégations, celle des Missionnaires du Saint-Esprit et celle des pieuses Filles de la divine Sagesse.

Au milieu de ces œuvres, si nombreuses et si grandes, entreprises pour la gloire de Dieu, tandis qu'il exerçait les fonctions de son ministère apostolique à Saint-Laurent-sur-Sèvre, bourg qui était autrefois du diocèse de la Rochelle et qui appartient maintenant au diocèse de Luçon, alors qu'il venait d'entrer dans sa quarante-quatrième année, il finit sa vie mortelle par une très sainte mort, le quatrième jour des calendes de mai, en l'année 1716.

La confiance des fidèles dans le bien-aimé Père de Montfort

s'affermit de jour en jour, grâce à une quantité de guérisons éclatantes par lesquelles la Toute-Puissance divine rendit son tombeau glorieux jusqu'à ces derniers temps. C'est pourquoi l'héroïcité des vertus du vénérable Serviteur de Dieu ayant été établie par un décret du Pape Pie IX, de sainte mémoire, en date du troisième jour des calendes d'octobre de l'année 1869, parmi les miracles obtenus par son intercession, on put en distinguer quatre recherchés spécialement pour cette Cause.

La Sacrée Congrégation des Rites, avec cette sévérité qu'elle a coutume d'apporter dans un jugement, fit son enquête sur ces miracles ; en premier lieu, dans les réunions anté-préparatoires, tenues sous la présidence du cardinal Aloysi Bilio, d'illustre mémoire, Rapporteur de la Cause, la veille des ides de juin, en l'année 1873 ; en second lieu, dans la séance préparatoire, au Palais Apostolique du Vatican, le sixième jour des calendes de mars, en l'année 1885 ; en troisième lieu, enfin, dans l'Assemblée générale, en présence de Notre Très Saint-Père le Pape Léon XIII, au Vatican, le jour des nones de janvier de cette année 1886.

Dans cette dernière Assemblée, le Révérendissime Cardinal Dominique Bartolini, Préfet de la Sacrée Congrégation et Rapporteur de la Cause, remplaçant le cardinal Bilio, défunt, proposa la question suivante : *Dans le cas qui nous occupe présentement, et pour le but que nous poursuivons, est-il certain qu'il y a des miracles, et quels sont-ils ?* Les Révérendissimes Cardinaux et les Pères consulteurs donnèrent leurs avis, suivant leur rang. Le Souverain Pontife recueillit leurs suffrages, et en même temps les exhorta tous à demander continuellement à Dieu une assistance qui Le mît en possession du conseil céleste pour juger une affaire si grave.

Aujourd'hui donc, dimanche de la Septuagésime, après avoir célébré hier, dans la joie de l'Eglise universelle, le huitième anniversaire de Sa glorieuse élévation au faîte du Souverain Pontificat, ayant offert à Dieu tout-puissant le saint sacrifice, Il a demandé près de Lui, à la Cour pontificale du Palais du Vatican, le susdit Révérendissime Cardinal Dominique Bartolini, Préfet de la Sacrée Congrégation et Ponent de la Cause, le Révérend Père Augustin Caprara, Promoteur de la sainte Foi, et moi, Secrétaire soussigné, et en notre présence, Il a déclaré : *Qu'on peut tenir pour constants les quatre miracles présentés comme ayant été accom-*

*plis par Dieu grâce à l'intercession du vénérable Louis-Marie Grignon, à savoir :* 1° La guérison *instantanée et complète,* en la personne de la jeune *Reine Malle,* d'une *coxalgie* avec *luxation spontanée de la jambe droite ;* 2° La guérison *instantanée et complète,* en la personne de la *Sœur Saint-Lin,* Fille de la Sagesse, d'une *maladie chronique de la moelle ;* 3° La guérison *instantanée et complète,* en la personne de la *Sœur Saint-Gabriel,* d'une *phthisie pulmonaire jugée mortelle,* jointe à une *tumeur cistique abdominale* et à un *vice cardiaque ;* 4° La guérison *instantanée et complète,* en la personne de la *Sœur Emmanuel,* d'une *hémiplégie spinale.*

Puis il a ordonné de publier le présent décret, et de l'ajouter aux actes de la S. Congrégation des Rites, le neuvième jour des calendes de Mars, en l'année 1886.

« D. Cardinal BARTOLINI, Préfet de la S. C. des Rites.

« Laurent SALVATI,

*Secrétaire de la S. C. des Rites.* »

Dans la séance où fut lu ce Décret, Léon XIII parut particulièrement heureux de l'issue du procès. Il se rappelait les instances faites quatre ans auparavant, et plusieurs fois renouvelées depuis, par Monseigneur l'évêque de Luçon, et il savait que ce Décret le comblerait de joie.

« Je vois avec plaisir autour de moi, dit-il, plusieurs évêques français : j'aurais aimé à voir parmi eux l'évêque de Luçon, de ce diocèse auquel appartient le Vénérable serviteur de Dieu Grignon de Montfort. Lorsqu'il vint à Rome, il y a quatre ans, il me sollicita vivement d'élever sur les autels le Vénérable Père. Depuis, il m'a écrit plusieurs lettres pour renouveler ses instances et m'exposer que cette béatification serait un grand moyen de toucher les âmes, de les ramener à Dieu, et de porter la joie dans la catholique Vendée. Voici le jour où sont accomplis les pieuses espérances et les saints désirs de ce digne prélat. »

---

## DÉCRET TERMINANT LA PROCÉDURE

### Avant les cérémonies solennelles de la Béatification de Montfort,

il était nécessaire qu'un Décret résumant la procédure résolût ce dernier doute : L'approbation des vertus et de quatre miracles étant constatée, peut-on procéder en toute sûreté à la Béatification solennelle du vénérable serviteur de Dieu ?

Le doute fut proposé le 25 mai 1887, dans une assemblée générale tenue en présence du Pape, et tous les Cardinaux présents et les Pères Consulteurs donnèrent unanimement une réponse favorable.

Le Saint-Père différa toutefois la sentence suprême, « afin, dit le Décret, de prier Dieu auparavant de l'éclairer dans une affaire si grave. » Enfin le 21 novembre de la même année, fête de la Présentation de la sainte Vierge, il prononça son jugement solennel, et ordonna de publier le Décret suivant, désigné sous le nom de « *Décret de tuto procedi.* »

DÉCRET

Illustre héraut de l'Evangile, Louis-Marie Grignon parut en un temps où l'hérésie janséniste avait disséminé par toute la France ses doctrines, source de désolante aridité. La charité d'un grand nombre s'était refroidie, la vraie piété s'était alanguie, les âmes devenues étrangères à la vertu chrétienne s'étaient peu à peu enfoncées dans le vice. Mais lui, *pareil à un feu brillant et à un encens ardent,* il apparut *envoyé par Dieu pour convertir son peuple, pour renverser les idoles de l'impiété et pour raffermir la vertu.* Il n'est presque aucune sorte de calomnie et d'outrage que les ennemis de la folie de la Croix du Christ ne lui aient fait subir. Mais Dieu, le tirant de toutes ces épreuves, ne permit pas que son labeur apostolique demeurât stérile ; il lui fit au contraire recueillir la plus abondante moisson et parmi les peuples qu'il évangélisa et dans cette double famille religieuse d'hommes et de femmes fondée par ses soins et aujourd'hui encore florissante.

Or, à la suite d'une longue et sévère enquête, les vertus du vénérable Serviteur de Dieu furent déclarées héroïques par le Souverain Pontife Pie IX, de sainte mémoire, dans un décret promulgué le jour consacré à l'Archange, prince de la milice céleste, en l'année 1869. Et comme il avait été impossible d'obtenir des preuves juridiques directes de ses vertus, les témoins oculaires faisant défaut à cause de l'éloignement des temps où il vécut, il fallut soumettre à l'examen, pour obtenir la Béatification, quatre miracles opérés par Dieu à l'invocation du Vénérable Louis. Chacun de ces miracles fut solennellement approuvé par Notre Saint-Père le Pape Léon XIII, en cette présente année 1886, le 21 février. Une seule chose restait encore : la Sacrée Congrégation devait discuter le doute suivant : « *L'approbation des vertus et des miracles étant constante, peut-on procéder en toute sûreté à la Béatification du vénérable Serviteur de Dieu Louis Marie Grignon de Montfort ?* » Ce doute, le Rme Cardinal Dominique Bartolini, Préfet de la Sacrée Congrégation des Rites et Rapporteur de la Cause, le proposa dans l'Assemblée générale tenue en présence de Notre Saint-Père, dans le Palais Apostolique du Vatican, le 25 mai de cette présente année, et tous ceux qui étaient présents, tant les Rmes Cardinaux que les Pères Consulteurs, répondirent unanimement que : *Il peut être procédé en toute sûreté.*

Toutefois le Saint-Père différa de prononcer la sentence suprême, afin de prier Dieu auparavant de l'éclairer dans cette affaire si grave. Enfin il résolut de la promulguer en ce dimanche, le dernier après la Pentecôte, jour où revient, cette année, la fête de la Présentation au Temple de la Bienheureuse Marie toujours Vierge, tabernacle de l'Esprit-Saint. C'est pourquoi, après avoir d'abord offert en son Oratoire la divine Hostie, il a mandé près de lui dans la grande salle du Vatican le Rme Cardinal Dominique Bartolini, Préfet de la Sacrée Congrégation des Rites et Rapporteur de la Cause, ainsi que le R. P. Augustin Caprara, Promoteur de la Sainte Foi, et moi, secrétaire soussigné, et devant ces témoins, il a prononcé solennellement que : *Il peut être procédé en toute sûreté à la Béatification du vénérable Serviteur de Dieu Louis-Marie Grignon de Montfort.*

Il a ordonné de publier ce décret, de l'insérer dans les actes de la Sacrée Congrégation des Rites et d'expédier les Lettres Apostoliques en forme de Bref, pour la célébration en temps opportun de la Béatification solennelle.

Le 21 novembre 1886.

D. Cardinal BARTOLINI
*Préfet de la S. C. des Rites.*

LAURENT SALVATI,
*Secrétaire de la S. C. des Rites.*

## OUVERTURE DU TOMBEAU DE MONTFORT

Le procès de la Béatification était achevé. Bientôt Montfort allait être proclamé Bienheureux ; et ses restes précieux, qui reposaient sous les dalles de l'église de Saint-Laurent-sur-Sèvre, pourraient être exposés à la vénération des fidèles. Il était temps de les faire sortir de l'obscurité du tombeau et de se préparer à leur rendre les honneurs insignes que l'Eglise accorde aux reliques des Bienheureux.

Un décret du Souverain Pontife, en date du 9 décembre 1886, avait autorisé l'exhumation des restes du Serviteur de Dieu. Le 18 août 1887, on procéda à l'ouverture du tombeau.

Le tombeau de Montfort avait été ouvert deux fois précédemment : une première fois en 1812, époque à laquelle une partie des reliques avait été transportée à la communauté des Filles de la Sagesse ; une deuxième fois en 1842, lorsque commença le procès qui s'est terminé par la Béatification du saint missionnaire. En ces deux circonstances, l'ouverture du tombeau avait été faite avec l'autorisation de l'Ordinaire, et le cercueil ou les coffrets contenant les restes du P. de Montfort avaient ensuite été munis du sceau épiscopal.

L'Eglise prend toutes les mesures possibles afin d'être certaine de l'authenticité des reliques auxquelles elle veut rendre des honneurs. Une instruction spéciale de Mgr Caprara, promoteur de la foi, réglait en détail tout ce qui devait se faire pour l'exhumation : on se conforma rigoureusement à ces prescriptions.

Au jour dit, Monseigneur l'Evêque de Luçon, délégué par le Saint-Siège pour cette cérémonie, arrivait dans l'église de Saint-Laurent-sur-Sèvre, vers huit heures du matin. Après avoir adoré le Saint-Sacrement, il se rendit à la sacristie. Là se forma un tribunal composé de Monseigneur, président, de M. l'abbé Simon, vicaire général, faisant fonction de sous-promoteur de la foi, et de M. l'abbé Giraud, vicaire général, faisant fonction de notaire ecclésiastique.

A la requête du P. Vincent Ligiez, Postulateur de la cause, lecture fut faite des lettres du Cardinal Bartolini, préfet de la S. C. des Rites, rappelant l'autorisation accordée par Léon XIII. Ensuite, sous la demande du sous-promoteur de la foi, on lut l'Instruction de Mgr Caprara, prescrivant les formalités à observer dans l'exhumation.

Alors furent mandés devant le tribunal les médecins qui avaient bien voulu promettre leur concours pour la reconnaissance des ossements, le D. P. Bourgeois, député de la Vendée, et le D. Cl. Gouraud, de la Roche-sur-Yon ; les ouvriers dont l'aide était nécessaire pour l'ouverture du tombeau ; et enfin deux témoins particulièrement renseignés sur l'histoire du tombeau. Tous prêtèrent serment, à genoux, et la main sur les saints Évangiles, d'accomplir fidèlement leur mandat et de dire la vérité.

Les deux témoins furent d'abord entendus. Le P. Rigaudeau, curé de Saint-Laurent, et M. l'abbé Gelot, archiprêtre de la Roche, ancien curé de Saint-Laurent, exposèrent successivement ce qu'ils savaient des restes du P. de Montfort, placés dans l'église paroissiale, dans la chapelle de la sainte Vierge ; ils rappelèrent les deux exhumations faites l'une en 1812, l'autre en 1842, selon toutes les règles du droit ; ils ajoutèrent que tous ces faits étaient de notoriété publique et que depuis longtemps les fidèles venaient en grand nombre prier près du tombeau.

Après ces dépositions, le tribunal se rendit sur l'emplacement indiqué par les deux témoins. Là étaient présents, pour assister à la cérémonie, Mgr de Kersuzan, évêque du Cap Haïtien ; M. l'abbé Luçon, curé de Cholet, depuis évêque de Belley ; M. l'abbé Gervais, vicaire général de Bordeaux ; le R. P. Maurille, supérieur général des Missionnaires de la Compagnie de Marie et des Filles de la Sagesse ; la T. H. M. Marie Pauline, supérieure générale des Filles de la Sagesse ; le T. C. F. Hubert, supérieur général des Frères de Saint-Gabriel ; M. le Maire et M. le Président de la Fabrique de Saint-Laurent ; et plusieurs autres témoins.

Avant de procéder à l'ouverture du tombeau, Monseigneur fit lire par son chancelier les actes de la dernière exhumation, afin de pouvoir constater si la situation décrite par le procès-verbal de 1842 concorderait avec celle que l'on allait reconnaître. Et, après avoir annoncé que la peine d'excommunication était portée contre quiconque oserait prendre une partie des reliques ou y ajouter quoi que ce soit, il ordonna aux ouvriers assermentés d'ouvrir le tombeau.

Sous la table de marbre, élevée d'environ 0,80 centimètres au-dessus du sol, et sous la construction en pierres, dont les pieux

visiteurs avaient eu bien souvent l'indiscrétion d'enlever des parcelles, on vit, au niveau du pavé, une pierre sépulcrale portant
cette inscription :

*Cy repose le corps de Messire Louis-Marie Grignon de
Montfort, missionnaire apostolique et très digne prêtre, décédé
en odeur de sainteté le 27 avril 1716, âgé de 44 ans.*

Le chiffre de N.-S. Jésus-Christ, entouré d'un rosaire, et quelques autres emblèmes étaient sculptés au-dessous de l'épitaphe.

On souleva la pierre. Le cercueil apparut alors, muni des cachets
signalés par le procès-verbal de 1842. On le plaça sur une table
préparée tout exprès ; on en mesura les dimensions ; on constata
qu'il était en bois de châtaignier. Puis, sans l'ouvrir, on l'entoura de
bandelettes, qui furent aussitôt scellées, et on le transféra sans solennité à la maison des Filles de la Sagesse, où il fut déposé dans la
salle capitulaire. Et comme le tribunal devait se transporter ailleurs, le chancelier ferma à clef et scella les portes de cette salle.

Nous avons dit qu'une partie des restes du P. de Montfort avait
été accordée aux Filles de la Sagesse, en 1812. Il fallait reconnaître ces reliques, en même temps que celles conservées dans
l'église paroissiale. Les mêmes médecins et les mêmes ouvriers
prêtèrent de nouveau serment devant le tribunal. La supérieure
générale des Filles de la Sagesse et la secrétaire générale jurèrent
également de dire toute la vérité sur les reliques dont la communauté était en possession ; puis elles conduisirent le tribunal dans
la chambre où se trouvaient ces reliques, contenues dans deux
cassettes. La lecture, faite publiquement, de la partie du procès-
verbal de 1842 relative à ces deux cassettes en ayant prouvé
l'identité, les clercs, tenant des cierges à la main et récitant à voix
basse les psaumes des confesseurs, précédés par les religieuses
qui portaient elles-mêmes des cierges, les transportèrent proces-
sionnellement dans la salle capitulaire, près du cercueil.

Monseigneur renouvela la défense déjà portée à l'église paroissiale sous peine d'excommunication ; ce fut alors qu'on procéda à
la reconnaissance des reliques et à l'examen des ossements.

Une des cassettes gardées à la Sagesse contenait quatre ossements très bien conservés, exactement décrits par le procès-verbal
de 1842. Dans l'autre cassette étaient renfermées quelques parties
d'une soutane du P. Montfort.

Le cercueil apporté de l'église paroissiale fut ensuite ouvert. On y trouva, avec les débris de l'ancien cercueil, dans lequel avaient été renfermés les ossements avant 1842, une boîte en plomb contenant les précieux ossements. Les médecins les nettoyèrent et les examinèrent avec soin. Une quarantaine environ étaient encore reconnaissables ; les autres n'étaient plus qu'une sorte de poussière.

Après avoir étudié les caractères anatomiques des ossements, les médecins en dressèrent la liste détaillée, affirmant qu'ils avaient tous appartenu à un même homme, lequel devait être de grande taille, très robuste, et âgé, au moment de sa mort, de moins de cinquante ans.

Ce travail terminé, il fut permis aux missionnaires de la compagnie de Marie, aux Frères du Saint Esprit et aux Religieuses de la Sagesse de défiler devant les restes de leur Bienheureux Père, de les vénérer et d'y faire toucher des objets de piété.

Lorsque les saints ossements furent étiquetés, Mgr l'évêque, prenant l'avis des médecins, en fit plusieurs parts.

Une relique précieuse a été disposée depuis dans un splendide reliquaire et présentée au Souverain Pontife à l'époque de la Béatification. Plusieurs autres ont été offertes, à Rome, soit aux Eminentissimes Cardinaux qui se sont occupés de la Cause de Montfort, soit à la Lypsanothèque, c'est-à-dire au trésor des Reliques. Une relique insigne, qui toutefois ne devra plus être placée dans l'ancien tombeau, est réservée à la paroisse de Saint-Laurent. Les Frères de Saint-Gabriel en possèdent une autre. Une part importante est laissée à la double famille du Bienheureux.

Un grand nombre de parcelles ont déjà été mises en des reliquaires. Les reliques les plus considérables sont renfermées en des châsses magnifiques, où elles seront exposées à la vénération des fidèles ; il faut une autorisation spéciale, pour les porter dans les processions solennelles.

---

## BÉATIFICATION SOLENNELLE
### DE LOUIS-MARIE GRIGNON DE MONTFORT

Le Souverain Pontife Léon XIII ayant décidé que les fêtes de canonisation et de béatification coïncideraient avec les fêtes de son jubilé sacerdotal, la cérémonie de la Béatification de Montfort devait avoir lieu au commencement de l'année 1888. Elle fut fixée au dimanche 22 janvier.

Cette cérémonie se ferait dans le chœur de la basilique de Saint-Pierre si le pape n'était pas prisonnier; mais, à cause de la situation faite à Sa Sainteté, elle a lieu dans la *Loggia*, c'est-à-dire dans l'immense chapelle qui se trouve au-dessus du portique de Saint-Pierre.

La cérémonie du 22 janvier était annoncée pour 10 heures. Dès 9 heures, la foule pénétrait dans la *Loggia*, et bientôt 3,000 personnes se pressaient dans l'enceinte. La *Loggia* était splendide. Des draperies rouges et blanches tombaient le long des colonnes et sous les arcades; des milliers de feux couraient le long des murs, sous le plafond doré; or, lumières et draperies produisaient un effet superbe.

On voyait, appendus aux murs, quatre grands tableaux, où étaient représentés les miracles particulièrement examinés par la Congrégation des Rites, pour la Béatification de Montfort, pareils aux glorieux trophées qu'on expose dans les jours de triomphe.

Sur chaque tableau, on lisait une inscription latine, rappelant le miracle. En voici le texte :

### I.

Puella Regina Malle
Affecta gravi atque insanabili coxalgiæ morbo
Fusis precibus
Beati Ludovici
Illico et insperate convalescit.

### II.

Soror a S. Lino
E puellis Sapientiæ
Super tumulo B. Ludovici
Chronica medullitate
Immediate perfecteque sanatur

### III.

Soror a S. Gabriele
Tribus lethalibus morbis affecta a vitio cardiaco
Super sepulchrum
B. Ludovici
Admirantibus omnibus
Amissam sanitatem
Recuperavit

### IV.

Soror a S. Raphaele
Insanabili spinalis hemiplegiæ morbo affecta
Implorata ope
Beati Ludovici
Amissum sanitatis florem illico obtinens
Restituta est.

Un autre grand tableau, placé derrière l'autel et dominant toute la salle, représentait la gloire céleste du héros chérétien. Mais ce tableau, ainsi que la relique exposée sur l'autel, ne devaient être découverts qu'après la lecture du Décret de Béatification.

Parmi les assistants, on remarquait au premier rang, dans la tribune du corps diplomatique, S. Exc. M. le comte Lefebvre de Béhaine, ambassadeur de France près le Saint-Siège, avec tout le personnel de l'ambassade. Les autres tribunes étaient occupées par les députations des deux Congrégations fondées par le P. Montfort, les missionnaires de la Compagnie de Marie et les Filles de la Sagesse, par les députations des RR. PP. Dominicains parmi lesquels on remarquait le R. P. Ligiez, Postulateur de la Cause, au Tiers-Ordre desquels a appartenu Montfort, par des représentants des divers diocèses qu'évangélisa Montfort, par des Sulpiciens, dont le séminaire de Paris fut témoin des premières vertus sacerdotales du Bienheureux ; tandis que dans la nef se pressaient les pèlerins de la Vendée et l'élite de la colonie française, au milieu d'une foule avide de ces grands et édifiants speccles que donne l'Eglise honorant un Bienheureux.

A 10 heures, le cortège des prélats fit son entrée. Les Eminentissimes Cardinaux de la S. Congrégation des Rites, ayant la soutane rouge, le rochet et la cappa de soie violette, se placèrent dans le chœur du côté de l'Evangile. Ils étaient accompagnés des Consulteurs de la même Congrégation, prélats et religieux, dans leurs costumes respectifs. Le Cardinal-archiprêtre entra ensuite, entouré des chanoines de Saint Pierre, et se plaça du côté de l'épître. Quinze à vingt évêques se tenaient derrière les cardinaux, du côté de l'Evangile. Parmi eux on remarquait Son Eminence le Cardinal Place, archevêque de Rennes, représentant le diocèse d'où le Bienheureux est originaire, et Monseigneur Catteau, évêque de Luçon, auquel le Saint-Père avait lui-même donné rendez-vous, deux ans auparavant, pour cette cérémonie.

Monseigneur Richard, archevêque Paris, qui appartient par la naissance à la contrée évangélisée par Montfort, devait célébrer la messe.

Lorsque les prélats furent à leurs places des deux côtés du chœur, le secrétaire de la S. Congrégation des rites, Mgr Salvati, et le R. P. Ligiez, Postulateur de la Cause, se présentèrent devant le Cardinal-préfet ; et le R. P. Ligiez lui adressa en latin le discours dont voici la traduction :

# SUPPLIQUE

### PRÉSENTÉE DANS LA CÉRÉMONIE DU 22 JANVIER
### POUR OBTENIR LA PROMULGATION SOLENNELLE
### DU BREF DE BÉATICATION DU V. P. DE MONTFORT

Eminentissime Prince,

Au nom de la double famille de frères et de sœurs, issue du double esprit de zèle sacerdotal et de charité universelle du Vénérable Serviteur de Dieu, Louis-Marie Grignon de Montfort, qui, comme un grain de froment, tombé en terre et mort, s'est multiplié en engendrant des fils et des filles, et par ces enfants, heureux de se prêter un mutuel secours, a produit des fruits abondants que l'avenir verra s'accroître encore de plus en plus après la bénédiction d'aujourd'hui ;

Au nom de la vénérable société de Saint-Sulpice, à laquelle a été confiée en France la mission d'élever les clers selon l'esprit et les décrets du saint concile de Trente, et, dans laquelle, parmi ses premiers élèves, le Vénérable Serviteur de Dieu a puisé l'esprit sacerdotal, c'est-à-dire la piété unie à la science ;

Au nom de l'ordre illustre des Prêcheurs de Saint-Dominique, dont la règle pénitentielle a été professée par l'homme de Dieu, qui ne l'a cédé à personne comme prédicateur de la vérité, champion de la foi, zélateur du rosaire de Marie et de sa dévotion ;

Au nom, enfin, de la fille aînée de notre Mère l'Eglise, la France très chrétienne, au sein de laquelle, l'homme apostolique a préparé au Seigneur un peuple parfait et des fils qui, dignes héritiers de leurs pères, ont, dans les jours mauvais, soutenu la piété et résisté héroïquement jusqu'à la mort pour leurs autels et leurs foyers ;

En présence du Révérendissime Chapitre du Vatican, à qui, suivant l'usage, a été accordé l'honneur de célébrer une si grande solennité ;

En présence de tant de grands pontifes et de tant de brebis de si grands pasteurs, assemblés ici dans la joie et l'allégresse pour célébrer le Jubilé sacerdotal du Père commun ;

En présence surtout de la très auguste assemblée, que vous présidez si dignement et à laquelle il appartient, dans la sainte

Eglise de Dieu, de résoudre ces sortes de causes, de reconnaître juridiquement sur la terre les vertus et les preuves des vertus des serviteurs de Dieu, et de proclamer qu'ils ont acquis la gloire du Ciel ;

Le Postulateur indigne de la Cause du Vénérable Serviteur de Dieu Louis-Marie Grignon de Montfort demande très humblement à Votre Éminence Illustrissime et Révérendissime, qu'Elle daigne recevoir et admettre le présent Bref, porté et rédigé au nom du Souverain Pontife, le Maître de la vérité et l'Arbitre infaillible de la sainteté, et qu'Elle ordonne de le publier dans ce palais du Vatican, de célébrer, selon la teneur et selon le rite de la Sainte Eglise Romaine, la solennité de la Béatification du susdit Vénérable Serviteur de Dieu Louis-Marie Grignon de Montfort, et de faire toutes et chacune des choses nécessaires et opportunes d'après les dispositions du même Bref, pour la plus grande gloire de Dieu, l'éternel honneur de son Serviteur Louis-Marie, et pour la joie et l'édification de nous tous ici présents.

Après avoir ainsi demandé au Cardinal-Préfet l'autorisation de promulguer le décret de Béatification, le Postulateur de la Cause alla solliciter la même faveur du Cardinal-Archiprêtre. Les Eminentissimes Cardinaux ayant donné leur assentiment, un psalteur de la basilique, en soutane violette et en cotta, monta à l'ambon, et donna lecture du Bref de Béatification.

---

# BREF DE BÉATIFICATION
## de Louis-Marie Grignon de Montfort
PUBLIÉ SOLENNELLEMENT DANS LA CÉRÉMONIE DU 22 JANVIER

### LÉON XIII
### Pour perpétuelle mémoire

Dieu, miséricordieux et toujours plein de la plus tendre sollicitude pour le salut éternel des âmes rachetées par le sang de son Fils unique, voyant les peuples s'écarter du chemin de la vérité, et, poussés par les passions mauvaises, se précipiter dans l'abîme du vice et de la mort, suscite par intervalle des hommes remarquables qui, par l'exemple de leur vie vertueuse, fixent sur eux les regards, et compriment les flots déchaînés du crime.

Dans ce dessein d'une infinie sagesse, au déclin du xvii<sup>e</sup> siècle depuis l'Incarnation du Verbe, au moment où se propageaient au loin sur le sol de la France la peste du Jansénisme, et les vices de toute sorte qui fermentaient dans la sévérité de ces sombres doctrines, il envoya un homme doué d'une singulière et très éminente vertu, puissant en paroles et en œuvres, pour affirmer et soutenir avec une pleine énergie la doctrine et le magistère du Siège Apostolique, pour corriger, par l'innocence de sa vie, les mœurs en décadence, les ramener à la forme de la loi évangélique, et confondre la sagesse du monde par la folie de la Croix.

Ce parfait prédicateur de l'Evangile fut le vénérable serviteur de Dieu, Louis-Marie Grignon, qui parut *comme la flamme brillante, comme l'encens qui s'évapore sur le feu, divinement envoyé pour ramener le peuple à la pénitence,* détruire les abominations de l'impiété et fortifier les sentiments de la piété chrétienne.

Il eut pour père Jean-Baptiste Grignon, avocat, et pour mère, Jeanne-Robert de la Bacheleraie, gens de médiocre fortune, mais de noble race, et bien plus distingués encore par leur piété ; il naquit dans une petite ville de Bretagne, appelée Montfort, l'an de Jésus-Christ 1673. Il fut baptisé le lendemain et reçut le nom de Louis.

Il montra dès l'âge le plus tendre ce qu'il devait être un jour. Il avait à peine 4 ans que déjà ses délices étaient de parler de Dieu. Dans l'angélique chasteté qui faisait la parure de son âme, cet enfant d'un naturel si heureux préférait aux amusements de son âge le silence de la solitude, et les visites prolongées dans les églises ; il s'appliquait avec une sainte avidité à la récitation du Rosaire et aux autres devoirs de la piété chrétienne.

Il avait pour la sainte Mère de Dieu un si ardent amour, qu'il trouvait la plus suave de ses joies à la nommer sa Mère, à l'entourer de tous les témoignages de son culte filial, et qu'il voulut se couvrir du doux patronage de son nom quand il fut confirmé.

Il rassemblait souvent ses frères avec ses petites sœurs et les autres enfants de son âge, pour venir adorer Dieu et se livrer à d'autres pieux exercices ; il les attirait par de petits présents, et déjà tout embrasé d'un zèle apostolique, il s'appliquait, dans la mesure de ses forces, à les soustraire aux futilités de l'enfance et à les porter à la pratique de la vertu.

Il avait 12 ans quand il fut mis par son père au collège des jésuites, à Rennes, pour y recevoir l'éducation religieuse et l'instruction littéraire.

Là, sa conduite fut si constamment exemplaire, que ses maîtres le proposaient souvent aux élèves comme un modèle de ferveur et d'exactitude à tous ses devoirs.

Quand il aborda des études plus hautes, il pensa que son application sérieuse à pénétrer son esprit des principes de la sagesse humaine devait se concilier avec son zèle à pratiquer les exercices de la piété chrétienne, et à conserver pure et sans tache la robe d'innocence qu'il avait reçue au baptême.

C'est pourquoi, admis dans la congrégation de la Bienheureuse Vierge Marie, il en remplit très pieusement tous les devoirs. Par l'abstinence et la mortification, il réprimait ses passions naissantes, et docile aux excitations de la charité, il mettait son bonheur à donner aux pauvres tout ce qui était en son pouvoir.

Très souvent il allait dans les hôpitaux pour soigner les malades et leur porter les consolations de ses pieuses paroles.

Par son humilité, sa modestie, son obéissance, sa piété, par la pratique de toutes les vertus, il était comme le flambeau placé sur le chandelier en jetant sa vive lumière au milieu des 400 condisciples qui l'entouraient.

Après avoir fait sa philosophie, il résolut de se consacrer à l'étude des sciences sacrées ; dans ce but, et pour entrer dans le noviciat de la vie apostolique, il voulut faire à pied le voyage de Paris ; confiant dans la divine Providence, il ne se laissa détourner de sa courageuse entreprise ni par la rigueur de la saison, ni par les difficultés de ce long voyage.

A Paris, il fut reçu par le curé de Saint-Sulpice. Mais bientôt, à la suite des jeûnes, des mortifications, des travaux que lui imposaient ses études et l'exercice des devoirs de la charité, Louis, qui venait de recevoir les saints Ordres mineurs, tomba très gravement malade, et, comme il était dénué de tout secours, il entra dans un hôpital. Rendu à la santé, il fut reçu au séminaire de Saint-Sulpice où son amour de la pauvreté, de l'obéissance, de la prière, et sa vie toute céleste donnèrent une haute idée de sa sainteté à ses condisciples et à ses maîtres : car il excellait en chacune des vertus, comme si, négligeant toutes les autres, il eût porté tout son effort à la pratique d'une seule d'entre elles.

Voyant approcher l'époque de son sacerdoce, il se livra si complètement et avec tant d'ardeur à l'étude de la théologie, que, dans l'examen public qu'il eut à subir, il dépassa l'attente de tous les assistants. Cependant se jugeant incapable d'une si haute fonction, et indigne d'un si grand honneur, il ne reçut le fardeau qu'en tremblant, et les yeux pleins de larmes.

Sa première messe, à laquelle il s'était préparé par de longues prières et la méditation prolongée des choses célestes, fut célébrée avec une incomparable et merveilleuse piété.

L'année même où il avait été promu au sacerdoce, déjà tout préparé par la science et la sainteté au ministère apostolique, il commença le cours de ses missions ; à Paris comme à Poitiers, il donna de nombreux et éclatants témoignages de sa charité et de sa haute vertu.

Mais poussé par le désir de plus grands travaux, et par la pitié que lui inspiraient les infidèles, *assis dans les ténèbres et dans l'ombre de la mort*, et pour obtenir la mission de porter la lumière de l'Evangile à ces contrées lointaines, il se rendit auprès de Clément XI notre prédécesseur, et lui exposa son projet et ses vœux.

Apprenant de la bouche du Pape qu'il était choisi de Dieu, non pour procurer le salut des infidèles, mais pour évangéliser la France et surtout pour y combattre avec courage les effrayants progrès du jansénisme ; excité par ces paroles du pontife, il se livra, *dans l'esprit et dans la vertu d'Elie*, à toutes les ardeurs de son zèle pour la maison de Dieu.

Obéissant à la voix qu'il venait d'entendre, il retourna aussitôt en France, et, revêtu du titre de missionnaire apostolique, il consacra pleinement sa vie à ce sacré ministère.

Il serait difficile de raconter toutes les fatigues qu'il eut à subir dans ces longues courses de missionnaire, tout ce qu'il eut à souffrir de la chaleur, du froid, des pluies, de la faim et de la soif, dépourvu qu'il était de toutes provisions de voyage.

Les travaux de ses missions sont un prodige de la puissance divine.

Il est certain qu'il donna dans l'Ouest de la France plus de 200 missions, qu'il ramena un nombre presque infini de pécheurs endurcis au sentier du salut, d'hérétiques au bercail de Jésus-

Christ, et qu'il excita les âmes pieuses à suivre avec plus d'élan le chemin de la perfection. Embrasé du zèle apostolique, il convertit un grand nombre de villes et de bourgades, *non par la sublimité de la parole ou de la sagesse, mais par les effets sensibles de l'Esprit-Saint et de la puissance de Dieu* ; il ramena aux pratiques de la vertu des pécheurs, des pécheresses de tout âge et de toute condition ; et il employa toutes ses forces à combattre l'hérésie janséniste qui commençait à s'insinuer dans l'esprit des ministres de Dieu.

Il mit aussi tous ses soins à propager les augustes mystères de la Passion de Notre-Seigneur, et la dévotion à la Vierge Immaculée, Mère de Dieu, surtout par la salutaire habitude de réciter le Rosaire de Marie; son zèle à promouvoir cette pratique le place au premier rang parmi les disciples du patriarche saint Dominique.

Toutefois, au milieu des occupations multiples et pleines de sollicitude qui absorbaient ses jours et ses nuits, il ne cessa jamais de s'adonner tout entier à la pratique des vertus et de la sainteté, comme s'il n'eût eu rien autre chose à faire.

En butte aux périls, aux injures, aux outrages, comme l'apôtre des nations, non seulement il souffrit tout avec un courage intrépide, mais au sein de la tribulation, le cœur débordant de joie, il semblait dire avec lui : « *A Dieu ne plaise que je cherche ma gloire ailleurs que dans la croix de Notre-Seigneur Jésus-Christ.* »

Enfin pour conserver les fruits si abondans qu'il avait partout recueillis au prix de tant de labeurs, il pourvut lui-même à la perpétuité de son œuvre.

Dans ce dessein, il s'associa pour les travaux des missions un certain nombre de collègues que lui offrit la divine Providence, et leur donna des règles très sages et parfaitement adaptées au but qu'il se proposait. Ces règles, d'abord approuvées et recommandées par l'autorité des évêques, furent ensuite confirmées par l'autorité du Pontife romain.

Il adjoignit à son Institution des Frères laïques, chargés de servir la famille religieuse.

Il n'oublia point les pauvres qui furent toujours un des plus tendres objets de ses affections : il voulut pourvoir à leurs intérêts en instituant une congrégation de vierges pieuses sous le nom de *Filles de la Sagesse* qu'il soumit à une règle également sage et prudente, et auxquelles il confia le soin des pauvres et des malades, ainsi que l'éducation chrétienne des jeunes filles.

Comme l'arbre qui sort du germe, les deux congrégations, sous la bénédiction de Dieu, prirent de jour en jour de nouveaux accroissements. L'une d'elles a formé cette congrégation des missionnaires de la *Société de Marie*, dite *Société du Saint-Esprit*, qui, pour le plus grand bien des âmes, a donné des missions dans beaucoup de diocèses de France.

L'autre famille, celle des *Sœurs de la Sagesse*, qui, au début, n'eut qu'un seul sujet, puis une vingtaine de jeunes filles, répand aujourd'hui ses insignes bienfaits sur la France entière et comprend plusieurs milliers de religieuses.

Au milieu d'œuvres si grandes et si nombreuses accomplies pour la gloire de Dieu, épuisé de forces sous le poids de si longs travaux, harcelé par les persécutions et saturé d'opprobres, (car les impies ne lui épargnèrent aucune sorte de calomnies et d'outrages), pendant qu'il exerçait son ministère apostolique à Saint-Laurent-sur-Sèvre, alors du diocèse de la Rochelle, et aujourd'hui du diocèse de Luçon, le serviteur de Dieu, Louis de Montfort, vit arriver la fin de sa vie.

Sa mort fut le digne couronnement d'une vie si parfaite. Muni des sacrements de l'Eglise, *désirant d'être dégagé des liens du corps pour être avec le Christ*, il s'endormit très doucement dans le baiser du Seigneur, le 4 des calendes de mai, l'an 1716, à l'âge de 44 ans.

Le corps du défunt fut déposé dans un tombeau ; mais, comme *la mémoire du juste est éternelle*, les âges suivants recueillirent la renommée glorieuse de ses vertus; son aimable et précieux souvenir est resté en vénération dans tous les cœurs, et ses ossements, comme ceux du patriarche Joseph, sont un but de pèlerinage pour les fidèles.

L'éclat et le bruit des miracles, que Dieu fit par son intercession, avaient répandu dans toute la France la renommée de sainteté qui s'attachait à son nom.

La Cause touchant la vie et les vertus du vénérable Serviteur de Dieu, Louis-Marie Grignon de Montfort, fut alors introduite devant la Congrégation de Nos Vénérables Frères, les cardinaux de la Sainte Eglise Romaine, préposés à la conservation des Rites.

Après un complet et mûr examen de toutes les pièces du procès,

Pie IX, Notre prédécesseur d'heureuse mémoire, dans la fête de l'Archange, Prince de la milice céleste, l'an 1869, déclara que les vertus, par lesquelles le Serviteur de Dieu s'était distingué, avaient atteint le *degré héroïque*.

Ensuite, un Décret ayant été rendu par nous, le 9 des calendes de mars, l'an 1885, sur la vérité des miracles qui semblaient confirmer la vertu héroïque du Vénérable Serviteur de Dieu, Nos vénérables frères, les Cardinaux de la susdite congrégation, réunis devant Nous dans un consistoire général, le 8 des calendes de juin de la même année, ayant jugé d'un consentement unanime que ce vénérable Serviteur de Dieu pouvait être sûrement proclamé Bienheureux, Nous, après avoir imploré dans une fervente prière l'assistance et le secours du *Père des lumières*, le 11 des calendes de décembre de la même année 1886, Nous avons déclaré par un Décret solennel qu'on pouvait en toute sûreté procéder à la Béatification du Vénérable Serviteur de Dieu, Louis-Marie Grignon de Montfort.

Dans cet état de cause, touché des supplications des évêques de France et des deux Congrégations, fondées par le Serviteur de Dieu, sur l'avis et avec l'assentiment de la susdite Congrégation des Cardinaux, de notre autorité apostolique, en vertu du présent Décret, Nous permettons d'honorer désormais le Vénérable Serviteur de Dieu, Louis-Marie Grignon de Montfort, du nom de *Bienheureux*, d'exposer ses reliques à la vénération des fidèles, pourvu qu'elles ne soient pas portées dans les supplications et processions solennelles, et d'orner ses images des rayons de la gloire.

En outre, et de Notre même autorité, Nous permettons de réciter chaque année l'office et de célébrer la messe des Confesseurs non pontifes, avec les oraisons propres appprouvées par Nous, selon les rubriques du Missel et du Bréviaire romain.

Mais Nous ne permettons la célébration de cet office à tous ceux qui sont tenus de réciter les heures canoniales que dans la Ville et le Diocèse de Luçon, et dans toutes les églises et maisons religieuses des deux Congrégations fondées par le vénérable Serviteur de Dieu ; et en ce qui concerne les messes, Notre concession s'étend à tous les prêtres séculiers et réguliers qui se rendront aux églises où l'on célèbre cette fête.

Enfin Nous permettons que la solennité de la Béatification du Vénérable Serviteur de Dieu, Louis-Marie Grignon de Montfort, soit célébrée dans les susdites églises, avec office et messes du rite double majeur ; et Nous ordonnons la célébration de cette même fête, au jour fixé par l'Ordinaire, dans le cours de l'année qui suivra cette même solennité, célébrée, à raison des circonstances, dans la salle située au-dessus du Portique de la Basilique vaticane.

Nonobstant les constitutions et ordonnances apostoliques et les Décrets *de non culto*, et toute autre chose contraire.

Nous voulons qu'aux exemplaires de ces Lettres, même imprimées, pourvu qu'ils soient revêtus de la signature du secrétaire de la susdite Congrégation, et munis du sceau du Préfet, on donne, même dans les débats judiciaires, la même foi qu'à l'expression de Notre volonté manifestée par ces Lettres.

Donné à Rome, près Saint Pierre, sous l'anneau du Pêcheur, le 17 janvier 1888, la dixième année de Notre Pontificat.

M. Card. Ledochwski.

La lecture du Bref terminée, Mgr Richard, archevêque officiant, entonna aussitôt le *Te Deum*, dont les versets furent alternés par les chantres de la chapelle *Giulia*, aux voix desquels se mêlèrent les voix de la foule. Les cloches de Rome sonnèrent à toute volée. Le voile qui recouvrait le tableau de l'apothéose disparut tout-à-coup, et le Bienheureux apparut s'élevant dans la gloire du ciel. Ce fut pour tous un moment de profonde émotion.

« Jamais nous n'oublierons, écrit Mgr l'Evêque de Luçon dans sa Lettre pastorale du 8 mai 1888, l'impression mystérieuse qui s'empara de tout notre être, quand, après la lecture du Bref de Béatification, le voile qui couvrait l'apothéose du Père de Montfort tomba subitement, et le Bienheureux nous apparut tout inondé de lumière, montant dans la gloire, entouré des anges qui portaient la Croix, le Rosaire et le livre admirable des Règles qu'il a laissées à ses enfants. Tandis que l'Eglise de la terre, pour la première fois, offrait avec l'encens, le parfum de ses hommages aux ossements précieux que Nous avions, peu de mois auparavant, tirés de l'obscurité du tombeau, il nous semblait voir l'Eglise du ciel saluer avec amour l'immortel triomphateur. »

Après avoir encensé la relique du Bienheureux de Montfort, exposée sur l'autel, Mgr l'archevêque de Paris célébra l'office pontifical, au milieu de chants magnifiques exécutés par la chapelle

Julie, groupés en deux chœurs et en face l'un de l'autre, dans les tribunes des orgues. C'était la première messe célébrée en l'honneur du Bienheureux ; les oraisons propres, dont le texte a été approuvé par la S. Congrégation des Rites, retracent parfaitement les vertus dn Serviteur de Dieu.

Le soir, deux heures avant l'*Ave Maria,* une seconde cérémonie en l'honneur de Montfort eut lieu dans la *Loggia.* Le Saint-Père, précédé par le Sacré-Collège, accompagné de sa maison et escorté de sa garde noble, vint, au milieu d'une assistance émue, vénérer les reliques de Montfort. Il resta longtemps abîmé dans la prière. Puis il se releva, souriant, et reçut des mains du R. P. Maurille, supérieur général des Pères de la Compagnie de Marie, un magnifique bouquet artificiel, la Vie du Bienheureux, et la relique qui était destinée à Sa Sainteté. Lorsque le Pape se fut retiré, les vêpres furent chantées solennellement.

En sortant de la *Loggia,* Léon XIII allait recevoir le pèlerinage vendéen, admis par lui à l'honneur d'une audience.

---

## AUDIENCES
### ACCORDÉES PAR LE SAINT-PÈRE AUX ENFANTS DE MONTFORT
### ET AUX PÈLERINS DE LA VENDÉE

Mgr l'Evêque de Luçon ne s'était pas rendu seul à Rome pour les fêtes de la Béatification de Montfort ; il était accompagné des députations des Congrégations de Saint-Laurent-sur-Sèvre, enfants de Montfort, et d'un groupe de pèlerins de la Vendée.

Les pèlerins avaient à cœur sans doute d'assister aux cérémonies solennelles de la Béatification, faveur qu'ils obtinrent facilement ; mais ils avaient un autre désir, très légitime et très ardent : ils voulaient voir le pape, ils voulaient se prosterner aux pieds du Vicaire de Jésus-Christ et recevoir sa paternelle bénédiction.

Seraient-ils privés de ce bonheur ? Ils avaient tout lieu de le craindre, à cause de l'immense affluence des catholiques venus à Rome à l'occasion du jubilé sacerdotal de Léon XIII.

Les premières démarches faites par Mgr Catteau pour obtenir cette faveur étaient restées sans résultat, lorsque Sa Grandeur fut reçue par le Souverain Pontife avec d'autres évêques français, quelques jours avant la Béatification.

En voyant l'Evêque de Luçon, Léon XIII comprit aussitôt le

motif qui l'amenait à Rome. Il rappela les instances avec lesquelles Sa Grandeur avait pressé la Cause du Bienheureux, si bien que Monseigneur voulut s'excuser de ses importunités.

« Oh ! répartit le Pape, je ne vous fais pas de reproche ; j'aime au contraire à me souvenir du zèle que vous avez montré dans cette Cause. »

Monseigneur, si bien accueilli par le Saint-Père, osa aborder le point délicat ; il demanda une audience pour le pèlerinage vendéen. Sa prière fut exaucée. Il fut convenu que les pèlerins seraient reçus en audience dans une salle du Vatican, le dimanche soir, au moment où le Saint-Père sortirait de la *Loggia* après avoir vénéré les reliques du Bienheureux de Montfort. De plus, une faveur immense fut promise aux membres des Congrégations religieuses de Saint-Laurent, enfants du P. de Montfort ; ils pourraient assister, le dimanche matin, à la messe du Saint-Père, communier de sa main, et s'agenouiller ensuite devant lui pour lui baiser les mains et les pieds.

Le dimanche matin, le groupe des Pères du Saint-Esprit, des Sœurs de la Sagesse et des Frères de Saint-Gabriel, composé de vingt-cinq personnes environ, arrivait au Vatican pour assister à la messe du Pape qui a lieu à huit heures (1).

On les fit entrer dans une salle située à côté de la chapelle du Pape, en face de l'autel que tous les assistants peuvent apercevoir par une large porte. A l'heure dite, le Pape apparut tout-à-coup à l'entrée de cette porte pour asperger l'assemblée, et se retira aussitôt du côté de l'épître où il récita les prières de préparation à la messe. Puis il vint au bas du marchepied de l'autel revêtir les vêtements sacerdotaux, et le saint sacrifice commença.

Le Pape récite les prières de la messe très lentement, en marquant très bien, par les inflexions de la voix, par les pauses, et même par un mouvement très prononcé de la tête et des épaules, le sens des paroles de la sainte liturgie. On est ému en l'entendant ; et quand on songe que celui qui offre le saint sacrifice est le représentant de Jésus-Christ, le prince des pontifes, le père qui a la sollicitude de toutes les âmes, comment ne pas s'unir à

---

(1) Par une faveur spéciale, M<sup>me</sup> Duranquin de Rennes, parente du P. de Montfort, M. Lapierre, maire de Saint-Laurent, et M. le Secrétaire de l'Evêché, avaient pu s'adjoindre aux représentants des Communautés de Saint-Laurent.

sa prière pour faire monter vers le ciel d'ardentes supplications? On remarque surtout avec quelle ferveur, avec quelle expression singulière, avec quelle émotion profonde il récite les prières après la messe, imposées par lui aux prêtres et aux fidèles. On sent bien qu'il demande à Dieu de toute son âme ces grâces qu'il désire ardemment, et qu'il veut que nous obtenions du ciel, à tout prix, la conversion des pécheurs et l'exaltation de la sainte Église.

Les personnes présentes à la cérémonie, à l'exception des prêtres, purent recevoir la sainte communion de la main du Saint-Père.

Après la messe d'action de grâces, le Pape vint s'asseoir devant la porte de la chapelle, et alors chaque pèlerin s'agenouilla devant lui à son tour, baisant d'abord sa main et ses pieds. Pendant ce temps, Mgr l'évêque de Luçon, agenouillé à côté de Sa Sainteté, s'entretenait avec Elle en lui faisant connaître les personnes qui passaient. Le Pape, tout en mettant sa main sur la tête des pèlerins qui tressaillaient de bonheur aux pieds de ce père vénéré, avait pour chacun un mot aimable. « Vous devez être bien content, disait-il au R. P. Maurille, supérieur général de la Compagnie de Marie, de voir béatifier enfin le P. de Montfort. » Une fois de plus, on put voir que le Saint-Père est lui-même très satisfait du succès de la Cause de Montfort.

Le soir de ce même beau jour, pendant que le Saint-Père se rendait à la *Loggia* pour la cérémonie dont il a été question plus haut, les pèlerins de la Vendée se rangeaient dans une salle qui leur avait été indiquée. Le Saint-Père devait les y rencontrer à son retour.

Ils se trouvaient là réunis au nombre de 120 environ, y compris plusieurs prêtres de diocèses voisins de la Vendée, qui avaient pu obtenir de s'adjoindre au pèlerinage pour assister à l'audience.

Ils attendaient depuis une demi heure environ, lorsque arriva le cortège de Sa Sainteté. Un garde, marchant en tête, tenait encore à la main le bouquet de fleurs qui venait d'être présenté au Pape. Plusieurs prélats l'accompagnaient.

En apercevant le groupe réuni dans la salle de l'audience, le Saint-Père s'écria : « Ce sont les pèlerins de la Vendée qui sont venus pour la Béatification de Grignon de Montfort. »

Aussitôt Mgr l'Evêque de Luçon s'avança vers Sa Sainteté et, présentant un superbe Rosaire d'or que tenait en ses bras, étendu dans un riche écrin, M. l'abbé Chabot, son secrétaire, il dit au Saint-Père que ce Rosaire était l'offrande des enfants de l'apôtre du saint Rosaire, du Bienheureux de Montfort, et que les Vendéens étaient heureux d'offrir au Pape, en même temps que le tribut de leur amour filial, un gage de leur constante fidélité à une dévotion particulièrement chère à Sa Sainteté.

Le Saint-Père déjà s'écriait, en voyant le Rosaire : « Oh ! c'est beau ! » Il l'examina attentivement, prit dans sa main la croix et les médaillons, et répéta à plusieurs reprises : « Oh ! c'est beau, c'est beau ! » Puis il ajouta : « Il y a émulation en France, pour offrir au Pape des œuvres d'art. Il y a la tiare faite par Froment Meurice, la croix faite par Armand Calliat. Il y a maintenant ce Rosaire. Ce sont de très beaux objets (1). »

---

(1) Voici la description du Rosaire d'or de la Vendée, donnée par la *Semaine Catholique* de Luçon, numéro du 7 janvier 1888 :

Le Rosaire est renfermé dans un superbe écrin de maroquin blanc. Sur le couvercle se détachent, entourées de 14 belles pierres de Saint-Etienne-du-Bois et de Chambretaud, de nuances diverses, les armoiries de Léon XIII, supportées par les deux clefs traditionnelles, l'une d'or, l'autre d'argent. L'intérieur de l'écrin est doublé de velours rouge et sur ce velours est artistement déposé le Rosaire.

Deux inscriptions dont voici le texte :

|  |  |
|:---:|:---:|
| A Léon XIII | A Léon XIII |
| En souvenir | En souvenir |
| De son Jubilé Sacerdotal | De la Béatification de Louis de Montfort |
| La Vendée fidèle et dévouée | La Vendée reconnaissante |
| 1er janvier 1888. | 22 janvier 1888. |

encadrent la croix. Cette croix est une œuvre d'art de toute beauté. D'assez grandes dimensions (elle mesure 12 centimètres sur 8 1\2), elle est ornée de 73 diamants, dont quelques-uns sont remarquables par leur grandeur, la perfection de leur taille et la pureté de leur eau. Dans ce nombre ne sont compris ni les quatre fleurs de lys, tout en diamants, rehaussées de fins petits saphirs verts ou émeraudes orientales qui ornent les quatre bras de la croix, ni l'auréole de diamants qui entoure la tête du Christ. Au-dessus et au-dessous de l'image sont encore enchassées deux améthystes de la plus belle eau. Les extrémités de la croix et les ornements des angles sont terminés par des lazulites et des grains de malachite.

Retournons la croix : ce sont de nouvelles merveilles. Voici, au centre, les armoiries de Monseigneur, petit émail cloisonné d'une finesse exquise. Pour donner une idée de la perfection de ce charmant travail, il suffira de faire remarquer que le tout, armoiries *avec indication des émaux en couleurs*, chapeau, glands, mitre, crosse et devise, le tout, dis-je, atteint à peine la dimension d'un centimètre carré. Au-

Léon XIII, — c'est le sentiment de toutes les personnes présentes à l'audience, — a paru touché de l'offrande de la Vendée.

Pendant ce temps, les pèlerins se tenaient à genoux autour de la salle. Le Pape commença à passer devant eux. Il s'arrêta longtemps devant les premiers prêtres qu'il rencontra. « Vous devez être contents, leur dit il, du succès de la Cause de Grignon de Montfort. Votre évêque a fait beaucoup d'instances : il m'a représenté que le P. de Montfort est très aimé dans votre pays et que ce serait un grand profit pour les âmes, s'il était permis de l'honorer comme un Bienheureux. Il a fait comme Grignon de Montfort qui poussait ses entreprises avec une grande ardeur. Alors j'ai pressé cette affaire, et je suis content qu'elle soit terminée. »

Puis le Saint-Père passa devant tous les pèlerins. Tous purent le contempler à loisir, lui parler même, lui demander sa bénédiction, entendre sa voix, être regardés par lui, coller leurs lèvres

---

dessous des armes de Monseigneur, nous retrouvons une fleur de lys de diamant, pareille à celle que nous avons admirée de l'autre côté. Ces cinq petits bijoux, d'un travail parfait, ont pu être employés par l'artiste qui a dirigé l'exécution du Rosaire, tels qu'ils ont été offerts par une généreuse donatrice. Enfin huit grandes améthystes ornent encore ce côté du crucifix.

Mais qu'apercevons-nous au-dessous de la croix ? une branche d'arbre, des feuilles, un fruit !... Oui, mais la branche est d'or ; les feuilles de diamant ; la poire est une perle d'une grosseur et d'un orient admirables.

Il est temps d'arriver à la description du Rosaire proprement dit. Voici le nœud, bel émail cloisonné représentant les armoiries de Léon XIII. Viennent ensuite, entre deux énormes lapis-lazulis, les trois premiers grains. Ces grains, comme tous ceux du Rosaire, sont en or ciselé de très bon style. Les dizaines se trouvent séparées les unes des autres par des médaillons, en émaux cloisonnés sur or, où sont représentés les mystères. Voici d'abord les *mystères joyeux*. Le premier médaillon, comme aussi les premiers des mystères douloureux et joyeux, est de plus grande dimension que les autres (à peu près 5 centimètres carrés). Ce médaillon, ainsi que les quatre autres mystères joyeux, a un fond de couleur bleue, sur lequel se détachent avec une netteté de détails incomparable la scène du mystère représenté. Disons-le une fois pour toutes : ces médaillons sont de vrais tableaux, où, malgré l'exiguité du champ, rien ne manque, pas même l'expression des figures. Aux quatre angles de ce premier médaillon sont de gracieux ornements d'émeraudes et de diamants. Au verso, un émail peint, genre Limoges, représente le P. de Montfort : si petit qu'il soit, ce portrait est d'une parfaite ressemblance. Là, pour la première fois, nous trouvons une représentation de notre *Bienheureux* la tête entourée de l'auréole dont pourront être ornés désormais tous les portraits du saint missionnaire de la Vendée.

Les quatre autres médaillons des mystères joyeux sont ornés aux

sur sa main. Il fut vraiment prodigue de lui-même. Il fut pour tous d'une bonté toute paternelle. Bien des larmes de douce émotion coulèrent en sa présence.

Après avoir fait lentement le tour du cercle des pèlerins, le Saint-Père bénit une dernière fois Mgr l'Evêque et tous les pèlerins, puis il se retira.

L'audience avait duré une demi-heure environ.

---

coins de perles fines, et au verso, alternativement, de pierres de Vendée et d'améthystes, gracieusement serties dans un relief d'or. Ainsi ont trouvé place dans le Rosaire toutes les pierres précieuses offertes par les fidèles du diocèse.

Pour les *mystères douloureux*, le fond des émaux est rouge. Le verso du premier, orné aux angles de grosses perles, mériterait à lui seul une description détaillée. Disons seulement que dans un médaillon central se détache une rangée de petites perles, rehaussées d'or et d'émail noir au champlevé ; à l'entour sont disposées quatre belles améthystes. Le premier des *mystères joyeux*, dont le fond est or, a sur le verso une semblable ornementation. A l'envers de tous ces médaillons est enchâssée au centre, nous l'avons dit, soit une pierre de Vendée, soit une améthyste, sauf pour le dernier médaillon où l'améthyste est remplacée par un très beau grenat.

Cette rapide description ne peut donner qu'une idée fort incomplète de la perfection de cette belle œuvre d'art, qui, d'après les connaisseurs, a une valeur de plus de *quinze mille francs*, et fait le plus grand honneur à M. Poussielgue, l'orfèvre distingué qui l'a exécutée. Comme on le voit, ceux de nos compatriotes qui, dans quelques jours, partiront pour la Ville éternelle, sous la conduite de Monseigneur, seront justement fiers de pouvoir déposer aux pieds de Léon XIII le magnifique Rosaire d'or de la catholique Vendée.

Quant aux très nombreux souscripteurs qui nous ont remis leur offrande pour ce Rosaire, ils peuvent se féliciter d'avoir contribué à une œuvre qui n'a pas été faite à demi ; et nous leur offrons, en ce qui nous concerne, nos plus sincères remerciements.

— Le Rosaire d'or de la Vendée a inspiré à un poète italien, chantre du Jubilé de Léon XIII, des vers dont la *Semaine Catholique* de Luçon a publié la traduction suivante :

> Evêque de Luçon, magnanime Pasteur,
> Tout fier de voir enfin au faîte de l'honneur
> Le Bienheureux Louis-Marie,
> A l'immortel Léon, Pontife souverain,
> Vous offrîtes vous-même, illustre pèlerin,
> Une couronne d'or fleurie.
>
> De ce noble dessein, si noblement rendu,
> Quel ange, vers vos fils ou vers vous descendu,
> Vous a suggéré l'industrie ?
> Oh ! ce Rosaire d'or, aux anges dérobé,
> Ce présent sans égal est un joyau tombé
> Du trône brillant de Marie,

Les pèlerins étaient au comble du bonheur ; ils se disaient leur joie les uns aux autres ; ils exprimaient à Monseigneur combien ils lui étaient reconnaissants de leur avoir obtenu par ses démarches une si grande faveur ; ils étaient profondément émus de l'im--mense bonté du Saint-Père. Aussi ont-ils emporté dans leurs cœur de toute cette scène le plus doux et le plus cher souvenir.

Le dimanche suivant, Mgr l'Evêque de Luçon put présenter une troisième fois au Saint-Père, avant leur départ, les Sœurs de la Sagesse. Elles voulaient offrir à Sa Sainteté un portrait du Bienheureux de Montfort, entouré de broderies superbes et richement encadré. Léon XIII les accueillit avec bonté. Il s'informa auprès de Madame la Supérieure, pour laquelle il eut des attentions toutes particulières, des œuvres de la Congrégation, faisant entendre qu'il serait heureux de lui confier, à Rome même, un établissement, si l'occasion s'en présentait.

Monseigneur prit ce jour-là congé du Souverain-Pontife et le remercia une fois encore des grandes faveurs qui avaient été accordées au pèlerinage de la Vendée.

## TRIDUUM A SAINT-LOUIS-DES-FRANÇAIS

Dans la semaine qui suivit la cérémonie solennelle de la Béatification, un Triduum fut célébré, à Rome, dans l'Eglise de Saint-Louis-des-Français, le jeudi, le vendredi et le samedi, en l'honneur du Bienheureux Louis-Marie Grignon de Montfort. Chacun de ces trois jours, il y eut le matin office pontifical ; le soir, vêpres, panégyrique du Bienheureux et salut solennel du Saint-Sacrement.

Le jeudi, premier jour du *Triduum*, l'office pontifical fut célébré par Monseigneur l'évêque de Luçon, avec le concours des ecclésiastiques de la procure de Saint-Sulpice. Des chants parfaitement exécutés rehaussèrent l'éclat de la cérémonie.

Le soir, après les vêpres, le sermon fut donné par le R. P. Deval, de la Compagnie de Marie. Son panégyrique fut un résumé complet de la vie du Bienheureux, envisagé surtout comme apôtre. L'orateur avait pris pour texte de son discours cette parole de Notre-Seigneur : *Ego elegi vos et posui vos ut eatis et fructum afferatis et fructus vester maneat.* Partant de cette idée que Dieu, infiniment bon et sage, donne à chaque époque les hommes qui leur conviennent, il raconta la vie apostolique de Montfort et les fruits de son apostolat.

Trois choses sont particulièrement dignes d'être étudiées dans la vie du Bienheureux : la sainteté, le zèle et l'apostolat. L'orateur développa cette thèse d'une façon très intéressante, avec une pleine connaissance de son sujet, et en rappelant quantité de faits. Il charma surtout son auditoire lorsqu'il parla, avec un remarquable bonheur d'expression, de l'éloquence du missionnaire de l'ouest, de cette éloquence vive, entraînante, avec laquelle il conquérait les âmes.

Parlant ensuite des fruits de l'apostolat de Montfort, il rappela que ce saint prêtre fut le soutien de la morale, le défenseur de la vérité intègre, et le propagateur de la vie surnaturelle. Le P. Deval donna à ces belles idées de larges développements ; son sujet était traité d'une façon très complète, et son éloquence parut fort goûtée de l'auditoire. Un enfant de Montfort était le premier à prononcer le panégyrique du Bienheureux.

Après ce panégyrique, le salut fut donné par Son Éminence le cardinal Bianchi.

Le vendredi, deuxième jour du *Triduum*, les cérémonies furent faites par les Dominicains. Le Bienheureux Grignon de Montfort appartenait au tiers ordre de saint Dominique : c'était fête dans la famille dominicaine. L'office pontifical fut célébré par le général de l'ordre, Mgr della Rocca. Le soir, les vêpres furent chantées par Mgr Gentili, ancien vicaire apostolique en Chine. Ensuite fut prononcé un discours en italien, dans lequel un savant dominicain, professeur à Rome, le R. P. Lepidi, rappela deux vertus qui ont brillé d'un grand éclat dans le P. de Montfort, l'amour de Dieu et l'amour des hommes. Le salut solennel fut donné par le cardinal Zigliara.

Le samedi, l'office pontifical fut célébré par Son Éminence le Cardinal Place, archevêque de Rennes. Le séminaire français fournit les officiants. Après les vêpres, chantées par Mgr Sallua, commissaire du S. Office, un troisième panégyrique fut prêché par Mgr Puyol, supérieur de Saint-Louis-des-Français. *Euntes docete omnes gentes*, tel fut le texte choisi par le prédicateur qui a considéré, lui aussi, le Bienheureux comme type du missionnaire rempli de l'esprit apostolique. On ne saurait donner une idée suffisante de ce magnifique discours en le résumant : il faudrait le reproduire en entier.

Le salut qui suivit fut donné par Son Eminence le Cardinal Parocchi. Mgr Azarian, patriarche des Arméniens, et deux autres évêques d'Arménie étaient présents à la cérémonie. Son excellence, M. Lefebvre de Béhaine, ambassadeur de France, y assistait aussi. Déjà il avait félicité Mgr l'évêque de Luçon d'avoir choisi, pour les fêtes du *Triduum*, notre église nationale de Saint-Louis ; sa présence à cette fête fut une nouvelle marque de sympathie.

Rien de plus juste, d'ailleurs : Montfort n'est pas seulement une gloire pour l'Eglise ; il est aussi une gloire pour la France, sa patrie et la nôtre.

Toutes ces fêtes du *Triduum* furent vraiment splendides. L'église de Saint-Louis était admirablement décorée. Elle était garnie de riches tentures ; l'illumination en était magnifique. La foule y fut toujours très nombreuse, et le samedi soir surtout, l'église était complètement remplie.

---

Tandis qu'avaient lieu, à Rome, les solennités de la Béatification, les catholiques de notre contrée, enfants de Montfort, tressaillaient de joie. Leurs acclamations enthousiastes faisaient écho aux chants de triomphe de la Ville éternelle. Le *Te Deum* de l'action de grâces retentissait partout dans nos églises, et l'on chantait des cantiques composés en l'honneur du Bienheureux

La joie fut grande surtout et la fête splendide à Saint Laurent-sur-Sèvre, auprès du tombeau de Montfort. Toute la population s'ébranla ; et la communion générale du matin, et les chants de joie, et la beauté des cérémonies, et le son joyeux des cloches, et les acclamations, et la splendeur de l'illumination donnèrent à la journée du 22 janvier un éclat inoubliable.

Cette première fête en l'honneur de Montfort n'était pourtant que le prélude de fêtes plus solennelles et plus brillantes.

Luçon. — Veuve Bideaux et Fils, imprimeurs de l'Evêché.

# FÊTES DE SAINT-LAURENT-SUR-SÈVRE

Voyez ce bourg de Saint-Laurent-sur-Sèvre devenu comme la ville sainte de la Vendée, depuis qu'il a reçu en dépôt les restes sacrés du Père de Montfort : trois grandes institutions réunies autour de sa tombe comme une triple couronne de gloire et d'immortalité ; une légion d'apôtres partant de là pour aller réveiller la foi dans les villes et dans les campagnes ; des milliers de vierges du Seigneur formées à l'école de la divine Sagesse pour l'instruction des jeunes filles et pour le soulagement de toutes les infirmités humaines ; l'éducation chrétienne de l'enfance aux mains d'une congrégation de Frères dont vingt diocèses recueillent les bienfaits.

(Mgr. Freppel : Panégyrique.)

# LETTRE PASTORALE



DE

# MONSEIGNEUR L'ÉVÊQUE DE LUÇON

POUR ANNONCER LE *TRIDUUM* SOLENNEL

*De Saint-Laurent-sur-Sèvre*

EN L'HONNEUR DU

## Bienheureux Louis-Marie Grignon de Montfort

---

CLOVIS-NICOLAS-JOSEPH CATTEAU, par la grâce de Dieu et du Saint-Siège Apostolique, Évêque de Luçon,

AU CLERGÉ ET AUX FIDÈLES DE NOTRE DIOCÈSE
*Salut et Bénédiction en Notre-Seigneur Jésus-Christ*

### NOS TRÈS CHERS FRÈRES,

Quand Saint Hilaire, au retour des contrées lointaines de l'Orient, où il avait été exilé pour la foi, après avoir rendu compte au Pape Saint Libère de ses travaux, de ses luttes et de ses triomphes, rentra enfin sur le sol de la patrie, l'Eglise des Gaules, au dire de Saint Jérôme, se leva, dans un saint enthousiasme, pour accueillir le glorieux athlète, et la Province du Poitou, sans aucun doute, reçut son Evêque avec des acclamations encore plus triomphales. Hilaire, en effet, lui apportait une nouvelle expansion de vie surnaturelle, une nouvelle efflorescence de prodiges et des vertus.

A quinze siècles d'intervalle, un même ébranlement va se communiquer à la partie du Poitou qui forme aujourd'hui la Vendée et il s'étendra à toute la région de l'Ouest, car il s'agit d'acclamer un nouveau triomphateur, l'Apôtre dans lequel nous saluons un Père, un Protecteur, le Bienheureux Louis-Marie Grignon de Montfort.

Depuis longtemps nos cœurs attendaient ce jour ; votre piété s'efforçait d'en hâter la venue par les plus ardentes prières. Enfin nos vœux sont comblés ! Léon XIII, couronnant l'œuvre commencée par Grégoire XVI et continuée par Pie IX, du consentement unanime des Cardinaux, membres de la Congrégation des Rites, a terminé de longs et sérieux examens, et, par un décret solennel, admet Montfort à l'honneur incomparable des autels et permet d'exposer ses reliques sacrées au culte public des fidèles.

Quel spectacle, N. T. C. F., que celui de la glorification de notre Apôtre, dans la salle immense qui s'étend au-dessus du portique de Saint-Pierre ! Jamais Nous n'oublierons l'impression mystérieuse qui s'empara de tout Notre être, quand, après la lecture du Bref de Béatification, le voile qui couvrait l'apothéose du Père de Montfort, tomba subitement et le Bienheureux Nous apparut, tout inondé de lumière, montant dans la gloire, entouré des anges qui portaient la Croix, le Rosaire et le livre admirable des Règles qu'il a laissées à ses enfants. Tandis que l'Eglise de la terre, pour la première fois, offrait, avec l'encens, le parfum de ses hommages aux ossements précieux que nous avions, peu de mois auparavant, tirés de l'obscurité du tombeau, il Nous semblait voir l'Église du ciel saluer avec amour l'immortel triomphateur. Nous aimions à Nous représenter, aux premiers rangs, saint Hilaire, saint Amand, tous nos apôtres et nos évêques ; saint Domnin, à la tête de l'héroïque légion de nos martyrs ; saint Martin de Vertou, saint Vivence, saint Philbert, l'innombrable cohorte de nos confesseurs et de nos moines ; sainte Radegonde, avec les vierges sanctifiées dans le cloître ; tous les enfants de Montfort, qui, depuis près de deux siècles, ne cessent de peupler le ciel, après avoir édifié la terre par leur dévouement et leurs vertus ; enfin la vieille Vendée, avec une génération tout entière égorgée pour la foi. Jamais le cantique d'action de grâce ne s'échappa si joyeux de Nos lèvres et de Notre cœur.

Rome déjà, N. T. C. F., a consacré la gloire de notre nouveau protecteur et, dans le premier *Triduum*, célébré en son honneur, a déployé les pieuses magnificences dont elle a le secret. C'est à nous qu'il appartient maintenant de donner une manifestation solennelle à la joie qui déborde de nos âmes, de traduire le premier témoignage public de notre vénération, par un concours extraordinaire de peuple et des pompes inaccoutumées. La piété filiale, les exigences de la justice, le sentiment de la reconnaissance, tout nous en fait un devoir.

**I.** **Est-il besoin de vous rappeler, N. T. C. F., les liens qui nous unissent au Bienheureux ?** Sans doute, la Bretagne le revendique comme son enfant ; il a jeté la semence féconde de sa parole et les flammes de son zèle à travers toute la région de l'Ouest ; mais c'est nous qui avons le privilège de garder son tombeau et le siège principal de ses admirables créations ; c'est sur nos âmes qu'il a imprimé son empreinte la plus profonde et la plus indélébile. A un titre plus spécial, Nous sommes sa famille ; sa *Cause* est appelée par l'Eglise la *Cause* de Luçon ; Montfort et Vendée sont deux noms qui s'appellent et resteront à jamais inséparables.

Dans l'ordre social, les provinces et les cités ne tiennent-elles pas à l'honneur d'exalter la gloire de leurs grands hommes ? A défaut de véritables illustrations créées par le génie, la noblesse des sentiments ou les services rendus, elles exhument parfois des renommées factices ou malsaines, dont la glorification scandaleuse est un défi jeté aux enseignements de l'histoire, comme aux protestations les plus légitimes de la conscience.

Rien n'est donc plus naturel que de célébrer aussi, dans l'ordre religieux, la mémoire de nos héros, que d'acclamer le frère d'armes, victorieux dans le combat que nous soutenons à notre tour, surtout quand celui que le ciel nous montre dans la gloire est en même temps un ami, un protecteur et un père.

Nous n'avons pas à craindre d'égarer nos hommages, en les adressant au talent corrupteur, ou à des grandeurs éphémères qu'obscurcissent la poussière des ruines, le sang ou les larmes des victimes. Un tribunal, composé des hommes les plus éminents du monde catholique, a constaté juridiquement, dans notre Bienheureux, l'intégrité de la doctrine, l'orthodoxie de l'enseignement et l'héroïsme des vertus. Dieu lui-même a produit le témoignage des miracles et les œuvres continuent à resplendir aux regards des peuples et à donner en abondance des fruits de salut.

Voici, d'autre part, que les enseignements de la foi viennent confirmer la légitimité du culte inspiré par la piété filiale. C'est, en effet, une recommandation de nos livres saints, d'entourer des hommages de notre admiration les personnages illustres qui ont été, parmi nous, les envoyés de Dieu, les ministres de sa miséricorde. « Louons, s'écrie l'auteur de l'Ecclésiastique, louons les hommes glorieux qui sont nos pères et dont nous sommes la race ; ces hommes dans lesquels le Seigneur a signalé les prodiges de sa gloire et de sa puissance ; ces dominateurs ornés de vertus et de prudence, dont la parole retentissait comme les oracles des prophètes, dont l'autorité était acclamée par le peuple auquel ils communiquaient les leçons de la sagesse et de la sainteté, en lui enseignant les pieuses harmonies et les cantiques sacrés ; ces hommes riches en perfection, épris des charmes de la véritable beauté et qui propageaient les bienfaits de la paix.... Que les peuples publient leur sagesse et que l'assemblée des fidèles chante leurs louanges. « Eccli. xliv, v. 1 et seq.)

Nous obéirons, N. T. C. F., à cette éloquente exhortation, dont les motifs s'appliquent si admirablement au Bienheureux Père de Montfort et, en donnant libre carrière aux élans de nos cœurs, nous satisferons en outre aux exigences de la justice.

Qui jamais, en effet, a mieux mérité le triomphe que notre grand conquérant des âmes ? Qui jamais a réalisé plus de travaux, affronté plus de fatigues, dépensé plus de dévouement, remporté de plus nobles victoires ? Il a vaincu le monde et ses séductions ; le vice et ses emportements ; l'hérésie, ses astuces et ses fureurs ; toutes les puissances du mal avec leurs ténébreuses machinations. Aux prises avec un ennemi plus dangereux encore, il a vaincu sa propre nature ; il a dompté ses instincts pervers, ses passions frémissantes, ses aspirations les plus impérieuses, ses répulsions les plus opiniâtres ; il a tout courbé sous le joug d'une volonté constamment fidèle aux saintes inspiratioons de la grâce. Quel est, Nous vous le demandons, N. T. C. F., le héros de la terre qui puisse être comparé à ce héros de l'Evangile ? Et n'est-il pas juste que nous préparions des fêtes, que nous acclamions la gloire, que nous redisions les grandeurs de celui que l'Eglise a couronné ?

Si tant de titres à la gloire pouvaient paraître insuffisants, le Bienheureux Père de Montfort mériterait les honneurs du triomphe en retour même de ses abaissements. C'est l'ordre providentiel que quiconque s'humilie sera exalté. (Luc. xviii, 14). Jésus, Notre-Seigneur, n'a été si élevé dans la gloire, d'après l'Apôtre, que parce qu'il s'est humilié et anéanti jusqu'à la mort et la mort sur la croix. (Philip. ii. 7 et seq.) Or, notre Bienheureux n'a-t-il pas, comme son divin modèle, savouré jusqu'à la lie le calice de l'humiliation, des flétrissures et des outrages ? Ne s'est-il pas montré aussi insatiable d'opprobres et de mépris que les partisans du monde le sont d'honneurs et de distinctions ? Sa vie n'a-t-elle pas été une voie douloureuse, dont chaque pas a été marqué par les affronts et l'ignominie ? Dieu vient de le relever de cette abjection volontaire, afin de le placer aux regards du monde, parmi les princes de son peuple. Nous aussi, nous devons nous associer à cette réhabilitation solennelle, qui sera de notre part une réparation, et nous saurons la proportionner à la grandeur morale du héros et aux indignes traitements dont il a été la victime.

A défaut des inspirations de la piété filiale et des exigences de la justice, nous aurions encore, pour nous déterminer, le devoir de la reconnaissance.

Le Bienheureux de Montfort nous a fait une large part dans les travaux de son apostolat. De l'Ile-Dieu à Saint-Laurent, de Montaigu à Luçon, il a sillonné le *littoral* et le *marais*, la *plaine* et le *bocage*, dépensant les ardeurs de son âme, multipliant les merveilles de sa sainteté. Tandis que Saint-Laurent est fier de son tombeau, la Garnache garde la chapelle de Notre-Dame de la Victoire et Mervent la grotte solitaire, théâtre des communications les plus ineffables entre Dieu et son serviteur. Fontenay, Sallertaine et Vouvant redisent l'abnégation et l'invincible énergie du saint Missionnaire ; Saint-Christophe la puissance du thaumaturge ; partout son souvenir est vivant, comme les résultats de son apostolat. Sans entrer dans les détails de tous les bienfaits que le Binheureux a prodigués à nos pères, qu'il nous suffise de les résumer en un seul, qui est le principe de tous les autres : Montfort a rendu à la Vendée la vie de la foi dans sa pureté et sa fécondité.

Le Protestantisme avait particulièrement exercé ses ravages dans le Bas-Poitou, et, malgré les efforts de Richelieu, ses doctrines et son influence s'y étaient maintenues plus ou moins dissimulées, quand Duvergier de Hauranne, novateur orgueilleux et fascinateur, abusant de la haute position qu'il occupait dans l'église de Poitiers, vint recueillir tous ces éléments d'impiété et de révolte et greffer sur la vieille hérésie une hérésie plus subtile et plus artificieuse, qui prit plus tard le nom de Jansénisme. Richelieu fit surveiller d'abord et ensuite enfermer l'héritier de Calvin ; mais après la mort du Cardinal, les détestables principes eurent bientôt envahi la France. Au moment où apparut Montfort, la secte était toute puissante dans l'Ouest et c'est à son étreinte qu'il arracha les populations, pour les ramener aux sources de la vérité et de la grâce, à toutes les pratiques de la vie et de la piété catholiques. C'est le Bienheureux qui, par lui-même et par ses enfants, a surtout contribué à préparer la race des héros qui, dans la grande tourmente révolutionnaire, devaient, au prix de leur sang, faire rendre à l'Eglise de France ses temples et sa liberté.

Nos manifestations religieuses seront donc un témoignage de reconnaissance et quelle que soit leur splendeur, nous ne saurons jamais les proportionner à l'excellence des bienfaits que nous avons reçus.

En glorifiant les saints, l'Eglise ne songe pas seulement aux enfants qu'elle a donnés au ciel, elle se préoccupe aussi de ceux qu'elle engendre sur la terre, et, dans le triomphe des premiers, elle ménage aux seconds un enseignement approprié à leurs besoins. C'est ainsi que le triomphe de Montfort renferme pour nous les plus salutaires leçons.

II. Lorsque nous examinons l'état des âmes, à l'époque où nous vivons, nous remarquons, N. T. C. F., qu'elles souffrent principalement de deux maux qui arrêtent l'épanouissement de la vie chrétienne : elles sont faibles et elles sont promptes à se décourager. Faibles, elles deviennent incapables de porter le joug de Notre-Seigneur, parce qu'elles manquent de ce ressort vigoureux qui pousse à la vertu parfaite. De plus, bientôt fatiguées, elles s'affaissent, pour ainsi dire, sur elles-mêmes et se laissent aller au découragement. Au milieu de ces défaillances du cœur et de ces abattements de la volonté, la Béatification du Père de Montfort est pour nous un principe de force et un principe d'espérance.

Il nous est pénible de le constater, mais c'est un fait qui n'échappe à personne, même dans les contrées les plus fidèles à la foi, les mœurs chrétiennes ont perdu beaucoup de leur ancienne vigueur. Combien d'âmes hésitantes semblent avoir peur de choisir entre le bien et le mal ! Elles désirent la vertu, sans savoir s'y déterminer ; elles font leurs réserves avec Dieu, toujours prêtes à retirer ce qu'elles ont donné. Et, au milieu de ces incertitudes, elles ne savent pas elles mêmes dans quelle direction s'écoule leur vie. Ils sont rares les caractères fortement trempés, qui vont droit au but, avec le parti pris de choisir toujours le bien, quoi qu'il en coûte, sans s'embarrasser de tous les misérables calculs avec lesquels la véritable vertu est impossible.

D'où vient, N. T. C. F., cette sorte d'anémie dont souffrent les âmes, sinon de ce qu'on oublie, dans la pratique du moins, la loi essentielle de la vie chrétienne, la loi du sacrifice ? Jésus-Christ a dit : Si quelqu'un refuse de porter la Croix, il n'est pas digne de moi. (Math. x, 38.) Mais il semblerait que cette parole ne s'adresse plus à notre temps. La Croix, le sacrifice, non seulement les impies s'en moquent comme d'une folie, non seulement les mondains s'en scandalisent, mais les chrétiens eux-mêmes s'en effraient. Or, c'est la Croix que Montfort nous présente comme remède à nos défaillances, comme principe de force et de vigueur dans la pratique de la vertu.

La vie de cet admirable apôtre se distingue surtout par un ardent amour de la Croix. Sans cesse il l'exaltait dans ses lettres et ses discours ; il la chantait en des cantiques d'une inspiration sublime ; et comme son ambition était de la planter partout où il passait, en arrivant dans un pays, il commençait par choisir l'endroit où cette divine Croix serait plus apparente, semblable à un conquérant qui s'avance en établissant des citadelles sur les meilleures positions.

David autrefois marchait contre Goliath un bâton à la main ; Montfort marche contre le démon et le monde, appuyé uniquement sur la Croix : *in baculo cruce*. La Croix était sa force et l'instrument de ses victoires. On raconte qu'un jour, au lieu d'adresser un discours à son auditoire, il exposa la Croix aux yeux des fidèles dans la chaire même, à la place du prédicateur ; puis il passa à travers les rangs de l'assemblée, tenant un crucifix qu'il faisait baiser à chacun des assistants. Cette étrange prédication tira plus de larmes des yeux, plus de gémissements des cœurs, réalisa plus de changements dans les âmes, que le sermon le plus pathétique.

C'est avec la Croix que le Bienheureux envoie ses missionnaires combattre l'enfer et conquérir les âmes : *in baculo cruce*. Et s'il veut conduire certaines natures d'élite à un éminent degré de sainteté, il ne sait rien de mieux que de leur inspirer l'amour de la Croix. « Hors de la Croix, écrivait-il, quoi qu'en disent la nature et la raison, il n'y aura jamais ici-bas aucun véritable plaisir, ni aucun solide bien. »

La Croix, en effet, qui est une folie pour ceux qui périssent, est la force de Dieu pour ceux qui se sauvent. (I Cor. i, 17). « Tu vaincras sous cet étendard, » fut-il dit à Constantin dans une vision mystérieuse, et la Croix reste toujours pour les chrétiens la bannière de la victoire : *in hoc signo vinces*.

Si nous voulons, N. T. C. F., nous rendre compte de cette puissance de la Croix, il suffira de nous rappeler que les principaux obstacles qui nous arrêtent dans les voies de la vertu, c'est le manque d'énergie, sous les coups de l'épreuve; c'est la peur des efforts et du sacrifice. Or la Croix a été figurée par le serpent d'airain élevé au milieu du camp d'Israël et dont la vue guérissait toutes les blessures; par le bois mystérieux que Moïse jeta dans les eaux amères de Mara et qui les transforma en rafraîchissement délicieux contre les ardeurs brûlantes du désert. De la Croix découlent des consolations pour toutes nos souffrances, une onction divine sur toutes nos amertumes. Telle est la disposition de notre cœur, qu'il oublie ses souffrances au spectacle d'une infortune et plus grande et plus noble. Qui donc, en face de la Croix, oserait se plaindre? Qui ne trouverait dans l'épreuve la résignation et même une austère jouissance? En face de la Croix, quelle est l'âme, si pusillanime qu'on la suppose, qui ne se détermine aux efforts et aux sacrifices, d'abord par reconnaissance, pour ne pas rester en arrière de générosité vis-à-vis d'un Dieu qui n'a reculé devant aucune torture, aucune angoisse morale, aucune humiliation, afin de se constituer notre rédempteur et notre victime; ensuite, par correspondance au cri saintement provocateur qui s'échappe des plaies du divin Crucifié? « En vous approchant de Jésus, le médiateur de la nouvelle alliance, nous dit l'Apôtre, vous voyez couler un sang qui parle bien autrement que celui d'Abel. » (Hebr. xii, 24.) Le sang d'Abel réclamait justice et vengeance; le sang qui ruisselle sur la croix du Sauveur, sollicite un retour d'amour et de générosité. Aussi, c'est au pied de la Croix qu'ont germé tous les dévouements et toutes les résolutions qui ont fait les saints. A notre tour, nous apprendrons à vaincre, le jour où nous saurons chercher dans la Croix le secret de la force chrétienne.

La crise d'énervement moral que nous traversons, N. T. C. F., se complique d'une funeste tendance au découragement. Sans doute, les difficultés sont nombreuses, à l'heure présente; jamais peut-être le mal n'avait disposé de forces aussi formidables et il semble parfois que nos efforts demeurent sans résultats et que tous les succès sont pour les méchants. Certaines âmes, fatiguées des triomphes de l'impiété, seraient tentées de croire à l'inutilité de la lutte, à l'impossibilité d'une rénovation sociale et religieuse, et elles désespèrent de l'avenir. A tous ces courages abattus la Béatification du Père de Montfort apporte l'espérance, en nous montrant ce que peut une volonté énergique avec l'aide de la grâce et quel est le secret de la confiance chrétienne.

Montfort était privé de toutes les ressources humaines, même de ces appuis qui sont ordinairement nécessaires pour faire l'œuvre de Dieu. Des obstacles de toute sorte surgissaient devant lui. On le persécutait ; ses ennemis allaient jusqu'à attenter à sa vie ; mais, loin de perdre jamais confiance, il regardait les difficultés comme le plus précieux gage du succès de ses missions. Que d'âmes remuées par ses prédications ! Que de paroisses converties par son zèle ! La foi vengée, l'hérésie abattue, les scandales réprimés, le vice humilié, la piété mise en honneur, les abus corrigés, toute une contrée renouvelée dans l'esprit chrétien, tels sont les fruits étonnants de son apostolat. Et voici comment il les a réalisés. Il avait une sainte audace, mais une audace qui ne tenait point de la présomption, qui reposait, au contraire, sur l'humilité et s'appuyait uniquement sur Dieu.

> L'homme est un roseau fragile
> Qui se courbe au moindre vent ;
> L'homme est un vaisseau d'argile
> Qui se brise promptement.
> Malheureux ceux qui s'y fient,
> Nous a dit le Saint-Esprit,
> Mais heureux ceux qui s'appuient
> Sur Dieu seul en Jésus-Christ.

Ainsi chantait Montfort, et il espérait contre toute espérance, tandis que, de nos jours, beaucoup d'âmes se découragent, parce qu'elles ne tiennent aucun compte de la force qui vient de Dieu. Au lieu de lever les yeux vers les hauteurs célestes d'où descend le secours, elles se regardent elles-mêmes, et, comme le bien qu'elles désirent leur paraît au-dessus de leurs forces, elles n'essaient pas même de l'entreprendre. Nous ne savons pas nous appuyer sur Dieu ; nous oublions trop que, si nous ne pouvons rien par nous-mêmes, nous pouvons tout en Celui qui nous fortifie. (Philip. IV, 13.)

Non content de placer en Dieu seul toute sa confiance, Montfort s'abandonnait joyeusement au bon plaisir de la divine sagesse et se tenait bien au-dessus de la sagesse humaine, dont il se faisait un devoir d'ignorer les sollicitudes Se rappelant la page de l'Evangile où Notre-Seigneur recommande à ses apôtres de jeter toutes leurs inquiétudes dans le sein de Celui qui donne aux oiseaux du ciel la nourriture et leur charmante parure aux lis des champs, il trouvait une paix délicieuse à se reposer dans les bras de l'aimable Providence, et il chantait encore :

> Providence, je me jette
> En votre sein amoureux ;
> Si le monde me rejette,
> J'en suis d'autant plus heureux.
> Plus je vois qu'on m'abandonne
> Et plus j'espère de bien ;
> Et quand je n'aurais personne
> Vous seriez tout mon soutien.

Une autre considération soutenait l'énergie de Montfort, c'était la pensée du ciel, où Dieu récompensera nos travaux. Les espérances immortelles suppléaient, chez lui, aux espérances de la terre. « Regardez, disait-il, dans son admirable lettre aux Amis de la Croix, regardez en haut la belle couronne qui vous attend dans le ciel, si vous portez bien votre croix... C'est cette récompense qui a soutenu les apôtres dans leurs travaux et leurs tourments. » C'est dans la perspective de cette récompense qu'à chaque instant il retrempait lui-même son courage.

De quelle scène touchante furent témoins ceux qui l'entourèrent à son lit de mort ! Ils étaient accourus en grand nombre, car on voulait voir comment meurt un saint. Au milieu de cette foule en pleurs, Montfort goûtait les douces joies de l'espérance. Recueillant ses forces et, avec un transport que l'agonie ne pouvait comprimer, il entonna de sa voix mourante ce beau couplet de l'un de ses cantiques :

> Allons, mes chers amis,
> Allons au paradis.
> Quoi qu'on gagne en ces lieux,
> Le paradis vaut mieux.

Montfort, en effet, en quittant cette terre, montait à la gloire, au paradis, et, parce qu'il a vaillamment combattu, sa couronne a été magnifique. Nous allons, nous aussi, N. T. C. F., célébrer son triomphe, et tandis que nous le chanterons sur le théâtre de ses luttes et de ses épreuves, notre regard se tournera vers le Ciel, où il est heureux à jamais. Cette vue nous redonnera courage et ranimera dans nos âmes la divine espérance qui communique force et joie, au milieu des sacrifices et des combats dont est pleine la vie du chrétien.

Notre espérance s'affermira de plus en plus, quand nous nous souviendrons que le Bienheureux est devenu près de Dieu notre puissant protecteur. Il n'est pas possible qu'il soit indifférent au sort de notre pays. Il l'aime ; il lui a consacré sa vie de missionnaire ; il a travaillé, avec un zèle insatiable, à y établir le règne de Dieu. Du séjour de la gloire, il voit encore ce qui nous intéresse et son intercession est, pour notre contrée, un sûr garant des bénédictions divines. Aussi aimerons-nous à l'invoquer. Marchant sur les traces de nos pères, nous irons nous prosterner devant son tombeau, source toujours féconde d'enseignements précieux et de faveurs célestes.

Puisse bientôt, au-dessus de ce tombeau vénéré, s'élever un temple digne de notre piété filiale et de notre reconnaissance, digne du Bienheureux Montfort et de nos populations catholiques ! Sûr de trouver un sympathique écho dans tous vos cœurs, N. T. C. F., Nous nous permettons, en terminant cette Lettre pastorale, de faire appel à votre généreux concours pour la reconstruction de l'église de Saint-Laurent. Ce sera le bouquet de fête que nous offrirons à notre glorieux apôtre.

Cette fête, à laquelle nous venons vous convier, consistera en un *Triduum* que nous avons fixé aux 4, 5 et 6 juin, parce que le 5 juin ramène l'anniversaire de l'ordination sacerdotale du saint missionnaire. Elle sera célébrée à Saint-Laurent-sur-Sèvre, terre à jamais bénie, dont le sol tout imprégné de sainteté rappelle tant de précieux souvenirs et où se pressent, autour du tombeau du B. Père de Montfort, les maisons-mères de ses congrégations.

Les deux premiers jours, il y aura messe pontificale, célébrée en plein air, au pied du calvaire. L'après-midi, les vêpres seront chantées et des prédications auront lieu simultanément à l'église paroissiale, à la chapelle des Filles de la Sagesse et à la chapelle des Frères de Saint-Gabriel. Le soir, on récitera le chapelet et on donnera la bénédiction du T. S. Sacrement au calvaire.

Le mercredi, 6, toutes les cérémonies se feront au calvaire. Après l'évangile de la messe Pontificale, célébrée à 10 heures,

Monseigneur l'Evêque d'Angers fera le panégyrique du Bienheureux. Dans l'après-midi, à deux heures, chant des Vêpres ; grande procession, dans laquelle seront portées les reliques et qui se terminera par la bénédiction solennelle du T. S. Sacrement.

Comme c'est le diocèse tout entier qui doit acclamer son apôtre à Saint-Laurent, le soir du dimanche, 3 juin, après l'*Angelus*, les cloches de toutes les paroisses sonneront durant une demi-heure, pour annoncer le *Triduum*. Tous les prêtres qui pourront s'absenter, sans préjudice pour le ministère paroissial, sont invités à assister à nos solennités et Nous les dispensons, à cet effet, des offices particuliers à l'octave du Saint-Sacrement. Mais Nous demandons que tous ceux qui seront présents à Saint-Laurent portent leur habit de chœur et prennent part à la procession. Enfin, Nous adressons à la piété de nos diocésains un pressant appel et Nous comptons sur une foule immense qui, par sa foi et son recueillement, attachera un souvenir ineffaçable à la glorification du Bienheureux Louis-Marie Grignon de Montfort.

Et sera Notre présente Lettre pastorale lue dans toutes les églises et chapelles de Notre diocèse, le dimanche de la Pentecôte.

Donné à Luçon, sous Notre seing, le sceau de Nos armes et le contre-seing du secrétaire général de notre Evêché, le 8 mai, en la fête de l'Apparition de l'Archange saint Michel.

† CLOVIS-JOSEPH, Evêque de Luçon.

*Par Mandement de Monseigneur,*

Ath. CHABOT, chanoine honoraire, secrétaire général.

# TRIDUUM

CÉLÉBRÉ A SAINT-LAURENT-SUR-SÈVRE

## les 4, 5 et 6 juin

## EN L'HONNEUR DU BIENHEUREUX DE MONTFORT (1)

SAINT-LAURENT-SUR-SÈVRE

Saint-Laurent est un petit bourg situé à l'extrémité nord-est de la Vendée, sur les confins de trois diocèses, du diocèse de Luçon dont il fait partie, de celui d'Angers et de celui de Poitiers, et pas bien loin du diocèse de Nantes.

Il est caché au fond d'une vallée, où l'enferment les pittoresques coteaux qui bordent la Sèvre nantaise ; et lorsqu'on y vient du côté de Mortagne, jolie petite ville non loin de laquelle se trouve une gare, c'est à peine si l'on aperçoit la pointe du clocher de la Sagesse, haute pourtant de 86 mètres.

Arrivé sur les hauteurs de la *Trique*, vous voyez le bourg tout entier, à un quart d'heure de là ; alors un charmant paysage se déroule sous vos yeux.

Ce grand bâtiment qui frappe tout d'abord vos regards à droite, sur l'autre versant de la Sèvre, c'est l'hospice Montfort. A côté, se dresse la croix du Calvaire. Au-dessous, à mi-côté, vous voyez le groupe régulier des bâtiments de Saint-Gabriel, le pensionnat, où trouvent place 400 enfants, le noviciat, la maison-mère. Les jardins et les prairies de l'établissement s'étendent jusque sur les bords de la Sèvre, et même au-delà. Cette rivière, large, aux eaux limpides, est le charme principal du paysage. Elle vient de l'est, coule sous les grands arbres, au milieu de belles prairies où elle trace à l'aise ses méandres, et disparaît à l'ouest, près d'un épais

---

(1) Ce récit est emprunté à la *Semaine Catholique de Luçon*, du 9 juin 1888.

bouquet d'arbres, derrière de hauts rochers, dans les flancs desquels les Frères de Saint-Gabriel ont dessiné une imitation de la grotte de Lourdes.

Là-bas, dans l'endroit le plus élevé à l'horizon, parmi les bois touffus, vous découvrez Saint-Michel. C'est une charmante solitude, pleine d'ombrages et de grandes allées tranquilles, où chaque année les missionnaires de la Compagnie de Marie donnent plusieurs retraites séculières pour les hommes et pour les femmes.

Ce petit sanctuaire que vous apercevez plus bas, est une chapelle dédiée à sainte Anne : elle est très chère à la piété des Saint-Laurentais.

A gauche, le long de la rivière et sur le coteau, se développe le vaste enclos des Filles de la Sagesse. C'est la maison-mère des religieuses, fondées par Montfort ; ces bonnes sœurs sont quatre mille environ, répandues en France et à l'étranger, qui passent leur vie dans les hôpitaux, dans les écoles, dans diverses institutions, le cœur plein de la charité chrétienne. Au dessus des bâtiments de la communauté se dresse la haute flèche dont vous aviez tout d'abord remarqué le sommet. Elle s'élève, élégante et comme détachée de la terre, image de la pensée chrétiennne qui s'élance vers le ciel.

C'est à peine si, parmi les toits gris du vieux bourg, l'œil peut découvrir l'église paroissiale. La voici à gauche, près de la Sèvre. Sa tour romane dépasse de quelques mètres la hauteur des maisons voisines.

Elle parait bien pauvre à côté de la chapelle de la Sagesse ; c'est vers elle pourtant que se sont dirigés, depuis bientôt deux siècles, les pèlerins de la contrée : elle possède le tombeau du Bienheureux de Montfort.

Montfort est mort à Saint-Laurent-sur-Sèvre, le 28 avril 1716, époque à laquelle cette paroisse faisait partie du diocèse de la Rochelle. Il y prêchait depuis le 5 avril ; la mission approchait de son terme. Déjà il avait désigné l'éminence où s'élèverait le calvaire destiné à en perpétuer le souvenir, lorsque le missionnaire, épuisé par des fatigues de toutes sortes, fut attaqué d'une pleurésie et rendit à Dieu sa belle âme.

L'Eglise considère comme la patrie des saints le lieu où, mourant à la terre, ils naissent à la vie du ciel. Saint-Laurent est, d'après les règles liturgiques, la patrie de Montfort. C'est donc là qu'il convient d'inaugurer tout d'abord, par des fêtes solennelles, le culte public qu'il nous sera permis de rendre désormais au Bienheureux.

Deux fêtes d'un caractère plus intime seront comme le prélude du *Triduum* des 4, 5 et 6 juin. La chapelle de la Sagesse et la chapelle de Saint-Gabriel vont recevoir les honneurs de la consécration.

VENDREDI, 1ᵉʳ JUIN. CONSÉCRATION DE LA CHAPELLE DE LA SAGESSE

Le temps était affreux depuis quelques jours, hier surtout. Il tombait une pluie fine, qui détrempait les routes, et nous n'étions pas sans inquiétude. Mais voici qu'aujourd'hui le soleil est de la fête ; il jette à plein ciel ses chauds rayons sur la terre humide ; nous aurons un temps superbe.

A huit heures, Mgr l'évêque de Luçon commence la cérémonie. A vrai dire, elle a commencé dès hier soir. Hier, en effet, à la chute du jour, dans une chapelle bien disposée pour la circonstance, on a chanté solennellement matines et laudes de l'office des martyrs, et les bonnes sœurs ont passé la nuit en prière, près des saintes reliques qui reposeront dans le sépulcre de l'autel.

La consécration d'une église a toujours un très grand charme pour les chrétiens éclairés qui comprennent les symboles de nos saints rites et goûtent la beauté des prières liturgiques; mais aujourd'hui les cérémonies semblent particulièrement attrayantes, à cause de la richesse de l'édifice que le Pontife consacre à Dieu.

Si l'église, temple matériel que la consécration liturgique sépare des objets profanes, est l'image de l'Eglise, société invisible des âmes, épouse mystique de Jésus-Christ, la piété catholique a-t-elle jamais offert à Notre-Seigneur une épouse plus belle et mieux parée ! Qu'elle est ravissante, cette chapelle de la Sagesse ! A l'extérieur, toutes les lignes en sont correctes, harmonieuses; l'ensemble, tout riche qu'il paraît, est d'une remarquable simplicité. La flèche en granit, dont la fine aiguille se perd dans la nue, est un chef-d'œuvre de grâce et de légèreté. A l'intérieur, tout est merveilleux. Ce ne sont que vitraux et ogives, et toute une blanche forêt de colonnes et de colonnettes. Les bas côtés sont séparés de la nef par une colonnade d'un très beau style; au-dessus des grandes ogives de cette colonnade, et tout autour de la chapelle, vaste presque comme une cathédrale, se dresse une autre rangée d'ogives beaucoup plus petites. Elles se détachent fort bien sur le fond obscur des tribunes, et produisent un effet superbe. Au-dessus des tribunes ce sont d'immenses verrières, qui s'élèvent jusqu'à la voûte. Il n'y a point de murailles. Comme à la Sainte-Chapelle de Paris, les vitraux occupent toute la place ; ils ne sont séparés que par les légères colonnes qui supportent la voûte. La chaire, toute en pierres sculptées, est par elle-même un monument qui mériterait une longue description. L'autel et la sainte table sont d'une très grande richesse. Tous les ornements, jusqu'aux moindres détails sont à l'avenant. Où sont les défauts de l'édifice ? Les habiles, dit-on, n'en voient point, et je ne sais vraiment s'il existe une chapelle plus jolie que celle-là. Elle a eu pour architecte MM Faucheurs et Boismein, de Nantes. Ce sont des noms à retenir.

Aujourd'hui, une parure de circonstance ajoute encore à sa grâce et à sa beauté. Des guirlandes de fleurs et d'immenses rosaires pendent de la voûte. Je remarque surtout une belle inscription en lettres d'or, placée entre les tribunes et les grandes verrières, et faisant le tour de la chapelle. Cette inscription est en latin ; en voici la traduction :

« Bienheureux Louis-Marie Grignon de Montfort, au cœur débordant de zèle, vous qui avez écarté des âmes le fléau de Jansénius, rappelé à la vie d'innombrables pécheurs par la prédication des mystères de la croix, et obtenu d'abondants fruits de salut par le culte du rosaire ;

« La France occidentale, reconnaissante d'avoir, grâce à vous, conservé intact le dépôt de sa foi, se consacre à vous.

« Protégez, B. L.-M. G. de Montfort, ceux que vous avez engendrés ; établissez-les fermement dans la vigueur de votre vertu. »

La cérémonie se termine ; la chapelle est consacrée. Elle est dédiée à cette Sagesse éternelle, pour laquelle le Bienheureux de Montfort avait une dévotion toute particulière. Des milliers de vierges sages, appelées par Dieu, viendront encore, comme depuis de longues année, oublier dans cette enceinte la sagesse du monde et s'éprendre d'amour pour la seule vraie sagesse.

SAMEDI, 2 JUIN. CONSÉCRATION DE LA CHAPELLE DE SAINT-GABRIEL

Aujourd'hui, c'est la chapelle de Saint-Gabriel que Mgr l'évêque de Luçon a consacrée.

Les cérémonies ont été celles que nous avions vues hier ; l'assistance seule était changée.

Elle est bien belle aussi cette chapelle gothique de Saint-Gabriel, dont le style est très pur, et les proportions excellentes. On la connaissait ; elle a déjà vingt-quatre années d'existence. Ce que l'on ne connaissait pas, c'est le nouvel autel qui vient d'y être placé. Cet autel en marbres de couleurs variées, produit une véritable impression. Il est surmonté d'une grande croix en pierre, portant un Christ à la physionomie expressive.

Le Bienheureux de Montfort est représenté prêchant, debout, et adossé à la croix. Il est tourné vers la Très Sainte Vierge dont la statue, une *Mater dolorosa*, domine l'extrémité de l'autel du côté de l'Evangile, et il semble la montrer aux chrétiens comme la voie qui conduit à Jésus-Christ. Du côté de l'Epître, une statue de saint Jean fait pendant à celle de la Sainte Vierge. La croix et la statue s'enlèvent fort bien au-dessus de l'autel, et l'ensemble est d'un effet grandiose.

A la fin du dîner qui a suivi la consécration, deux toasts ont été portés au T. C. Frère Hubert, supérieur général de la Congrégation de Saint-Gabriel, l'un par M. l'abbé Simon, vicaire général de Luçon, ancien élève des Frères ; l'autre par M. A. Roussel, l'écrivain distingué de l'*Univers*. Prié de répondre à ces deux toasts, pleins d'esprit et de délicatesse, Mgr Catteau en a pris occasion d'exprimer ses propres sympathies pour Saint-Gabriel, et de faire à son tour l'éloge du T. C. Frère supérieur. Des applaudissements répétés ont prouvé que cet hommage rendu au Frère Hubert était conforme aux sentiments de tous. Si l'humble Frère a été confus, cela ne prouve pas que Monseigneur se soit trompé.

Dans la soirée, une cérémonie de confirmation a eu lieu à Saint-Gabriel.

DIMANCHE, 3 JUIN. LA FÊTE-DIEU.

Il y a déjà beaucoup d'étrangers à Saint-Laurent. Plusieurs sont arrivés pour y rester jusqu'à la fin des fêtes. La plupart venus des paroisses voisines, partiront ce soir, après avoir vu les préparatifs de la grande solennité.

Une office pontifical doit avoir lieu ce matin dans l'église de la paroisse. La vieille église est toute transformée par la parure qu'on lui a mise. C'est le P. Blanchet qui l'a décorée. Trois immenses tableaux ornent la façade. A droite et à gauche, ce sont des scènes de la vie de Montfort : ici, missionnaire ardent, il tient une croix à la main ; là, c'est le saint qui se perd en Dieu dans la prière. Le tableau du milieu montre le Bienheureux s'élevant dans la gloire et allant chercher la récompense de ses vertus : la Charité le précède, la Foi lui montre le chemin, et il s'appuie sur l'Espérance. Diverses peintures forment l'encadrement de ces tableaux, et tout autour flottent des oriflammes. Quantité d'oriflammes s'agitent aussi le long des murs, à l'intérieur de l'église. Au-dessus de l'autel, Montfort est représenté offrant pour la première fois le saint sacrifice de la messe. Les fêtes que nous allons célébrer coïncident précisément avec l'anniversaire de son ordination sacerdotale : c'est le 5 juin 1700 qu'il fut consacré prêtre, à Paris, dans l'église de Saint-Sulpice. Mgr l'Evêque de Luçon célèbre l'office pontifical.

Voici l'heure des vêpres ; la foule devient plus nombreuse et plus agitée ; les rues sont parées de guirlandes et d'oriflammes ; les murailles ont été couvertes de draperies blanches. La procession sort de l'église ; M. l'abbé Simon, vicaire général, porte le Très-Saint Sacrement.

Il est d'un très bon effet ce grand rocher, couvert de fleurs, avec sa grotte dans laquelle va reposer un instant le Dieu de l'Eucharistie avant de bénir la foule une première fois. Il y a un deuxième reposoir au Calvaire, sur l'autel préparé pour les offices pontificaux du *Triduum* ; un troisième, très élégant, a été dressé par les Frères de Saint-Gabriel. La population est recueillie, et la rentrée du Saint-Sacrement dans l'église, lorsque la procession a rempli son parcours, est véritablement triomphale.

A 7 heures, toutes les cloches de Saint-Laurent se mettent en branle, à la suite des quatre grosses cloches de la Sagesse, dont la sonnerie est admirable. Et ce n'est pas seulement à Saint-Laurent que se font entendre les joyeuses voix de nos églises ; c'est dans le diocèse tout entier. Monseigneur a donné des ordres pour que les cloches soient partout sonnées aujourd'hui pendant une demi-heure. C'est l'annonce des solennités du *Triduum*. Et le ciel et la terre, et les catholiques et les mécréants sauront que l'Eglise va fêter un de ses enfants couronné de mérites et de gloire, et que nous allons exalter l'illustre bienfaiteur de notre chrétienne contrée.

### LUNDI, 4 JUIN. PREMIER JOUR DU TRIDUUM

Qu'ils sont édifiants les chrétiens de ce pays ! C'est par la sainte communion qu'ils veulent commencer les fêtes du *Triduum*. Le jour paraît à peine, et déjà ils se pressent autour de la table sainte; et la foule se renouvelle continuellement au céleste banquet jusqu'à l'heure de l'office pontifical.

A 9 h. 1|2, au son des cloches, le clergé se réunit à chapelle de la Sagesse ; puis il se dirige processionnellement vers le Calvaire où Mgr Catteau doit célébrer pontificalement la messe en l'honneur du Bienheureux.

L'estrade préparée pour le *Triduum* est une construction gigantesque, étendue sur le magnifique Calvaire de Saint-Laurent. Les Frères de Saint-Gabriel ont dirigé les travaux. Le plan en paraît d'abord un peu compliqué, parce qu'il dépend de la forme même du Calvaire ; mais tout est parfaitement disposé pour que de tous les points on aperçoive l'autel, centre des cérémonies. Un pavillon très élevé et très vaste abrite l'autel ; il est construit en forme de croix ; le P. Blanchet l'a orné de peintures ; des Rosaires et des guirlandes pendent aux colonnes.

A côté de l'estrade principale, d'autres ont été établies sur de larges espaces. Au-delà ce sont des jardins et des prairies. Une multitude innombrable peut se grouper là, de façon à très bien voir le Calvaire

Aujourd'hui la foule tient fort peu de place sur l'immense estrade. On chante Tierce, et l'office pontifical commence. Pendant la messe, les Frères de Saint-Gabriel exécutent de très beaux chants; leur musique instrumentale fait entendre quelques airs. Le soleil est ardent, mais le vent est vif sur cette hauteur; il rafraîchit l'atmosphère, et la chaleur est très supportable. L'office terminé, les communautés religieuses et le clergé reviennent en procession jusqu'à l'église, chantant des cantiques.

Ce soir, à trois heures, les fidèles étaient convoqués simultanément à l'église paroissiale, à la chapelle de la Sagesse et à la chapelle de Saint-Gabriel pour assister aux vêpres et entendre des prédications.

Trois discours ont été prononcés dans le même temps, en ces trois sanctuaires. A la Sagesse, Mgr l'Evêque de la Rochelle a considéré en Montfort l'apôtre infatigable et le prêtre pieux. A l'église paroissiale, le R. P. Trotin, supérieur général des missionnaires de Chavagnes, a tracé successivement le tableau des humiliations et celui des triomphes de Montfort. Le R. P. Nauleau, de la Compagnie de Jésus, vendéen d'origine, qui prêchait à Saint-Gabriel, a fait ressortir, par l'exemple du Bienheureux, les bienfaits d'une excellente éducation.

Le jour s'éteint ; Saint-Laurentais et pèlerins étrangers se groupent encore une fois sur le Calvaire, pour réciter le chapelet, chanter des cantiques et recevoir la bénédiction du Saint-Sacrement.

MARDI, 5 JUIN. DEUXIÈME JOUR DU TRIDUUM

Ce matin, comme hier, les fidèles ont voulu assister aux messes basses et ont été nombreux au banquet eucharistique. C'est la vraie piété qui les anime.

Mgr Richard vient de présider, à Saint-Gabriel, une cérémonie de vêture.

A neuf heures et demie, la procession part encore de la Sagesse pour l'office pontifical. Les religieuses marchent en tête, avec leur bannière ; Saint-Gabriel les suivra tout à l'heure ; le clergé vient ensuite, précédant Nosseigneurs les évêques du Mans, de la Rochelle, de Séez, de Blois, de Vannes, d'Aire, d'Angoulême, de Nantes, de Soissons, de Paris, de Luçon. Hélas ! le télégraphe vient d'apporter à leurs Grandeurs une triste nouvelle, au moment même où commençait le défilé : Mgr Bouché, évêque de Saint-Brieuc, qui avait promis d'être lui aussi à Saint Laurent pour les fêtes, vient de mourir ce matin.

L'office pontifical est célébré par Mgr l'Evêque de Nantes, qui, en sa qualité d'ancien évêque de Luçon, devait prendre à ces fêtes une part spéciale. Les cérémonies s'accomplissent comme hier : mais la foule est bien plus nombreuse. Aussi, après la messe, tandis que la procession revient à la Sagesse, des milliers de voix emplissent le bourg du chant des cantiques.

La foule augmente encore dans l'après-midi. C'est à peine si l'on peut circuler dans les rues. Il y a déjà des pèlerins de diverses régions : il est aisé de s'en rendre compte pour peu qu'on examine toutes ces coiffures de femmes, très variées, et qui n'ont de commun que l'éclatante blancheur.

Dans l'église paroissiale, il y a une telle affluence auprès du tombeau du Bienheureux, que beaucoup de personnes ne peuvent pas en approcher. On se presse aussi pour visiter la chapelle de la Sagesse : tous les visiteurs paraissent ravis ; ce ne sont qu'exclamations enthousiastes. Cette chapelle est vraiment une des attractions du pèlerinage.

On s'arrête dans la cour intérieure qui sert d'avenue à la chapelle pour admirer quinze superbes bannières, ouvrage des sœurs. Elles représentent les quinze mystères du Rosaire. Les figures des personnages et quelques autres parties sont peintes sur velours ; les vêtements sont de riches étoffes appliquées avec une grande habileté et de la façon la plus gracieuse. Chaque scène, placée dans un encadrement au milieu de la bannière en drap d'or, ressort avec un vif éclat.

Dans cette cour, comme dans les jardins de la communauté, comme en plusieurs autres endroits, de gigantesques rosaires, en bois peint ou en étoffe, balancent leurs grains entre des poteaux surmontés d'oriflammes.

Arrive l'heure des vêpres. Les pèlerins doivent, aujourd'hui encore, se partager entre les trois sanctuaires où auront lieu les cérémonies. La chapelle de la Sagesse est promptement envahie par la foule ; l'église paroissiale est bientôt remplie ; à la chapelle de Saint-Gabriel, on ne trouve que quelques places. C'est donc le privilège d'un très petit nombre de pouvoir entendre les discours.

Les panégyristes sont : à la chapelle de la Sagesse, Mgr l'Archevêque de Paris ; à l'église de la paroisse, le R. P. Mathieu-Joseph Rousset, dominicain, sous-prieur de la maison de Poitiers; à la chapelle des Frères, M. l'abbé Simon, vicaire général de Luçon, ancien élève de Saint-Gabriel.

Après avoir rappelé qu'il apprit à vénérer Montfort dès son enfance, sur les genoux de sa mère, Mgr Richard entretient son auditoire de trois ouvrages où le Bienheureux a mis l'empreinte de sa piété : l'*Amour de la divine Sagesse*, la *Lettre aux Amis de la Croix*, le *Traité de la vraie dévotion à la Sainte Vierge*.

Le R. P. Mathieu-Joseph salue en Montfort un fils de saint Dominique, et montre la parenté spirituelle établie entre ces deux âmes saintes par la dévotion à Marie.

M. l'abbé Simon trace la physionomie de Montfort, apôtre, et montre que l'apostolat du grand missionnaire est continué, après sa mort, par les trois grandes œuvres qu'il a fondées.

La journée avait été chaude et le temps était à l'orage. Le soir, le tonnerre éclate lorsque les cérémonies sont terminées. Il avait été réglé qu'il n'y aurait point de feu d'artifice pendant les fêtes ; on ne voulait rien qui n'eût un caractère de religion et de piété. Le feu d'artifice est remplacé par l'orage. Pendant plus d'une heure, nous avons une illumination presque continuelle et un vacarme comme les artificiers n'en ont point encore fait.

La nuit arrive. Un bon nombre de pèlerins veulent la passer près du tombeau de Montfort. Avec quel empressement la multitude vient en ces jours prier auprès de ce tombeau vénéré ! C'est le vieux tombeau de granit, tant de fois visité par les pèlerins. Il est maintenant surmonté d'une statue du Bienheureux. Montfort est représenté rendant le dernier soupir. Il se soulève sur sa couche, levant la main droite qui tient encore le crucifix. Il regarde le ciel et semble dire ces paroles, qu'on lit au bas de la statue :

> Allons, mes chers amis,
> Allons au paradis.
> Quoi qu'on gagne en ces lieux,
> Le paradis vaut mieux.

La statue est couverte de fleurs. A côté les pèlerins prient avec une ferveur touchante ; ils baisent le tombeau, et y font toucher des objets de piété.

### MERCREDI, 6 JUIN. TROISIÈME JOUR DU TRIDUUM

Voici le jour de la grande solennité et des grandes manifestations. Saint-Laurent s'emplit d'étrangers et il sera beaucoup trop petit pour recevoir la multitude. On y arrive de toutes parts. Les routes sont couvertes de voitures. De Cholet à Saint-Laurent surtout, le nombre des véhicules de toutes sortes est tel, qu'ils se touchent presque et sont souvent obligés d'aller de front.

L'heure n'est pas avancée, et déjà l'on a bien de la peine à parcourir les rues. Dans les églises toujours pleines, le flot succède au flot. La multitude se groupe surtout du côté du Calvaire où doit être célébré le saint sacrifice de la messe.

A neuf heures et demie le clergé commence à défiler de la Sagesse, pour conduire Nosseigneurs les Evêques au Calvaire. Il y a là un millier de prêtres auxquels beaucoup d'autres vont se joindre sur l'estrade. Les cantiques sont chantés avec un entrain tout vendéen. Le cortège doit parcourir une distance de 7 à 800 mètres : dans toute la longueur du chemin, la foule est tellement compacte qu'on a grand peine à frayer un chemin. Paraissent enfin, à la suite des chanoines de plusieurs diocèses et de prélats portant leurs insignes, les vicaires capitulaires de Poitiers, MM. Marnay et Périvier, Dom Bourigaud, abbé de Ligugé, le R. P. Marie-Ambroise, abbé de Bellefontaine ; Mgr Luçon, évêque de Belley, qui de temps en temps reconnaît dans la foule ses anciens paroissiens de Cholet ; Mgr Labouré, évêque du Mans ; Mgr Trégaro, évêque de Séez ; Mgr Ardin, évêque de la Rochelle ; Mgr Laborde, évêque de Blois ; Mgr Thibaudier, évêque de Soissons ; Mgr Le Coq, évêque de Nantes ; Mgr Sebaux, évêque d'Angoulême ; Mgr Delannoy, évêque d'Aire ; Mgr Freppel, évêque d'Angers ; Mgr Bécel, évêque de Vannes ; Mgr Gonindard, archevêque de Sébaste, coadjuteur de l'archevêque de Rennes ; Mgr Richard, archevêque de Paris. Mgr l'évêque de Luçon et son Eminence Mgr Place, archevêque de Rennes, viennent ensuite.

Quand les évêques arrivent à la grande église de bois sous laquelle doit être célébrée la messe, l'estrade est couverte tout entière par une multitude innombrable. Rangé autour de la croix du Calvaire, le clergé en occupe le sommet. L'autel est placé vers le centre. Nosseigneurs les Evêques prennent les places qui leur ont été préparées, selon leur rang, dans la partie qui forme comme le chœur de l'église, un peu au-dessous de l'autel.

Autour d'eux se groupent les prélats et les chanoines On remarque : Mgr Maricourt, recteur de l'université catholique d'Angers ; Mgr Pessard, vicaire général d'Angers ; Mgr Ribault, vicaire général du cap haïtien ; Mgr de Couëtus, du diocèse de

Nantes ; Mgr Martin, vicaire général de la Rochelle ; MM. les vicaires généraux du diocèse de Luçon ; M. Caron, vicaire général de Paris ; M. Venot, vicaire général de Blois ; M. Richard, vicaire général de Rennes ; M. de Boissieu, vicaire général de Belley ; M. Mignet, vicaire général de Soissons ; MM. Brulé, secrétaire de l'Archevêché de Rennes ; Demory, secrétaire de Mgr Labouré ; Anglade, secrétaire de Mgr Trégaro ; Pinier, secrétaire de Mgr Freppel ; Charpentier, archiprêtre de Luçon ; Robert du Botneau, archiprêtre des Sables ; Gelot, archiprêtre de la Roche-sur-Yon ; Coutant, archiprêtre de Parthenay ; Richard, archiprêtre de Niort ; De Larrard, archiprêtre de Jonzac ; Gouineau, archiprêtre de Montmorillon ; le R. P. Trotin, supérieur des Pères de Chavagnes ; Faucheux, supérieur des religieuses de Torfou ; Chauveau, chanoine prébendé de Luçon ; S. Peigné, chanoine de Nantes ; Roy, curé de Saint-Nicolas de Nantes ; Martin, curé de Saint-Similien de Nantes ; Rossi, chanoine honoraire de Quimper ; Briant, chanoine honoraire de Poitiers ; Delvigne, curé de Saint-Josse-en-Noode, Bruxelles ; De Montbron, curé de Saint-Porchaire de Poitiers ; les Supérieurs des séminaires ou institutions libres des Sables-d'Olonne, de Fontenay, de Combrée, de Bressuire, de Beaupréau, etc., etc...

Plusieurs congrégations religieuses ont ici des représentants : M. Icard, supérieur général de la Compagnie de Saint-Sulpice, accompagné de M. Jouannin, économe du séminaire de Saint-Sulpice, et de M. Ruchaud, du séminaire d'Angers ; le R. P. Le Doré, supérieur général des Eudistes ; Dom Guépin, sous-prieur de Silos (Espagne), Dom Chamard et Dom Bourigaud (de Marseille), bénédictins ; les RR. PP. Capucins, gardiens des couvents de Fontenay, de Nantes et de Poitiers ; les RR. PP. Nauleau, Château et Dauchet, jésuites ; le R. P. Ingold, oratorien ; le R. P. Mathieu-Joseph Rousset, sous-prieur de Poitiers, et deux autres dominicains ; des chanoines de Latran, des assomptionistes, un grand nombre de Pères de Chavagnes, des députations des communautés religieuses du diocèse et des diocèses voisins, etc...

Parmi tous ces religieux, on aime à voir heureux et souriant, le R. P. Ligiez, dominicain, prieur de Sainte-Sabine (Rome) ; c'est le Postulateur de la Cause du Bienheureux de Montfort. Ce jour est vraiment pour lui le jour du triomphe. Aussi avec quelle joie il mêle sa voix aux voix des pèlerins pour bénir Dieu et prier Montfort!

Près des Evêques, ont pris place les sénateurs et les députés de la Vendée qui ont pu venir assister à la cérémonie : MM. Halgan, de Béjarry et Biré, sénateurs ; MM. Bourgeois, Baudry-d'Asson, de la Claye et de la Bassetière, députés. M. Lapierre, maire de Saint-Laurent, et son adjoint M. Jacquet, et un grand nombre d'autres laïques distingués sont là aussi, à des places d'honneur.

C'est au milieu de cette assistance d'élite, entourée par la foule immense, que se déroulent les splendeurs de l'office pontifical, célébré par le cardinal.

Le plain-chant est exécuté, suivant la méthode bénédictine, par le grand séminaire de Luçon et par les Frères de Saint-Gabriel, sous la direction de M. l'abbé Damase Guinot, et avec le concours de Dom Bourigaud, bénédictin de Marseille. Les novices de Saint-Gabriel chantent avec une grande sûreté et beaucoup de justesse une magnifique messe de Mozart. Après l'Evangile, un grand silence se fait. Mgr Freppel paraît dans la chaire d'où il doit prononcer le panégyrique de Montfort. Cette chaire est placée au sommet du Calvaire qui forme une véritable colline, et au pied même de la Croix.

Quel spectacle l'orateur a devant les yeux ! Autour de lui, une couronne de quinze cents prêtres ; plus bas,. dans l'enceinte sous laquelle plongent ses regards, Nosseigneurs les Evêques et leur noble entourage. Au-delà, dans une allée de tilleuls, large et droite, qui se prolonge jusqu'au bourg, une foule qui se presse, mais qui n'entendra rien, car elle est trop éloignée de l'orateur. De chaque côté, dans l'enceinte du Calvaire et autour de l'enceinte, une multitude d'hommes et de femmes échelonnés sur la colline ; à gauche, la communauté de la Sagesse ; à droite, la communauté de Saint-Gabriel ; des groupes de jeunes filles vêtues d'habits blancs ; des confréries, avec leurs insignes ; des enfants portant des étendards. C'est comme un champ immense garni de têtes humaines, et sur lequel se détachent les éclatantes coiffures vendéennes, pareilles aux blanches fleurs qui remplissent nos prairies et qu'agite une légère brise.

Mgr Freppel commence son discours. Il parle lentement ; sa voix est puissante ; il est élevé au-dessus de la multitude ; il se fait entendre peut-être de vingt mille personnes. Près de lui, le silence est profond ; mais on entend au loin le bourdonnement de la foule, semblable à ce bruit sourd des flots qui ne trouble pas le silence du rivage.

Du haut de ce Calvaire, exécuté par les ordres de Montfort lui-même, l'orateur montre à son auditoire le bourg de Saint-Laurent-sur-Sèvre, « cette ville sainte de la Vendée », où trois grandes institutions se sont réunies autour de la tombe du Bienheureux « comme une triple couronne de gloire et d'immortalité » ; et pour expliquer ces merveilles, il résume la vie de Montfort en répondant à ces trois questions : A quel moment de l'histoire a-t-il paru ? sur quel théâtre a-t-il opéré ? en quoi a consisté son œuvre ?

L'orateur développe ces pensées avec la haute éloquence que l'on connaît. L'auditoire frémit sous sa parole vibrante, et peu s'en faut que les applaudissements n'éclatent de toutes parts. Dans un instant, les auditeurs ravis ne seront plus obligés de se contenir, et quand Mgr Freppel entrera, pour le dîner, dans l'immense réfectoire de la Sagesse, il sera accueilli par des salves enthousiastes.

Le discours terminé, le célébrant entonne le *Credo*, et des milliers de voix fortes et vigoureuses remplissent la vallée. Je ne sais si jamais le *Credo* a été chanté avec autant d'entrain, avec autant d'ensemble, avec autant d'éclat, par une multitude aussi nombreuse. On sent que l'enthousiasme gagne les cœurs et communique aux voix une énergie qui donne le frémissement.

Après l'office pontifical, ce sont les chants populaires qui se font entendre. Un chœur d'hommes chante les couplets, et le peuple, soutenu par la musique entraînante de Saint-Gabriel, répète le refrain dont on ne se fatigue pas : *Priez pour nous, Bienheureux Montfort*. Combien sont-ils de pèlerins, faisant entendre à la fois cette prière simple et pieuse ? Soixante, quatre-vingt, cent mille ? Je l'ignore : les appréciations sont très diverses. Mais ce qui n'est pas douteux, c'est qu'ils chantent tous, c'est que tous aiment Montfort, et que leur chant est la manifestation sincère de leur amour et de leur religion.

Pendant ce temps, la procession s'organise. Nosseigneurs les évêques sont reconduits jusqu'à la Sagesse ; et le long des rues, c'est encore une fois un immense concert, qui varie à mesure que le cortège s'avance, de voix et d'instruments célébrant à l'envie la gloire de Montfort et les joies de cette inoubliable journée.

L'heure fixée pour la grande procession va sonner bientôt. Hélas ! tous les fronts s'assombrissent ; le ciel s'est couvert ; nous sommes menacés du mauvais temps. La pluie tombe en effet ; elle tombe avec abondance ; les plus intrépides se voient forcés de renoncer à la procession.

Non, la procession aura lieu. Les nuages se dissipent, le soleil reparaît ; la soirée sera belle.

### LA PROCESSION

Il est environ trois heures et demie lorsque la tête de la procession part du Calvaire. Trois suisses ouvrent la marche, à travers une multitude aux rangs pressés, mais docile. Vient ensuite la fanfare du patronage des Sables-d'Olonne. Ils sont vaillants, ces jeunes musiciens ; hier ils étaient en route pour Saint-Laurent, à pied, et portant leurs instruments, lorsqu'a éclaté l'orage ; ils ont bravement supporté l'épreuve ; et trempés jusqu'aux os, mal couchés et peu réconfortés, ils n'ont eu qu'un cri après cette rude soirée : Vive Montfort ! Il est vrai qu'ils avaient à leur tête un chef intrépide et aimé, M. Odin, conseiller général, qui a voulu partager leurs peines, et ne les a pas quittés un instant.

Près d'eux flottent deux belles bannières que les Nantais, venus en grand nombre par un train spécial et par les trains ordinaires, ont apportées avec eux.

La paroisse de Saint-Laurent défile alors : les enfants d'abord, puis les filles de Marie vêtues de blanc, diverses confréries et enfin les autres paroissiens ; des chantres, disséminés dans les rangs, font entendre des couplets auxquels répondent les refrains de la multitude. Une relique du Bienheureux, destinée à la paroisse, est portée par des prêtres de Saint-Laurent.

Après la paroisse, Saint-Gabriel : le pensionnat, avec ses 400 enfants, paraît le premier ; le Noviciat et les Frères suivent en priant et en chantant. La relique appartenant à la communauté est portée par des prêtres anciens élèves de la maison. L'excellente musique du pensionnat, celle-là même qui, le matin, nous a fait entendre à l'offertoire un morceau délicieux, exécuté avec une perfection étonnante malgré la jeunesse des artistes, se tient au centre de ce groupe, jouant des marches joyeuses.

Un troisième groupe est formé par la communauté de la Sagesse. Voici les postulantes habillées de blanc ; voici les novices, couvertes de leurs longs voiles ; voici les religieuses avec leurs capes noires. Elles s'avancent, modestes et recueillies, chantant des cantiques ou égrenant le Rosaire.

Entre elles et le clergé ont pris place les Frères du Saint-Esprit, auxiliaires dévoués des missionnaires, et l'école apostolique de Pontchâteau, composée d'une soixantaine d'enfants et de jeunes gens. Le grand séminaire de Pontchâteau et le grand séminaire de Luçon tiennent la tête du clergé. Les longues files des prêtres se déroulent ensuite : c'est là surtout que les chants sont entraînants. Six missionnaires de la Compagnie de Marie portent sur leurs épaules une magnifique châsse contenant des ossements de Montfort. Une agréable harmonie annonce l'approche de Nosseigneurs les Evêques : c'est la musique d'Argenton-Château, fort bien dirigée par un frère de Saint-Gabriel ; elle suit sa bannière où sont attachées plusieurs médailles gagnées dans les concours.

Arrivent enfin les chanoines, les prélats, et Nosseigneurs les Evêques qui bénissent la foule agenouillée sur leur passage. Son Eminence le cardinal Place a voulu présider la procession malgré les fatigues du matin et la longueur du parcours ; il marche allègre et souriant ; on se presse autour de lui, et les mères lui présentent leurs enfants pour qu'il les bénisse.

La procession, venant du Calvaire jusqu'au milieu du bourg, est entrée à Saint-Gabriel par un beau portail, orné de peintures, que les Frères ont dressé pour ce moment. Dans toutes les allées qu'il faut traverser, des guirlandes, des banderoles, des oriflammes, des mâts, ont été disposés avec art. Au bas de la prairie, la procession passe sous un grand arc-de-triomphe qui ressemble à une porte de château-fort. Il faut ensuite traverser la jolie rivière de la Sèvre sur un pont de bois ; bientôt on la repassera sur le pont de fer. Arrivé sur la rive droite de la Sèvre, la procession suit la route de Mortagne à Saint-Laurent et rentre dans le bourg. Toutes les maisons sont décorées ; quelques-unes le sont avec un goût exquis ; des chaînes de fleurs ou de verdure vont d'une fenêtre à l'autre au-dessus des rues. Dans ces décorations de formes variées, la population de Saint-Laurent s'est souvenue des dévotions chères à Montfort : ici paraît le Sacré-Cœur, si bien chanté par ce poète ; là les lettres D. S., qui rappellent cette sentence familière à l'apôtre : *Dieu seul.* Quant au rosaire, il est partout ; c'est l'ornement choisi surtout par les Filles de la Sagesse ; tout le long des allées de leur jardin, de grands rosaires en bois peint forment des courbes gracieuses en tombant des mâts qui les supportent.

Le défilé traverse ces allées après avoir passé, à l'entrée de la maison, sous des décorations qui représentent une grotte taillée dans le rocher. Les sœurs, trop âgées ou infirmes, qui n'ont pu sortir de leur communauté, se sont traînées en grand nombre aux fenêtres ; elles regardent, émues, la foule qui chante leur Bienheureux Père ; Nosseigneurs les Evêques les aperçoivent et leur donnent en souriant une bénédiction.

Enfin, après trois heures d'une marche triomphale, la procession est revenue tout entière à son point de départ, et le cardinal gravit une fois encore les degrés du Calvaire.

Il appartenait à Mgr l'Evêque de Luçon de clore ces grandes solennités. Assisté du R. P. Maurille, supérieur de la Compagnie de Marie, et de M. l'Archiprêtre de la Roche-sur-Yon, ancien curé de Saint-Laurent, il expose le Saint-Sacrement. Les voix de la foule font entendre le chant de l'adoration, *Tantum ergo*, et le Dieu de l'Eucharistie bénit son peuple fidèle.

Il ne reste plus qu'à reconduire à leur demeure Nosseigneurs les Evêques. C'est l'affaire de trois musiques qui sont encore là, non loin de l'autel. Elles se mettent en marche ; elles ont encore bonne attitude, malgré les fatigues du jour ; et lorsqu'elles ont fait entendre leurs dernières notes, Son Eminence les congédie en les remerciant de la façon la plus aimable.

Les fêtes du *Triduum* ont été une grande manifestation de foi et de piété. Seul le sentiment religieux a pu inspirer à une pareille multitude tant de calme et de recueillement. Saint-Laurent ne pouvait contenir à la fois dans ses rues les étrangers accourus pour les solennités ; et pourtant l'on n'a vu aucun tumulte, aucun désordre. Qui donc a maintenu ce calme parfait dans une petite localité où la police est représentée par un garde-champêtre ? Ceux qui croient n'ont pas besoin de police; et Dieu merci! il n'y avait à Saint-Laurent que des croyants.

Aussi qu'elle était édifiante l'attitude de cette foule! Sur tous les visages on voyait l'empreinte d'un respect religieux et d'une franche piété. Là se trouvaient représentées les meilleures populations de la Vendée, de la Bretagne, de l'Anjou et du Poitou. Avec quelle ferveur on a prié! Avec quel entrain on a chanté! A la vue de ce beau spectacle que peut seul donner un pays profondément catholique, des hommes venus d'autres contrées ont été si profondément émus, que souvent, ils nous l'ont dit, leurs yeux se sont remplis de larmes. Fils de Montfort, nous aimons notre Père, et nous aimons ce qu'il nous a appris à aimer. Que le Bienheureux, maintenant notre protecteur près de Dieu, nous garde toujours fidèles à nos croyances et à nos amours !

Le succès des fêtes de Saint-Laurent n'est pas dû seulement au sentiment religieux des fidèles qui s'y sont rendus; il est juste d'en attribuer la meilleure part aux organisateurs, c'est-à-dire aux congrégations de Saint-Laurent.

Quelle somme de travail ont dû fournir les Pères de la Compagnie de Marie, le R. P. Maurille, supérieur général, le P. Rigaudeau, curé de la paroisse, le P. Deval, et beaucoup d'autres, il est aisé de l'imaginer. Les Sœurs de la Sagesse ont travaillé, elles aussi, avec un empressement tout filial ; elles ont dû se gêner, elles ont dû s'imposer bien des sacrifices de toutes sortes. Chez elles, les prêtres ont pu en grand nombre célébrer la sainte messe grâce à une installation très ingénieuse ; ils ont reçu, dans leurs réfectoires, une généreuse et aimable hospitalité dont, nous le savons, ils ont été profondément touchés. De leur côté, les Frères de Saint-Gabriel ont déployé le plus grand zèle pour faire face aux grands travaux entrepris par eux, et ils ont eu mille attentions délicates pour leurs amis dont le nombre est grand.

On voyait, durant ces fêtes, le R. P. Maurille, supérieur de la Compagnie de Marie, la T. C. Mère Marie-Pauline, supérieure des Filles de la Sagesse, et le T. C Frère Hubert, supérieur des Frères de Saint-Gabriel, surveiller, infatigables, tous les préparatifs, et en même temps recevoir leurs hôtes de la meilleure grâce et avec la plus parfaite amabilité. Nous ne doutons pas que ces fêtes n'aient multiplié les sympathies dont ils étaient entourés déjà.

Ils ont été admirablement secondés par la catholique population de Saint-Laurent, par M. le Maire surtout, heureux de mettre son intelligence et son dévouement au service de la religion, par le docteur Roulleau, par beaucoup d'autres, par tous les ouvriers dont les services ont été requis.

Plusieurs jours avant les fêtes, Mgr l'Evêque de Luçon et M. l'abbé Giraud, son vicaire général, s'étaient rendus à Saint-Laurent; et leurs conseils, toujours recherchés avec empressement, ont été bien précieux aux organisateurs.

Mais c'est vers Dieu surtout que nous devons faire remonter notre reconnaissance. C'est lui qui dirige tous les évènements; il a voulu que les fêtes de Saint-Laurent réussissent au-delà de toute espérance pour donner à notre contrée une grande impression religieuse et lui communiquer un nouvel élan vers le bien. Aussi nous faisons-nous un devoir de redire, avec un profond sentiment de reconnaissance, cette parole, familière à Montfort, et que nous avons lue hier encore sur les murs de la Sagesse :

DIEU SOIT BÉNI !

A. C.

# DISCOURS

PRONONCÉ

## PAR MONSEIGNEUR ARDIN

Évêque de La Rochelle et Saintes

### dans l'église de la Maison-Mère des Filles de la Sagesse

A SAINT-LAURENT-SUR-SÈVRE

le premier jour du Triduum

CÉLÉBRÉ POUR LA BÉATIFICATION

de

## LOUIS - MARIE GRIGNON DE MONTFORT

4 JUIN 1888

---

*Et erit sepulchrum ejus gloriosum,*
Son sépulcre sera glorieux.
(Is. xi, 10.)

Monseigneur (1),
Mes bien chères Sœurs,

Le prophète Isaïe avait prédit les gloires de Jésus-Christ et son triomphe sur les âmes. Il avait prédit qu'il sortirait victorieux du tombeau, et que sa résurrection serait la marque infaillible de sa divinité. Nous n'avons pas besoin de vous rappeler que cette prophétie s'est pleinement accomplie, et que, par l'effusion du sang de l'Homme-Dieu sur le Calvaire, l'humanité déchue a relevé la tête en secouant les chaînes de son esclavage, pour planer fièrement, comme l'aigle, sur les ruines que le péché avait entassées sous ses pas.

Mais le Christ Jésus n'est pas venu seulement sur la terre pour nous racheter, il y est venu aussi pour se former des imitateurs et des disciples. Si quelqu'un veut me suivre, a-t-il dit, qu'il se re-

---

(1) Mgr Catteau, évêque de Luçon

nonce, qu'il porte sa croix, et qu'il marche après moi : *Si quis vult post me venire, abneget semetipsum, et tollat crucem suam et sequatur me* (1). Il partagera ma gloire. De sa tombe jailliront des étincelles du feu sacré dont le foyer est au ciel. Ses ossements tressailliront, et sans attendre le grand jour de la résurrection générale, ils briseront leur sépulcre pour se répandre sur les autels et développer dans les cœurs les éternels embrasements du divin amour.

Sans doute, le triomphe du serviteur fidèle n'est pas comparable à celui de Jésus-Christ, mais nous pouvons dire cependant qu'il est glorieux, puisque la sainte Eglise chante les louanges de ses saints et glorifie leur tombeau : *Sepulchrum gloriosum.*

N'est-ce point un cri de louanges qui s'échappe en ce moment de toutes vos poitrines et de tous vos cœurs ? N'est-ce point la tombe du Bienheureux Louis-Marie Grignon de Montfort, ouverte par l'autorité de l'Eglise, qui attire ici tant d'illustres et de vaillants pontifes, la gloire de leurs églises, tant de prêtres, de religieux et de fidèles venus de tous les points de la France pour proclamer avec nous les victoires d'un héros tel que le christianisme seul sait en faire ?

Si votre peuple, Monseigneur, a si bien répondu à votre appel, c'est qu'il vous vénère comme un père, c'est qu'il comprend que vous lui prodiguez sans compter tout ce que la divine Providence a mis si largement dans votre cœur de charité, de zèle, de dévouement et de vaillance. Merci de m'avoir convié à venir partager vos joies, en ces jours de l'exaltation d'un apôtre que Mgr Etienne de Champflour, évêque de La Rochelle, est venu pleurer ici comme le meilleur de ses prêtres, et dont je viens publier les gloires avec un indicible bonheur. Car ce sont les plus pures qui puissent réjouir nos diocèses, qui ont eu l'heureux privilège d'être évangélisés par notre Bienheureux.

Mgr de Champflour avait compris l'héroïsme de la sainteté de Grignon de Montfort. Il appartenait à l'auguste Léon XIII, à ce pape illustre entre tous, par sa science, par sa piété et par son vaste génie, de la proclamer solennellement. Il l'a fait en l'année de son jubilé sacerdotal qui a attiré vers lui non seulement les peuples chrétiens, mais encore ceux qui ne le sont pas.

---

(1) Matth. xvi, 24.

Si nous en cherchons les raisons, nous les trouvons résumées dans la double influence de l'apostolat et de la piété de notre apôtre sur les hommes de son siècle.

## I

Et d'abord influence de son apostolat. En lisant la vie du Bienheureux on serait peut-être tenté de croire que Dieu avait enrichi son âme de tels dons, qu'ils n'avait ni grandes luttes à soutenir, ni grandes victoires à gagner. L'aménité de son caractère, la douceur de ses mœurs, la tendresse de sa piété et l'onction suave et naïve qui s'échappe de ses écrits, pourraient ne nous faire trouver en lui que l'ange de la bonté. Mais la bonté n'est qu'un rayon de sa couronne ; la charité en est le plus beau fleuron. A une grande élévation d'esprit, il joint une excessive candeur et une fermeté d'âme qui lui fait accomplir de ravissantes merveilles. C'est ce qui lui vaut l'estime et le respect de son siècle, en même temps que l'estime et le respect des siècles futurs.

A l'époque où il apparaît, le vent de l'impiété avait soufflé sur les âmes ; il avait amoncelé dans les consciences humaines d'effroyables ruines. L'orgueil de la raison avait développé dans les esprits de funestes préjugés ; aussi beaucoup de chrétiens avaient-ils fait naufrage dans leur foi. Ils avaient perdu la vie de la grâce ; il fallait des prophètes pour souffler sur ces ossements arides et les ranimer. Mais Dieu suscite des Elie pour les grandes résurrections, et des Zorobabel pour la restauration des monuments qui manifestent sa gloire. A l'heure qu'il a marquée, des apôtres surgissent du sein de son peuple ; ils font sonner bien haut la trompette divine, et portent la résurrection et la vie partout où régnait le silence de la corruption et de la mort.

En l'année 1673, la petite ville de Montfort-la-Canne, du diocèse de Saint-Malo, voyait naître l'un ces héros de Dieu, le héros que nous fêtons. Dès ses plus jeunes années, il apparaît à tous comme frappé de la marque divine.

Au collège des Pères Jésuites de Rennes, il se distingue par une rare piété et par une tendre dévotion envers la très sainte Vierge. L'illustre Compagnie de Saint-Sulpice, dont le Pape exaltait naguère les éminents mérites, l'initie, à Paris, à cette science divine qu'elle se fait une légitime gloire de posséder si bien, pour la com-

niquer dans toute sa pureté aux élèves de nos sanctuaires Prêtre, il lui faut des âmes à sauver. La vie du missionnaire sourit à
son zèle. Il débute, plein d'ardeur, dans la ville de Nantes. Des
difficultés l'y attendent, mais il triomphera des obstacles, en ne
considérant que la grandeur de son entreprise. Les alarmes de la
nature sont étouffées dans son cœur par l'enthousiasme du zèle. Il
semble porté sur des ailes de flamme, lorsqu'il parcourt les villes
et les campagnes pour y annoncer la paix à ceux qui gémissent
sous les étreintes de Satan.

Marchez, marchez, courageux athlète, vous n'avez pour arme
que la croix, mais par la croix vous vaincrez. L'esprit du Seigneur
s'est reposé sur vous, Marie vous protège; vous dompterez les
cœurs les plus rebelles et vous confondrez l'orgueil des impies.

En effet, mes bien chères Sœurs, dès que le pieux missionnaire
s'apprête à toucher le sol d'une paroisse, les sectaires s'agitent,
ils frissonnent d'épouvante, parce qu'ils redoutent la puissance de
l'apôtre. Ils tentent tout pour se prémunir contre son ministère et
emploient les raffinements de leur haine pour éloigner de lui les
foules, afin que, faute de pouvoir combattre, il reste sans victoire.

Insensés ! Ils ne comptent pas avec la sagesse de Grignon de
Montfort qui déjouera leurs ruses. Il lui suffira de paraître, pour
réduire à néant leurs calomnies. Aux menaces il opposera la
constance de sa charité, et aux bruits sourds qui effrayent parfois
ses amis il opposera l'héroïsme de son zèle.

Après un ministère couronné d'éclatants succès, le Bienheureux
est appelé à Poitiers. L'hôpital général avait besoin de réformes,
quelques mois lui suffiront pour les accomplir. Mais le démon ne lui
ménage pas ses coups, sans toutefois ébranler la régularité de sa
conduite. C'est en vain que les ennemis de notre apôtre s'agitent,
il demeure insensible à toutes leurs calomnies. Son caractère ne
perd rien de son affabilité, et aucun accent de plainte ne paraît sur
ses lèvres. Les pauvres le chérissent comme un père, et d'abon-
dantes larmes coulent de leurs yeux lorsqu'ils le voient partir.

N'oublions pas, mes bien chères Sœurs, que c'est à Poitiers que
votre Bienheureux Père eut la première pensée de fonder votre
congrégation. Il vous trouva dans cette ville une mère dont les
vertus passent de générations en générations à toutes ses filles,
pour en faire de dignes et vaillantes épouses du Christ Jésus.
Toutefois, la Rochelle aura la gloire, sous les bénédictions de son

évêque, de voir s'épanouir votre famille naissante, et vous me permettrez d'être fier de ce pieux souvenir.

Faut-il maintenant vous montrer Grignon de Montfort aux pieds du pape Clément XI ? Faut-il vous redire les joies qui inondèrent son âme lorsqu'il recueillit de la bouche du souverain pasteur des pasteurs des paroles pleines de tendresse et d'encouragements ?

Voyons-le plutôt, animé d'un nouveau zèle, continuer ses courses pastorales et multiplier ses conversions.

Le diocèse de Poitiers, dont il a évangélisé un grand nombre de paroisses, lui a fermé ses portes. L'héroïque missionnaire s'en va dans son diocèse natal à Saint-Malo, puis dans les diocèses de Saint-Brieuc et de Nantes ; enfin il arrive dans votre chère Vendée, si légitimement fière de combattre toujours pour conserver sa foi. Il parcourt à pied ces chemins qui ne manquent ni de longueurs, ni d'aspérités, ni de périls Des humiliations l'attendent mais il se passionne à la peine. On dirait Saint-Paul tressaillant de ses tristesses et de ses tribulations. Plus il ensanglante les routes de ses pieds meurtris, et plus il veut les fouler encore. Quelles que soient ses souffrances, il ne croira jamais payer assez le bonheur de tendre les bras de sa miséricorde aux pécheurs qui accourent en foule pour l'écouter.

O peuples ombrageux·! cette étrange vie ne suffit-t-elle pas pour désarmer vos défiances ? Est-ce que le faux pasteur s'immole pour ses brebis ? En voyant passer notre généreux apôtre, ne reconnaîtrez vous pas à son abnégation le vrai ministre du Dieu qui mourut pour le monde ?

A la Rochelle, la lumière se fera plus éclatante qu'ailleurs. Monseigneur de Champflour contemple le visage toujours serein de notre Bienheureux ; il étudie son caractère que rien ne peut déconcerter, il admire l'héroïsme de ses vertus et juge qu'il est un saint. Allez, lui dit-il, évangélisez mon peuple ; mes prières et mes bénédictions vous accompagnent.

Le temps nous manque, mes bien chères Sœurs, pour suivre le missionnaire à travers les villes et les campagnes de notre diocèse et des diocèses de la région de l'Ouest. Partout son intelligence répond à la noblesse de son cœur. Flambeau sans cesse embrasé des divines flammes, il jette une lumière aussi vive qu'est ardente la chaleur de sa foi. Aucune difficulté ne le désespère, aucun sacrifice ne lui coûte, aucune discussion ne déconcerte sa science. Son histoire et ses écrits sont là pour attester la pureté de ses doctrines et la sagesse de ses décisions. Les intérêts sacrés de l'Eglise ne pouvaient être confiés à des mains plus sûres. Faut-il répondre aux hérétiques ? Il saisit avec sagacité l'objet de la discussion et nul sophisme ne l'éblouit. Faut-il exposer nos dogmes et nos croyances ? Il en fait ressortir les beautés sans voiles et les exprime sans nuages. Faut-il confondre les impies ? Il lui suffit de dégager les enseignements de l'Eglise de l'alliage qui les altère, et toutes les chicanes de l'impiété tombent d'elles-mêmes.

C'est ainsi, mes bien chères Sœurs, que la vérité divine se fait jour à travers les calomnies du mensonge et de l'erreur. Ceux qui refusent de l'accepter, ne la connaissent pas, ou ils ne la connaissent que dénaturée. Notre apôtre la présente dans toute la pureté de son essence, c'est pourquoi elle pénètre profondément dans les âmes. Les hommes de bonne foi renoncent à leurs préjugés, d'autres se sentent ébranlés, d'autres enfin s'avoueraient vaincus, si d'abjectes passions ne les enchaînaient à l'erreur en dépit de leur conscience.

Quelques-uns aussi ne peuvent contenir leur haine, et trouvent plus expédient de méditer un attentat contre le Serviteur de Dieu, plutôt que de céder à ses raisonnements et de se déclarer vaincus. Mais le Seigneur veille sur son apôtre. Ni le poignard, ni le poison ne peuvent le renverser.

Les pièges que ses ennemis lui tendent ne paralysent ni son influence ni son courage. Sa voix retentit plus forte que jamais. Les hérétiques et les pécheurs tombent nombreux à ses pieds, et sous le charme de ses discours, demandent à grands cris à se réconcilier avec l'Eglise.

Qu'elle est sublime, mes Sœurs, la parole de Dieu fidèlement annoncée ! Elle nous présente de ravissants spectacles, des spectacles dignes d'émouvoir les cieux jusque dans leurs profondeurs.

Vous avez vu les victoires de notre apôtre, vous avez suivi ses glorieux combats, et vous ne vous étonnez plus que la sainte Eglise les ait couronnés de l'auréole des Bienheureux.

Qu'on vienne maintenant nous dire que l'Eglise ne possède pas cette fécondité que Dieu lui a promise ! Que les hérétiques nous demandent où sont les brebis que nos missionnaires ont ramenées au bercail ! Nous leur montrerons, avec tant d'autres, Grignon de Montfort parcourant nos diocèses, et entraînant à sa suite des milliers de disciples. Nous leur montrerons le champ du père de famille, cultivé par des mains aussi habiles que désintéressées, pendant que les ministres de l'erreur, véritables mercenaires, y sèment le mauvais grain et l'ivraie. Nous leur montrerons enfin que l'Eglise n'est jamais demeurée stérile, et que, si l'hérésie a pu, en les égarant, lui enlever des fils, elle n'en conserve pas moins toute son énergie et toute sa puissance pour convertir les peuples.

Mais à quel prix, mes bien chères Sœurs, notre pieux missionnaire a-t-il fait la conquête des âmes ? C'est en s'offrant en victime pour elles. Son activité et son zèle ne lui suffirent pas, il y ajouta de rudes et cruelles mortifications, il y ajouta de ferventes prières, et c'est ainsi que, par la vertu de la croix et par les attraits de la grâce, il renversa l'erreur et détruisit le vice qui s'était fait un trône au sein de la société.

Anges de la Vendée, de l'Aunis et de la Saintonge, anges de la Normandie, du Poitou et de la Bretagne, chantez un hymne de triomphe à ce pacifique restaurateur de vos églises ! Unissons nos voix, mes bien chères sœurs, à ce concert de louanges, et répétons ensemble : Vive notre glorieux apôtre ! Vive le héros qui triompha par la croix et par les flèches de l'amour divin dont il perça les cœurs ! Qu'il vive sur nos autels, qu'il vive dans nos âmes, qu'il vive surtout dans les âmes de ses heureux enfants !

Influence de l'apostolat de Grignon de Montfort sur les hommes de son siècle ; j'ai ajouté : Influence de sa piété.

II

La sainte Eglise, mes bien chères Sœurs, a été fondée par Jésus-Christ pour conserver le dépôt sacré de la foi qu'il a apportée au monde. Le Sauveur lui a prédit les luttes et les combats qu'elle serait appelée à soutenir jusqu'à la fin des siècles. Toutefois ces luttes sont plus ou moins redoutables, dans les différents siècles de son existence. Tantôt la dépravation des mœurs entraîne les peuples à l'affaiblissement des doctrines ; tantôt la philosophie jette le doute dans les esprits ; tantôt aussi les hérésies sèment la division dans les cœurs. Mais il est à remarquer que Dieu oppose toujours à de grands maux de grands remèdes.

Lorsque le nombre des justes vulgaires diminue, des justes d'éclat apparaissent soudain pour embaumer le champ du Seigneur du délicieux parfum de leurs vertus. La sève de la vie divine qui circule dans leurs veines, leur fait produire des fruits abondants pour la régénération des peuples

Grignon de Montfort apparaît dans son siècle au nombre de ces justes privilégiés, dont les exemples sont au monde un salutaire spectacle. Les hérésies et la philosophie avaient entassé de déplorables ruines. Des vices honteux désolaient les consciences. Notre apôtre ne subira pas la funeste influence de son siècle. Sa vie, au contraire, sera une éloquente protestation contre les désordres du temps.

Jeune enfant, il fuit avec horreur le péché. Son amour pour Dieu grandit avec le nombre de ses années. Il a une dévotion toute particulière à la Reine du ciel. « L'amour de Marie était comme né avec lui, dit M. Blain, son condisciple et son ami. On peut dire que la sainte Vierge l'avait choisi la première pour un de ses plus grands favoris et avait gravé dans sa jeune âme cette tendresse singulière qu'il a toujours eue pour elle, et qui l'a fait regarder comme un des plus grands dévots à la Mère de Dieu que l'Eglise ait vus. »

Dans sa famille, il est apôtre pour ceux qui l'entourent. Son bonheur n'est point, comme celui des enfants de son âge, de se livrer aux jeux et aux divertissements, mais de consacrer ses loisirs à la prière et d'y entraîner les autres.

Au collège des Jésuites de Rennes, il se distingue par la douce régularité de sa conduite plutôt qu'il n'éblouit pas ses succès.

Voyez-le à Paris, au Séminaire de Saint-Sulpice : c'est un ange qui vit au milieu des hommes.

Le sacerdoce l'effraye, comme il a effrayé tous les saints. Mais dès qu'il a reçu l'onction sainte, il s'applique à faire disparaître en lui l'homme pour ne montrer que le prêtre. Il se pénètre de cette idée : Que le pasteur doit être le modèle du troupeau, qu'autant il surpasse les fidèles par sa dignité, autant il doit les surpasser par ses vertus. Aussi veut-il s'oublier soi-même et renoncer pour jamais aux honneurs. Lorsque, plus tard, on lui offrira un canonicat, il le refusera pour se consacrer tout entier à la conversion des âmes, et au soulagement des pauvres et des malades.

A ce noble désintéressement qui donne aux peuples une haute idée du sacerdoce, il joint une grande affabilité dans ses manières, et une aimable douceur de caractère. Mais la bonté en lui n'exclut pas la fermeté. Il sait à l'occasion s'élever jusqu'à la hardiesse, et plus d'une fois il fait entendre aux foules de sévères leçons.

Sa douceur et sa simplicité sont devenues proverbiales dans toutes les provinces où il a passé, et particulièrement dans votre chère Vendée.

Il repoussait avec énergie toutes les duretés de l'orgueil. A l'exemple du divin Maître, il vivait pauvre. Un morceau de pain lui suffisait pour nourriture, et une étoffe grossière lui servait de vêtement. Point de froideur dans ses manières ; et ses contemporains nous apprennent qu'il avait pour ses persécuteurs, aussi bien que pour ses amis, la bonté dans le regard et l'onction la plus suave dans la parole.

Généralement les hommes qui jouissent d'un certain ascendant sur les cœurs sont plus sensibles aux affronts ; il leur faut, pour pardonner les injures, plus d'héroïsme dans leur vertu. Notre apôtre possédait, au plus haut degré, cette étonnante vigueur d'âme. Tantôt cet ange de paix était accusé de révolutionner les peuples ; tantôt ce prédicateur, aussi solide théologien qu'habile orateur, était flétri comme énervant la morale chrétienne. Au milieu de telles humiliations, il se taisait sur ce qu'elles avaient d'injuste, et supportait avec calme ce qu'elles avaient d'ignominieux. Il laissait à Celui qui sonde les reins et les cœurs le soin de le justifier, et priait pour ses détracteurs.

L'orgueil, ce vice si cher à l'homme, s'est-il jamais emparé de son âme ? Non, mes bien chères Sœurs. Le sacerdoce a toujours été pour lui une charge redoutable, plutôt qu'un honneur. Il estimait que celui qui veut diriger les hommes doit s'en faire l'esclave. C'est pourquoi sa vie est toute de dévouement, c'est pourquoi il vole à la conquête des âmes et termine dans de rudes travaux une existence commencée dans les sacrifices.

Quelle noble ardeur dans ses prédications ! Un seul diocèse ne suffit pas à son zèle. On croirait qu'à l'exemple de saint Paul, il porte la sollicitude de toutes les Eglises. Les diocèses de Paris, de Nantes, de Rennes, de Poitiers, de Luçon, de La Rochelle et d'autres encore retentissent des échos de sa voix évangélique. Partout les foules l'acclament et se convertissent.

Là ce sont des malades réunis dans les hôpitaux à qui il rend la paix ; ici ce sont des chrétiens sans foi qu'il fait renaître à la vie de la grâce ; ailleurs ce sont des soldats pervertis, dont il fait des

hommes vertueux. Vous l'avez vu entreprendre à pied de hasar-
deuses courses ! Il ne craint ni la longueur, ni les difficultés des
chemins, et quand les forces de la nature le trahissent, sa charité
les répare et lui donne des ailes.

Quelle sagesse dans sa direction ! Dans les paroisses où il passe,
il devient bien vite le guide de toutes les âmes. On accourt en
foule pour lui demander ses conseils et lui soumettre les obscurités
et les plaies de sa conscience. Chacun veut entendre les oracles
qui sortent de sa bouche, tant il sait gagner les cœurs par le
charme de sa vertu, et inspirer la confiance par la sagesse de sa
piété et la rectitude de son intelligence.

O sagesse divine, voilà tes triomphes ! Quand tu t'empares d'un
cœur, tu ravis les hommes par le double éclat de ta beauté et de
tes lumières. Comme l'arche sainte, tu n'as qu'à passer et les
foules sont invinciblement entraînées à ta suite !

La piété de notre apôtre se dilate et se perpétue par l'autorité
de ses écrits. Je ne vous rappellerai ni ses traités de la vraie dévotion à la sainte Vierge, ni son livre sur l'amour de la sagesse
éternelle, épanchements si tendres et si ingénus de l'âme la plus
pure et la plus naïve. Qu'il me suffise de vous redire en passant
les succès de ses cantiques et de ses poésies populaires.

Pourquoi tant d'ouvrages de dévotion qui se publient de nos
jours ne sont-ils pas si universellement goûtés que ceux de
Grignon de Montfort ? C'est parce qu'ils manquent trop souvent
de solidité dans la doctrine, et de justesse dans l'expression.
Tantôt ce sont des systèmes nouveaux présentés sous des formes
qu'une imagination ardente s'est plu à embellir : et les hommes
raisonnables, ceux qui cherchent avant tout la vérité, les repous-
sent avec dédain. Tantôt ce sont des affirmations enveloppées dans
un nuage d'idées plus ou moins abstraites : et les intelligences
sérieuses n'y rencontrent que l'hésitation et le doute pendant que
les hommes sans culture n'y voient que des ténèbres. Quelquefois
aussi ce sont d'imprudentes exagérations qui déconcertent les
âmes pusillanimes.

Dans ses écrits, notre Bienheureux a évité tous ces écueils. Sa
doctrine est sûre, c'est la doctrine de Jésus-Christ, présentée sans
ombre et sans nuage. Lorsqu'il parle de la Reine du ciel, on sur-
prend sur ses lèvres le langage suave et plein de tendresse
d'un fils. Lorsqu'il parle de Jésus-Christ, il ne cherche pas

à nous cacher sa croix, il la présente, au contraire, au grand jour. Il ne déguise pas la mortification qu'elle nous prêche, et ceux qui voudraient le suivre dans ses nobles enseignements y trouveraient la route des plus héroïques vertus et de la plus sublime perfection. A côté des sévères principes de l'Evangile, il rapproche les espérances du ciel. A côté des sacrifices, il rapproche les joies qui les couronnent.

Il me resterait maintenant, mes bien chères Sœurs, à vous parler de l'influence de sa piété sur les familles religieuses qu'il a fondées, des règles admirables dont il les a dotées. Mais pourquoi abuser de votre patience en vous racontant les merveilles qui furent le couronnement de sa gloire? Ne suffit-il pas ici d'ouvrir les yeux et de regarder autour de nous. Nous les voyons, ces congrégations toutes rayonnantes de jeunesse et de vie. Elles portent au front l'empreinte des vertus de leur Bienheureux fondateur. C'est pourquoi elles ont prospéré dès leur berceau ; c'est pourquoi la source des bienfaits qu'elles répandent sur le monde n'a jamais tari.

O vaillant apôtre ! Nous en avons dit assez pour rappeler à vos enfants qu'ils ont en vous un puissant protecteur et un père dont ils n'ont qu'à copier les vertus pour devenir dignes de leur sublime vocation. Du haut du ciel, regardez-les toujours, suivez leurs pas et obtenez-leur la grâce de vous imiter tous les jours de leur vie. Vous vous devez à vous-même de les récompenser ainsi. La terre qu'ils habitent a été foulée par vos pieds, elle a reçu votre dernier soupir et votre corps vient d'en sortir glorifié par l'Eglise. Ils en ont recueilli religieusement tous les ossements pour les vénérer.

Que tous recueillent les ardeurs de cette dévotion dont votre cœur fut consumé ! Que votre esprit ne s'anéantisse jamais où fleurit votre culte ! Que toujours on puisse dire que les fils ressemblent à leur père ! Et qu'après avoir marché sans défaillance dans les sentiers que vous avez vous-même parcourus, ils parviennent au même terme et se reposent avec vous dans l'éternelle gloire, où ils formeront votre couronne.

Ainsi soit-il.

# DISCOURS

PRONONCÉ

## PAR MONSEIGNEUR RICHARD

Archevêque de Paris

### dans l'église de la Maison-Mère des Filles de la Sagesse

A SAINT-LAURENT-SUR-SÈVRE

le second jour du Triduum

CÉLÉBRÉ POUR LA BÉATIFICATION

de

## LOUIS-MARIE GRIGNON DE MONTFORT

5 JUIN 1888

> *Non judicavi me scire aliquid inter vos, nisi Jesum Christum, et hunc crucifixum.* (I Cor. ii. 2.)
>
> Je n'ai point voulu avoir d'autre science avec vous, que celle de Jésus-Christ et de Jésus-Christ crucifié.

Messeigneurs (1),
Mes chères Sœurs,
Mes Frères,

La parole de l'apôtre est venue se placer d'elle-même sur mes lèvres, au souvenir du Bienheureux Louis-Marie Grignon de Montfort. Il a été un des grands amants de la Croix du Sauveur ; partout où il a prêché, il a planté la Croix ; il en a chanté les gloires et les amabilités avec un saint enthousiasme. Et, comme si la Providence voulait donner son approbation au missionnaire de Jésus crucifié, c'est à l'ombre du Calvaire qui domine le village de

---

(1) Mgr Catteau, évêque de Luçon ; Mgr Delannoy, évêque d'Aire ; Mgr Sebaux, évêque d'Angoulême ; Mgr Lecoq, évêque de Nantes ; Mgr Laborde, évêque de Blois ; Mgr Ardin, évêque de la Rochelle ; Mgr Labouré, évêque du Mans ; Mgr Luçon, évêque de Belley ; le R. P. Marie-Ambroise, abbé de Bellefontaine ; Dom Bourigaud, abbé de Ligugé.

Saint-Laurent que nous célébrerons demain la solennelle glorification du nouvel élu de Dieu.

Je n'ai pas la prétention, mes Frères, de faire en ce moment le panégyrique du Bienheureux Grignon de Montfort. C'est à l'éloquent évêque d'Angers qu'il appartiendra de raconter sa vie devant la foule des pèlerins, et nous applaudissons à l'avance au discours dans lequel il traduira les sentiments religieux et patriotiques qui font battre les cœurs de nos catholiques populations autour de la tombe glorieuse de leur saint tant aimé. Mon dessein est plus modeste. Enfant de ce pays de Bretagne et de Vendée, je voudrais exprimer ce qui se passe au fond de nos âmes, à nous qui sommes venus, il y a plus d'un demi-siècle, nous agenouiller près de cette tombe. Les rangs de notre génération commencent désormais à s'éclaircir. Mais ceux de mes contemporains qui sont dans cet auditoire, ne démentiront pas, je l'espère, mes paroles.

Lorsque je remonte par la pensée aux années de mon enfance, je retrouve le nom du Père de Montfort parmi mes plus chers et mes plus pieux souvenirs C'est sur les lèvres de ma mère que j'ai recueilli ce nom béni. Pour nos familles bretonnes et vendéennes, le Bienheureux de Montfort était l'ami, le père qui s'était couché hier seulement dans la tombe ; c'était le prêtre, le missionnaire par excellence, et dans nos familles qui connaissaient le don de Dieu, le prédicateur de l'évangile, le distributeur des grâces divines par les Sacrements de l'Eglise, était entouré de vénération et d'amour. Ce sont ces souvenirs domestiques que je souhaiterais de faire revivre devant vous et peut-être, si Notre-Seigneur daigne m'en accorder la grâce, pourront-ils faire quelque bien à nos âmes en nous montrant combien il est bon pour les individus et les familles de vivre de la vie de la foi, de la vie de l'Eglise.

Me sera-t-il permis, Monseigneur, d'ajouter qu'il m'est doux d'obéir à l'ange de l'Eglise de Luçon, et de me souvenir aujourd'hui que je suis l'un de vos diocésains. Dieu vous avait réservé la joie et la gloire de placer sur la tête du Père Louis-Marie Grignon de Montfort la couronne des Bienheureux que lui a décernée le Vicaire de Jésus-Christ. Prêtres et fidèles, nous savons combien vous vous êtes identifié avec le troupeau que la Providence vous a confié ; prêtres et fidèles, nous nous réjouissons de la bénédiction donnée en ce jour à votre Episcopat.

**Je n'entrerai pas dans les détails de la vie du Serviteur de Dieu.**

A quarante-quatre ans, il acheva sa tâche et on peut dire de lui : *consummatus in brevi, explevit tempora multa.* Sa vie a été courte ; mais elle a égalé une longue durée par le travail. Né dans une famille chrétienne, le jeune Louis-Marie y avait reçu ces premières impressions de foi et de piété qui pénétrent jusqu'au plus intime de l'âme. Il avait grandi pendant son adolescence et sa jeunesse, sous la direction des Pères de la Compagnie de Jésus, ces Maîtres saintement habiles dans l'œuvre de l'éducation. Puis Dieu l'appelle au sacerdoce et la Providence le conduit au séminaire de Saint-Sulpice, l'humble et grande école de la vie cléricale, que l'Eglise honore aujourd'hui en mettant deux de ses élèves au nombre des Bienheureux.

J'ai été dévoré de zèle pour le Seigneur Dieu des armées. *Zelo zelatus sum pro Domino Deo exercituum.* Cette parole résume les vingt années de la vie sacerdotale et apostolique du Bienheureux Louis-Marie. Comme tout dans l'église doit partir du siège Apostolique, il ira d'abord recevoir la bénédiction et la mission du Pape Clément XI; puis il évangélisera sans relâche nos contrées de l'ouest. Les diocèses de Rennes, de Saint-Malô, de Vannes, d'Angers, de Nantes, de la Rochelle, de Poitiers, le verront parcourir leurs paroisses, laissant partout la trace profonde de ses pas. Il se reposera seulement dans la mort et Notre-Seigneur viendra au milieu des labeurs de sa dernière mission, lui dire ici-même, dans ce village de Saint-Laurent : courage bon et fidèle Serviteur, le moment est venu, entrez dans la joie de votre seigneur.

Quand un ami, quand un père vient de fermer les yeux, la famille, tous ceux qui l'ont connu et aimé se recueillent ; les années de sa vie passent rapidement dans leur mémoire. Mais ce père, cet ami, a prononcé des paroles qui ne s'oublient pas, a montré des vertus qui ont fait la physionomie de son âme. Ces paroles, les amis se les répètent autour de sa tombe ; cette physionomie, ils ne se lassent pas de la contempler.

Je voudrais, mes Frères, faire avec vous quelque chose de semblable. Le Bienheureux Père de Montfort nous a laissé trois paroles qui sont l'expression la plus vraie, la plus profonde de son âme : son livre de l'*Amour de la divine Sagesse ;* sa *Lettre aux amis de la Croix* ; son Traité de la *Vraie dévotion à la sainte Vierge.* J'essaierai d'en indiquer brièvement le sens, vous laissant le soin d'en approfondir et d'en savourer la doctrine dans vos méditations.

Mais tout d'abord je ferai une observation générale : dans les écrits du Serviteur de Dieu le saint enthousiasme de la vérité divine s'unit toujours à l'exactitude théologique et s'il appelle les âmes privilégiées aux sublimes folies de la Croix, il trace d'une main non moins ferme que prudente, le chemin de la sanctification aux âmes qui suivent les voies ordinaires des commandements ou des conseils évangéliques.

I

Vous connaissez, mes Frères, la page de l'Evangile qui nous révèle les ravissements du Sauveur à la vue des merveilles que sa grâce allait opérer dans le monde. « En ce temps-là, dit saint « Matthieu, Jésus élevant la voix s'écria : je vous loue et vous bénis, ô « Mon Père, Seigneur du Ciel et de la Terre, parce que vous avez « caché ces choses aux sages et aux prudents, et les avez révélées « aux petits. Oui, mon Père, tel a été votre bon plaisir. Toutes cho- « ses m'ont été livrées par Mon Père ; et personne ne connaît le Fils, « si ce n'est le Père, et personne ne connaît le Père, si ce n'est le « Fils, et celui à qui le Fils aura voulu le révéler. Venez à moi, vous « tous qui travaillez et qui êtes chargés de vos fardeaux, et je vous « soulagerai. Prenez mon joug sur vous et apprenez de moi que je « suis doux et humble de cœur et vous trouverez le repos de vos « âmes. Car mon joug est suave et mon fardeau est léger. »

Le livre de l'amour de la Divine Sagesse est comme un écho de ces tressaillements de l'âme du Sauveur. « O divine Sagesse, « écrit le Bienheureux Louis-Marie, en prenant la plume, pour « écrire ce livre, O divine Sagesse, Souveraine du Ciel et de la « Terre ! humblement prosterné devant vous, je vous demande « pardon de ce que je suis assez hardi pour parler de vos gran- « deurs, étant aussi ignorant et aussi criminel que je le suis. Com- « ment voulez-vous que je me taise ? La justice, la reconnaissance « et mon intérêt même m'obligent à parler de vous. Je ne fais que « bégayer, il est vrai ; c'est que je suis encore enfant ; mais en « bégayant je désire apprendre à parler bien, quand je serai ar- « rivé à la plénitude de votre âge. »

L'humble amant de la Sagesse la contemple d'abord dans l'éternité et dans l'œuvre de la création ; mais il devient plus éloquent et plus tendre encore, quand il explique *la beauté charmante et la douceur ineffable de la Sagesse Incarnée.* On croirait entendre saint Bernard : *Expliquez-moi,* dit-il, *la douceur de Jésus: expliquez-moi, auparavant, la douceur de Marie, sa mère. Que nous marque le nom de Jésus, qui est le nom propre de la Sagesse Incarnée, sinon une charité ardente, un amour infini et une douceur charmante ?*

Ne croyez pas, mes Frères, que le Bienheureux Louis-Marie se contente de ces saintes ivresses de l'amour divin. Il sait que l'amour ne consiste pas dans les paroles, ni dans les stériles affections du cœur ; mais qu'il se prouve par les œuvres et par les souffrances. Aussi il recueille les *oracles de la Sagesse Incarnée qu'il faut croire et pratiquer pour être sauvé :* et en tête de ces divins oracles, il écrit ces deux paroles du Sauveur :

« Si quelqu'un veut venir après moi, qu'il renonce à soi-même,
« qu'il porte sa croix tous les jours et qu'il me suive. »

« Si quelqu'un m'aime, il gardera mes commandements et
« mon Père l'aimera et nous viendrons à lui. »

Nous avons, mes Frères, un commentaire vivant de la doctrine du Serviteur de Dieu, c'est la Congrégation des Filles de la Sagesse qui perpétue dans l'Eglise les enseignements de son saint fondateur.

Nous trouvons, mes chères Sœurs, en tête de vos *Instructions spirituelles,* quelques lignes qui résument bien l'œuvre du Bienheureux dans votre congrégation. « L'excellence de l'état des
« Filles de la Sagesse, y lisons-nous, est si relevée que Jésus-
« Christ, la sagesse même, l'a choisi et exercé sur la terre,
« pendant sa vie mortelle, d'une manière sublime et ineffable. Il
« allait dans les villes et les campagnes, les bourgs et les ha-
« meaux, guérissant les maladies les plus invétérées, consolant
« les affligés, faisant du bien à tous. Or, n'est-ce pas la vocation
« des Filles de la Sagesse, quand elles sont envoyées dans les hôpi-
« taux et les maisons charité, pour rendre aux pauvres les mêmes
« services. Notre Seigneur instruisait les peuples faibles et igno-
« rants; il se plaisait avec les petits surtout. Or, c'est encore en
« cela que les Filles de la Sagesse, qui font les écoles charitables,
« sont semblables au Fils de Dieu et deviennent en quelque sorte
« ses coadjutrices. »

Le Seigneur a été véritablement admirable dans la fondation de votre institut, en vous donnant pour Père le Bienheureux Louis-

Marie, et pour Mère la sœur Marie-Louise de Jésus, deux âmes éprises de l'amour de la divine Sagesse. Votre mère, à 19 ans, était capable d'en comprendre les enseignements, quand son directeur, lui traçant la voie du renoncement et de la pauvreté volontaire : *allez*, disait-il, *allez demeurer à l'hôpital.* Elle les comprenait, quand elle revêtait votre saint habit au milieu des railleries du monde, et que le Seigneur la fortifiait contre les alarmes et les tendresses de sa famille par la parole de son évêque : *Ne quittez pas cet habit*, lui disait le vénérable évêque de Poitiers qui prophétisait ainsi le développement que devait prendre votre congrégation.

Quinze ans après, votre Bienheureux Père, à la veille de quitter la terre, remettait à la sœur Marie-Louise la règle des Filles de la Sagesse : *Recevez, ma Fille, cette règle*, disait le Serviteur de Dieu, *observez-la et faites-la observer à celles qui seront sous votre conduite.* Merveilleuse efficacité de la parole des saints : deux siècles seront bientôt écoulés et vous gardez toujours la règle que vous ont léguée votre fondateur et votre fondatrice. Soyez, mes Sœurs, toujours dignes d'entendre les paroles que le Bienheureux Louis-Marie adressa à vos sœurs aînées, le 31 décembre 1715 : *Je vous souhaite une année pleine de combats et de victoires, de croix, de pauvreté et de mépris.* C'étaient les derniers vœux qu'il devait vous adresser en ce monde.

II

« Voici le plus grand secret du Roi, le plus grand mystère de « la Sagesse éternelle, la Croix. » C'est ainsi que le Bienheureux Grignon de Montfort achève ses enseignements sur l'amour de la divine Sagesse. Il nous a lui-même donné le commentaire de cette parole de foi et d'amour dans sa *Lettre aux amis de la Croix.*

Remarquons encore, mes Frères, quelle harmonie il y a entre les enseignements du Sauveur et ceux de son Serviteur. Le grand interprète de la doctrine du divin Maître, saint Paul, développe merveilleusement la théologie de la Croix dans la première Epître aux Corinthiens, qui m'a fourni le texte de ce discours. Il ne veut pas que le prédicateur de l'Evangile mette sa confiance dans la sagesse de sa parole, pour ne pas rendre vaine et inutile la Croix de Jésus - Christ : *Ut non evacuetur Crux Christi.* Nous, dit l'Apôtre, nous prêchons Jésus crucifié : c'est le scandale pour les Juifs, c'est la folie pour les Gentils. Mais pour les Juifs et les Gentils appelés de Dieu à la foi, Jésus crucifié est la vertu de Dieu, est la sagesse de Dieu : *Nos prædicamus Christum crucifixum... Christum Dei virtutem et Dei sapientiam.*

Le Bienheureux Louis-Marie est de l'école de Jésus-Christ et de son Apôtre. Le voyez-vous qui sort de la retraite ; il veut *former sur le papier quelques légers traits de la Croix.* Il parle aux disciples du Sauveur, aux amis de la Croix : « Voici, mes chers « confrères, deux partis qui se présentent tous les jours, celui de « Jésus-Christ et celui du monde. Celui de notre aimable Sauveur « est à droite, en montant dans un chemin étroit et retréci plus que « jamais par la corruption du monde. Ce bon Maître y est en tête, « marchant les pieds nus, la tête couronnée d'épines, le corps « tout ensanglanté et chargé d'une lourde Croix. Il n'y a qu'une « poignée de gens, mais des plus vaillants, à le suivre... A « gauche, est le parti du monde ou du démon, lequel est le plus « nombreux, le plus magnifique et le plus brillant, du moins en « apparence. Tout le plus beau monde y court. »

Le cœur du saint missionnaire tressaille, comme celui du Sauveur à la révélation des mystères cachés aux superbes : « Amis « de la Croix, écoliers d'un Dieu Crucifié, le mystère de la Croix « est un mystère inconnu des Gentils, rejeté des Juifs et méprisé « des hérétiques et des mauvais catholiques ; mais c'est le grand « mystère que vous devez apprendre et pratiquer dans l'école de « Jésus-Christ. Réjouissez-vous, pauvre idiot, pauvre femme sans « esprit et sans science. Si vous savez souffrir joyeusement, vous « en saurez plus qu'un docteur de Sorbonne, qui ne sait pas si « bien souffrir que vous. »

Mais, nous l'avons dit, au milieu des élans de son âme de feu, le Serviteur de Dieu conserve l'exactitude de la doctrine et la mesure de la morale. « Quoique quelques grands saints, ajoute-t-il, et « grands personnages ont demandé, recherché et même se sont « procuré par des actions ridicules des croix, des mépris et des « humiliations, adorons et admirons seulement l'opération extra- « ordinaire du Saint-Esprit dans leurs âmes, et humilions-nous à « la vue d'une si sublime vertu, sans oser voler si haut. » Et alors il trace avec une prudence consommée les règles qui nous apprennent à supporter les souffrances de chaque jour, malgré les répugnances de

la nature que notre adorable Sauveur a voulu ressentir dans so[n]
agonie : *Mon Père que votre volonté soit faite et non pas l[a]
mienne.*

Ne nous étonnons pas, mes Frères, que ce grand ami de Jésu[s]
crucifié ait voulu partout élever la Croix à la fin de ses mission[s]
qu'il ait conçu le projet du Calvaire immense qui domine les lande[s]
de Pontchâteau, où dans quelques jours vous allez vous réuni[r]
encore pour célébrer sa béatification. Ne nous étonnons pas qu'il ai[t]
chanté avec un saint enthousiasme la Croix, ses enseignement[s]
et ses triomphes :

> Voici du Roi des rois l'étendard déployé
> Et son char de triomphe et son sceptre de gloire,
> Plantons la Croix, plantons et chantons sa victoire,
> Adorons sur ce bois Jésus crucifié.

Écoutons-le, entraînant à sa suite les populations au Calvaire :

> Chers amis, tressaillons d'allégresse
> Nous avons le Calvaire chez nous,
> Courons-y, la charité nous presse,
> Allons voir Jésus-Christ mort pour nous.

Puis il développe toutes les vérités que révèle la Croix si bie[n]
nommée par saint Augustin la Chaire d'où Jésus enseigne s[a]
doctrine, *Cathedra docentis,* et il conclut par ce cri de l'âme :

> Laissons-y nos cœurs et nos offrandes,
> Embrassons la Croix d'un cœur joyeux
> Pour avoir l'effet de nos demandes,
> Et monter de ce Calvaire aux Cieux.

### III

Le Traité de la vraie dévotion à la sainte Vierge complète e[t]
achève l'enseignement du Bienheureux Grignon de Montfort. N[e]
nous lassons pas de remarquer comment il est toujours fidèle à l[a]
théologie catholique.

Les desseins de Dieu, en associant Marie à l'œuvre de la rédemption, ont été d'une sagesse admirable. Saint Bernard nous

explique, après tous les Pères de l'Eglise, que Dieu a voulu, en nous donnant Marie pour mère , créer une source inépuisable de miséricorde. Peut-être, dit le grand Docteur, seriez-vous quelquefois effrayé, en vous adressant à Jésus, par la pensée que s'il est votre Sauveur, il est aussi votre juge. Recourez à Marie : vous ne trouverez en elle que miséricorde ; elle est fille d'Adam comme vous ; elle prie pour vous, et sa prière ne peut être repoussée puisqu'elle est la Mère de votre Juge.

La dévotion à Marie a donc ce caractère qui lui est propre, de répandre la douceur et la suavité sur les austérités de la doctrine évangélique. C'est ce qu'a parfaitement compris et expliqué le Bienheureux Louis-Marie. « Voici, écrit-il, le plus grand des « moyens et le plus merveilleux des secrets pour acquérir et « conserver la divine Sagesse, savoir : une tendre et véritable « dévotion à la sainte Vierge. »

Aussi, après avoir indiqué et flétri les fausses dévotions envers Marie et avoir montré que la vraie dévotion envers cette divine Mère est intérieure, tendre, sainte, constante et désintéressée, il ajoute ces paroles qui révèlent le cœur d'un apôtre, véritable Fils de la Reine du Ciel : « Je me sens plus que jamais animé à « croire et à espérer tout ce que j'ai profondément gravé dans « le cœur et que je demande à Dieu depuis bien des années, « savoir : que tôt ou tard la Très Sainte Vierge aura plus d'en- « fants, plus de serviteurs et d'esclaves d'amour que jamais, et « que, par ce moyen, Jésus-Christ, mon cher Maître, règnera « dans les cœurs plus que jamais. »

Le Bienheureux Grignon de Montfort ne se contenta pas d'enseigner spéculativement la dévotion à Marie ; il la propagea en se faisant le grand propagateur du saint Rosaire et il est vraiment merveilleux de voir comment, après deux siècles écoulés, la récitation du chapelet demeure en honneur là où il a fait la mission. C'était sans doute une grâce qu'il devait à l'ordre de Saint-Dominique dont il était tertiaire. Nulle pratique ne pouvait rendre plus populaire et plus féconde la dévotion envers Marie telle que la comprenait le Serviteur de Dieu. Il voulait que le chrétien fut consacré à Marie afin de recevoir par elle la grâce qui l'unit à Jésus. Or, que faisons-nous dans la récitation du chapelet, si ce n'est de recourir par des invocations quotidiennes et pressantes à la Mère de la divine grâce, afin qu'elle nous obtienne l'intelligence et l'amour des mystères de son divin Fils, et que le règne de Jésus s'établisse complètement en nous par l'imitation de ses vertus.

Le Bienheureux Louis-Marie avait, en peu d'années, achevé son œuvre d'apostolat. Comme le soldat qui se couche sur le champ de bataille au soir d'une journée où il a prodigué son sang et sa vie, le Serviteur de Dieu, au milieu des labeurs de sa dernière mission, se reposa dans la tombe et, en quittant la terre, il chanta au peuple en larmes, qui entourait sa couche funèbre, son dernier adieu :

> Allons, mes chers amis,
> Allons en Paradis ;
> Quoi qu'on gagne en ces lieux,
> Le Paradis vaut mieux.

C'était le 28 avril 1716. Le dix-huitième siècle était à son début. Il devait s'écouler tristement au milieu des manœuvres tortueuses du jansénisme, des progrès croissants de l'impiété philosophique, de défaillances du pouvoir royal, de l'affaiblissement des mœurs chrétiennes et s'achever dans les destructions religieuses et sociales opérées par la Révolution. Mais Dieu, par l'action du saint Missionnaire, avait répandu une sève nouvelle de vie chrétienne dans les populations bretonnes et vendéennes. Elles gardèrent le triple héritage qu'il leur avait légué ; la divine Sagesse, c'est-à-dire l'Evangile compris et aimé ; la Croix, c'est-à-dire l'esprit de sacrifice et de dévouement ; la dévotion à Marie, c'est-à-dire la consolation qui rend douce l'austérité de la vertu. La semence avait été jetée par le Bienheureux Louis-Marie dans le champ du Père de famille ; elle fut cultivée par ses enfants, les missionnaires de la Compagnie de Marie qui continuèrent à évangéliser les pays qu'il avait parcourus, à y planter la Croix, à y chanter ses cantiques, à y réciter son Rosaire. Les filles de la Sagesse se multiplièrent chaque jour, faisant l'école aux enfants et soignant les malades dans les hôpitaux. Les Frères du Saint-Esprit et de Saint-Gabriel complétèrent la famille spirituelle du Bienheureux Grignon de Montfort pour le service des Missionnaires et l'instruction des jeunes garçons.

Deux générations se succédèrent depuis la mort du Serviteur de Dieu ; et de même que les fils d'Israël qui avaient connu Josué et les œuvres merveilleuses opérées par le Seigneur, à l'entrée du peuple élu dans la Terre promise, persévérèrent dans la fidélité au service de Dieu, de même aussi les vieillards qui avaient connu le Bienheureux Louis-Marie et leurs fils qui vinrent après eux, demeurèrent inébranlables dans la foi et les habitudes chrétiennes. On trouva les généreuses populations de la Bretagne et de la Vendée debout en face des ruses et des violences de l'impiété révolutionnaire. Elles défendirent leurs autels et leurs foyers, revendiquant pour elles et pour la France la liberté des mœurs chrétiennes. Car, mes Frères, sachons bien le comprendre : la question qui se posa à la fin du xviiiᵉ siècle et qui se débat encore aujourd'hui est celle-ci : La France doit-elle demeurer chrétienne, ou doit-elle cesser de l'être ? Ce sont les deux termes qui se dégagent pour tout observateur impartial à travers les incidents de ce siècle et les vicissitudes de notre société contemporaine.

Nous qui avons connu, dans les premières années de notre jeunesse, les survivants de ces luttes qui rappelèrent celles des Machabées, nous ne pouvons remémorer ces prêtres vénérables, ces nobles et pieux gentilshommes, ces héroïques paysans, sans un profond sentiment de respect et d'affection. Leur présence, leur parole, nous faisait aimer d'un double et même amour l'Eglise et la France.

Aujourd'hui que le dix-neuvième siècle est à son déclin, ils sont rares, Messeigneurs et mes Frères, ceux qui ont vécu avec les représentants de cette génération fortement trempée dans les doctrines de la Croix. On pouvait craindre que l'œuvre du P. de Montfort ne vînt à s'effacer avec sa mémoire. Et voilà que la Providence, avec une opportunité qui n'appartient qu'à elle, y donne une solennelle consécration par la béatification du Serviteur de Dieu. Peuples de la Bretagne et de la Vendée, chantez, chantez encore les cantiques du saint Missionnaire, montez toujours à ses Calvaires, en invoquant Marie votre Mère, le Rosaire à la main. Vous gardez ainsi à notre chère patrie les espérances de l'avenir. On l'a bien vu aux jours de nos désastres, quand vous avez été les premiers à verser votre sang pour la France. On a bien vu que les fils de l'Eglise aimaient du même amour la patrie française.

Parlez, parlez encore, ô Bienheureux Père de Montfort, dites à ces peuples qui vous glorifient et qui vous aiment, comme autrefois à vos amis de la Croix : *Soyez unis ensemble, comme autant de soldats crucifiés pour combattre le monde..... comme de vaillants et braves guerriers sur le champ de bataille, sans lâcher le pied et sans tourner le dos..... Vous êtes la conquête de Jésus-Christ sur le Calvaire, en union de sa sainte Mère. Vous êtes les Benoni ou Benjamin, fils de la douleur et de la droite enfantés dans son cœur douloureux..... Ecoutez Jésus qui vous crie, chargé de sa Croix : Ayez confiance, j'ai vaincu le monde.*

Et nous, Messeigneurs, et mes Frères vénérés dans le sacerdoce, près de cette tombe glorieuse, nous répéterons la prière que le Bienheureureux Louis-Marie faisait avec son âme d'apôtre pour obtenir des missionnaires, des prédicateurs de l'Evangile : « Sei-
« gneur, levez-vous ; pourquoi semblez-vous dormir ? Levez-vous
« dans toute votre puissance, votre miséricorde et votre justice,
« pour vous former une compagnie choisie de gardes du corps ;
« pour garder votre maison, pour défendre votre gloire et sauver
« ces âmes qui vous coûtent tout votre sang, afin qu'il n'y ait
« qu'un bercail et qu'un pasteur et que tous vous rendent gloire
« dans votre saint temple : *Et in templo ejus omnes dicent
« gloriam. Amen.* »

# DISCOURS

PRONONCÉ

## PAR LE R. P. JULES TROTIN

Supérieur général de la Congrégation des Enfants de Marie-Immaculée

### DANS L'ÉGLISE PAROISSIALE

DE SAINT-LAURENT-SUR-SÈVRE

le premier jour du Triduum

CÉLÉBRÉ POUR LA BÉATIFICATION

de

## LOUIS - MARIE GRIGNON DE MONTFORT

4 JUIN 1888

*Humiliavit semetipsum... propter quod et Deus exaltavit illum :*

Il s'est humilié lui-même, et voilà pourquoi Dieu l'a exalté.

(Philip., II, 8 et 9.)

MES FRÈRES,

Six mois ne se sont pas encore écoulés depuis le jour où nous avons eu le bonheur d'assister à l'un des plus beaux spectacles qu'il soit donné à l'homme de contempler ici bas. C'était à Rome, le dimanche, 22 janvier, jour d'impérissable souvenir. Ce que nous avons vu, ce que nous avons entendu, ce que nous avons éprouvé, nul langage humain ne saurait le redire. Le décret de Béatification du Père Montfort avait été proclamé et pendant que le chant du *Te Deum* retentissait sous les voûtes du temple saint, tout à coup, le voile qui le couvrait étant écarté, le nouveau Bienheureux nous apparaissait dans tout l'éclat de sa gloire. Il était là, sous nos yeux, comme vivant dans un vivant tableau, entouré d'une auréole de flamme, inondé de lumière, porté sur l'aile des anges, ne touchant déjà plus à la terre et prenant son essor vers le séjour de de l'éternelle félicité. Oh! qu'il était beau ! qu'il était grand ! qu'il était majestueux !

Et nous, mes Frères, témoins d'une scène si imposante et si émouvante, nous nous demandions à nous-même : Mais qu'a donc fait cet homme pour être l'objet d'un pareil triomphe, pour soulever à son nom Rome, le centre du monde, et avec Rome le monde catholique tout entier ? Alors la parole de l'Apôtre qui m'a servi de texte s'est présentée à mon esprit et m'a donné la réponse à ma question. Il s'est humilié profondément lui-même. *Humiliavit semetipsum.* Et voilà pourquoi Dieu l'a tant exalté. *Propter quod et Deus exaltavit illum.* Tout est là, dans ces deux mots, et l'histoire de sa vie et le secret de son triomphe.

O Bienheureux Père Montfort, bénissez et soutenez le courage de l'enfant du Père Baudouin qui ose, dans une pareille circonstance et devant une telle assemblée, raconter vos vertus et célébrer vos louanges. Oui, je parlerai de vos humiliations et de vos exaltations, heureux si Dieu accorde à ma bonne volonté la seule grâce que je lui demande, la grâce de le voir, lui plus glorifié, vous plus honoré, les âmes plus sanctifiées.

I

Avant d'entrer dans mon sujet et de faire ressortir, autant du moins qu'il me sera possible, l'étonnant contraste qui existe entre la vie si humble de notre Bienheureux et sa gloire d'aujourd'hui, il me semble utile de faire avec vous une considération qui, une fois bien comprise, nous mettra mieux à même de saisir par quelles voies il plaît à Dieu de conduire ses saints et de les mener au triomphe par l'humiliation.

A Dieu seul, mes Frères, il appartient de créer, c'est-à-dire de faire quelque chose de rien, de tirer du néant les êtres quels qu'ils soient. Aussi la création est-elle, à nos yeux, son œuvre par excellence, l'œuvre sur laquelle il a mis particulièrement comme le cachet et comme l'empreinte de sa divinité. Or, ce que Dieu a fait dans l'ordre de la nature, il l'a fait d'une manière encore plus admirable dans l'ordre du salut et de la grâce. Quand fut venu le moment marqué dans ses décrets éternels, il envoya son Fils unique pour sauver le monde ; dans quelles conditions, vous le savez. Le Verbe descend sur la terre ; il vient dans l'humble demeure d'une humble Vierge ; il s'incarne dans le sein de sa pauvre créature, et là il s'humilie, il s'abaisse, il va, au dire de l'Apôtre, jusqu'à l'anéantissement : *exinanivit semetipsum.* Le voilà donc réduit en quelque sorte, lui, le Fils de l'Eternel, à l'état de néant. Eh bien ! de ce néant infini Dieu fera sortir une nouvelle création ; il tirera, non plus comme au premier jour du monde, le soleil et les étoiles pour les jeter au firmament, mais les grâces, mais les mérites, mais les vertus, mais les dons surnaturels qui devront contribuer au salut des âmes, former des saints et les jeter au ciel de l'éternité. Une fois cette grande œuvre accomplie dans la personne de son Fils incarné, s'il plaît encore à Dieu de se servir d'un homme pour travailler en grand au salut des hommes, il faudra avant tout que cet élu de Dieu, que ce représentant de Jésus-Christ s'humilie, s'abaisse, s'anéantisse et de ses humiliations, de ses abaissements, de ses anéantissements, de ce nouveau néant le Tout-Puissant créera ; il créera des saints pour la terre et des prédestinés pour le ciel.

Il me semble maintenant, mes Frères, que nous avons la clef du mystère ; que nous pouvons pénétrer au plus intime de la vie du Bienheureux Grignon de Montfort et comprendre comment d'un côté il s'est tant humilié, et comment d'autre part Dieu l'a tant exalté. *Humiliavit semetipsum, propter quod et Deus exaltavit illum.*

J'apprends d'un pieux et savant auteur que Dieu aime à se glorifier lui-même dans ses saints de deux manières bien différentes : dans le ciel par leur exaltation, sur la terre par leur anéantissement ; dans le ciel en les couvrant de gloire et en les comblant de félicité, sur la terre en les comblant d'humiliations et en les couvrant de croix. Ainsi en a-t-il agi à l'égard de notre Bienheureux, et s'il l'exalte tant aujourd'hui, c'est parce que son Serviteur a dû, pendant près de trente ans, boire à longs traits à la coupe des ignominies de la croix et vider jusqu'à la lie le calice de l'opprobre et de la souffrance. Quel saint, en effet, s'est plus humilié que lui et devant Dieu et devant les hommes et devant sa propre conscience ?

On a écrit du Père Montfort qu'il avait été pendant sa vie un Saint François Xavier par son zèle apostolique, un Saint Vincent de Paul par son esprit de charité, un Saint François d'Assise par son amour de la pauvreté. Pour moi, si j'avais à le comparer à un saint, volontiers je prendrais pour terme de comparaison, toute proportion gardée sans doute, l'Apôtre des nations, Saint Paul lui-même. Tous deux n'ont-ils pas connu également la sainte folie de la croix ? Tous deux n'ont-ils pas fait leur devise et comme leur cri de ralliement de ces deux mots : *Soli Deo honor et gloria ! Mihi absit gloriari nisi in Cruce !* A Dieu seul honneur et gloire ! A Dieu ne plaise que je me glorifie en autre chose que dans la Croix ! Comme le grand Apôtre, Grignon de Montfort n'a voulu, n'a cherché, n'a désiré que la gloire pour Dieu, et que la croix pour lui-même ; et si son divin Maître lui eût demandé quelle récompense il attendait, en retour de ses sacrifices, de ses humiliations, de ses saintes rigueurs, comme autrefois saint Jean de la Croix, il lui eût répondu sans hésiter : Seigneur, je ne veux pas d'autre récompense que celle de souffrir et d'être méprisé pour vous: *pati et contemni pro te !* Notre Bienheureux avait soif de souffrances et de mépris comme d'autres ont soif de plaisirs et d'honneurs ; et nous savons dans quelle mesure il fut à même de satisfaire son désir d'être rassasié d'opprobres.

D'une patience que rien ne pouvait lasser, ne s'agissait-il que de sa personne, il souffrait tout, il pardonnait tout, il oubliait tout ; mais quand il y allait de la gloire de Dieu et de l'honneur de son nom, alors son âme s'inquiétait, son cœur se tourmentait, sa parole s'enflammait, et s'il était impuissant à réprimer l'outrage et le blasphème, personne du moins ne pouvait l'empêcher de l'expier et de s'en venger sur lui-même. Que de fois ne l'a-t-on pas vu se prosterner la face contre terre, verser des torrents de larmes, demander pardon à Dieu, lui faire amende honorable, à genoux, avec des accents lamentables, non seulement dans le secret et l'obscurité d'un oratoire ou d'une cellule, mais dans les maisons particulières, dans les rues, jusque sur les places publiques, et cela pour réparer sur le champ un blasphème qui venait de frapper son oreille. En passant près de lui et en le considérant dans une telle attitude, les uns disaient: c'est un misérable fou ! D'autres : c'est un orgueilleux et un hypocrite ! Il est plus digne de pitié que de colère, murmuraient les autres avec un certain air de compassion. O mon Dieu, si ceux qui tenaient un pareil langage vous avaient connu comme vous connaissait votre Serviteur ; s'ils vous avaient aimé comme il vous aimait ; s'ils avaient eu de votre grandeur, de votre puissance, de votre bonté, de vos protections infinies, l'idée qu'il en avait, non seulement ils ne l'auraient jamais insulté, mais pleins d'admiration pour sa vertu, ils auraient baisé avec respect jusqu'à la poussière de ses pieds et se seraient rendus à la voix qui leur criait : Mais venez donc avec moi et adorons ensemble le Seigneur : *venite, adoremus Dominum.* Prosternons-nous ; pleurons en présence de Celui qui nous a créés, et lavons dans nos larmes l'offense faite à sa divine majesté. Que cette voix suppliante fût entendue ou qu'elle n'excitât que la risée, le Père Montfort ne s'en était pas moins humilié devant Dieu et devant les hommes ; il avait protesté à la face du ciel et de la terre contre l'outrage fait à son divin Maître ; le blasphème avait reçu l'expiation, lui l'humiliation, tout était fini !

Mais ici, mes Frères, j'ai à vous parler d'un genre d'épreuves tellement à part et si propres à écraser l'âme la plus forte et la mieux trempée, qu'il me suffira de vous les faire entrevoir, pour vous convaincre que notre Bienheureux a pratiqué l'humilité dans le degré le plus sublime et le plus héroïque.

Quand un prêtre, dévoré du zèle de la gloire de Dieu et du salut des âmes, voit son action entravée, arrêtée, condamnée par les ennemis de la religion, quand il souffre persécution de la part des impies ou qu'il reçoit l'outrage de la main des pécheurs qu'il cherche à convertir, quelque dure et quelque pénible que soit le sacrifice, il s'y résigne, il l'accepte, il s'en console avec le crucifix. Mais si l'humiliation, si la contradiction, si la violence et la persécution lui arrivent de ceux-là mêmes dont il devait attendre secours, protection et encouragement, de ses amis, de ses directeurs de conscience, de ses frères dans le sacerdoce, de ses supérieurs dans la sainte hiérarchie, alors il se produit dans l'âme de ce pauvre prêtre un accablement, un déchirement, une douleur dont peut seule triompher une vertu surhumaine. Et c'est ce qui arriva à Grignon de Montfort.

Parce que Dieu le conduisait par des voies extraordinaires et que, sous l'impulsion et l'entraînement de la grâce, il n'agissait pas toujours comme les autres, puisqu'il allait à ses fins par des moyens que la sagesse et la prudence humaine pouvaient désapprouver, trouver étranges, ridicules même, si vous le voulez, il se vit méconnu, calomnié, persécuté, traîné dans la boue, chassé comme un prêtre misérable, et plus d'une fois on lui imposa, à lui, l'amant passionné de l'Eucharistie et du tabernacle, le dur et cruel sacrifice de ne pas monter au saint autel ; coups d'autant plus terribles qu'ils lui étaient portés par des mains plus chères, par des autorités plus aimées et plus respectées, auprès desquelles la calomnie avait trouvé un trop facile accès. Dieu sans doute permit qu'il en fut ainsi pour faire briller d'un plus vif éclat l'humilité et la patience de son grand serviteur. Pour moi, mes Frères, je vous l'avoue, en lisant la vie du Père Montfort, ce qui me confond, ce qui me touche et m'émeut jusqu'aux larmes, c'est de voir comment cet humble prêtre, abreuvé de tant d'amertumes, a tout accepté sans murmures et sans récriminations, comment il a courbé docilement la tête sous la main qui le frappait, comment, chassé d'un côté, il est allé porter ailleurs, avec le poids de sa croix, l'exemple de ses vertus, l'éloquence de sa parole et l'entraînement de ses cantiques.

Semblable à ces chênes noueux et robustes qui tirent une nouvelle vigueur des entailles du fer et des fureurs de la tempête, la vertu de notre Saint, loin d'être ébranlée par le souffle des persécutions, ne faisait que s'affermir, grandir et s'étendre de jour en jour, tant elle avait jeté de profondes racines dans cette grande âme, à la fois si forte et si humble, d'autant plus forte qu'elle était plus humble.

Comme le grand Apôtre, son modèle, Grignon de Montfort se croyait et se disait le premier des pécheurs : *quorum primus ego sum*. Comme le grand Apôtre, il se plaisait dans les outrages dont il était abreuvé : *placeo mihi in contumeliis*. Comme le grand Apôtre, il aimait à répéter : *nihil sum ! nihil sum !* je ne suis rien ! je ne suis rien ! Pour lui la place d'honneur était toujours la dernière. Vivre avec les pauvres et les mendiants, partager avec eux le pain de l'aumône, se mettre au service de ces hommes que leurs infirmités, leurs maladies et leur misère rendaient le rebut de la société, cacher avec soin son nom et sa naissance, lui qui appartenait à l'une des familles les plus honorables et les plus distinguées de la Bretagne, c'était son bonheur et sa joie ; et quand, sous l'habit de grossière étoffe dont il était revêtu, on venait à reconnaître en lui le fils et l'héritier des Montfort, il s'écriait de son ton de voix le plus énergique : Oubliez Monsieur de Montfort ! Monsieur de Montfort n'est rien ! Jésus-Christ est tout !

Non, mes Frères, je ne crois pas qu'il y ait dans l'Eglise un Bienheureux auquel on puisse appliquer plus justement qu'au Père Montfort cette belle parole du docteur angélique : *Sancti operan-*

*tur magna et reputant parva*, les saints font de grandes choses et ils les estiment petites. *Operantur multa reputant parva.* Ils font des œuvres sans nombre et pensent qu'ils ne font presque rien. *Operantur dies et reputant breve.* Ils travaillent longtemps et jugent très court le temps de leur travail. Ainsi travailla, ainsi vécut dans l'humilité de son âme l'infatigable apôtre de nos contrées. Sa mort fut humble comme sa vie. Mais à peine eut-il rendu le dernier soupir qu'on se mit à le pleurer, à le louer, à l'invoquer comme un saint. Le ciel le recevait, la terre l'exaltait, et déjà on pouvait dire de lui : *Humiliavit semetipsum; propter quod et Deus exaltavit illum.*

## II

La très sainte Vierge Marie s'écriait un jour dans le ravissement de son âme et dans les transports de sa reconnaissance : « Le Seigneur a regardé l'humilité de sa servante. Voici que toutes les générations m'appelleront Bienheureuse ; car le Tout-Puissant a fait en moi de grandes choses. » Pourquoi, mes Frères, ne mettrions-nous pas ces mêmes paroles sur les lèvres du Père Montfort, qui fut par excellence le missionnaire et l'apôtre de la dévotion envers la Mère de Dieu ? Est-ce que le Seigneur n'a pas regardé l'humilité de son Serviteur ? Est-ce que désormais toutes les générations ne l'appelleront pas Bienheureux. *Beatum me dicent omnes generationes.* Est-ce que le Tout Puissant n'a pas fait en lui et par lui de grandes choses ? Oui, assurément ; et il en a été du dévot enfant de Marie comme de sa Mère du ciel ; il a été exalté dans la mesure qu'il s'est humilié lui-même

En parcourant ces jours derniers la Vie populaire du Père Montfort, écrite par l'un de ses enfants, j'y lisais et j'y recueillais une réflexion qui va si bien à mon sujet que je ne saurais ici la passer sous silence : « La mort des saints, dit le pieux auteur, après le pape saint Grégoire, n'est pas une véritable mort, mais une vie qui se prolonge, non seulement dans l'éternité bienheureuse, mais encore sur cette terre où tout passe et disparaît avec tant de rapidité. Le souvenir de leurs vertus, de leurs bienfaits, les prodiges qu'ils continuent à opérer à travers les siècles, leurs fêtes qu'on célèbre dans l'Eglise, leurs noms que l'on donne au Baptême, les livres qu'ils ont laissés, les congrégations qu'ils ont fondées, tout les fait vivre après leur mort. » Belles paroles qui résumeraient à elles seules tout ce que nous aurions à dire sur les gloires de Grignon de Montfort, gloires incomparables, juste récompense d'une incomparable vertu. Quelles qu'aient été les humiliations de notre saint, il a pourtant été plus exalté après sa mort, qu'il ne s'est humilié pendant sa vie, parce que, quand il s'agit de la vertu, Dieu se montre toujours plus puissant à la récompenser que l'homme n'est puissant à la pratiquer. Et puisqu'il nous faut choisir entre tant d'auréoles qui brillent au front du Bienheureux Montfort, disons, mais en quelques mots seulement, comment Dieu l'exalte ici-bas, surtout dans ces trois choses ; dans ses œuvres, dans son tombeau, dans le triomphe de ces fêtes splendides, dont Saint-Laurent est aujourd'hui le théâtre et le témoin.

Entre les œuvres des saints, mes Frères, il en est qui les suivent dans le ciel, selon la parole de l'Apocalypse : *Opera eorum sequuntur illos.* D'autres restent après eux sur la terre et subsistent comme un témoignage toujours vivant de leur sainteté et comme une bénédiction attachée à leur nom et à leur mémoire. Ah ! Les œuvres du Père Montfort !... Qui donc ne les voit ! Qui donc ne les connaît ! Qui donc ne les admire ! Est-ce que cette terre de Saint-Laurent que nous foulons aux pieds et qui a reçu son dernier soupir n'est pas toute couverte de ses œuvres à jamais glorieuses ?

Est-ce que de là, comme d'un centre fécond, ou plutôt comme d'une source intarissable, ne s'échappent pas des eaux vivifiantes qui vont au loin porter des flots de grâce, les répandre à profusion sur les âmes et leur faire produire des fruits abondants de salut et de sainteté ! La source ! Elle a pris naissance au cœur du Père Montfort !

Et maintenant, ils iront, les missionnaires de la Compagnie de Marie, heureux et dignes enfants d'un tel Père, ils iront dans les campagnes, dans les villes, dans les provinces ; ils franchiront les mers, et partout où ils porteront leurs pas, les peuples apprendront à bénir le nom de celui qui fut le plus grand et le plus saint missionnaire de son siècle.

Elles iront, ces Filles de la Sagesse, partout où elles trouveront un petit enfant à soigner, une jeune fille à élever, un malade à guérir, un pauvre à soulager, un malheureux à consoler ; et le petit enfant, et la jeune fille, et le malade, et le pauvre, et le malheureux baiseront avec respect et reconnaissance la main qui leur prodigue des soins si touchants et publieront à leur tour les louanges de cet autre Vincent de Paul qui sut mettre au cœur de ces religieuses tant de compassion, de dévouement, d'inépuisable charité.

N'est-elle pas aussi l'œuvre de son cœur, cette Congrégation des Frères de Saint-Gabriel, si populaire, si aimée et qui tient à honneur, non seulement de regarder le Bienheureux Montfort comme un premier Père, mais encore de le faire louer, invoquer, et prier par cette nombreuse et florissante jeunesse qu'elle élève si chrétiennement, au prix de tant de sacrifices !

En dehors de ces œuvres vivantes, de ces Congrégations religieuses qu'il a fondées, Grignon de Montfort, écrivain et poëte non moins que missionnaire, nous a laissé, avec des pages sublimes où respire surtout son ardent amour pour la Mère de Dieu, des cantiques immortels, toujours chantés et toujours demandés, toujours anciens et toujours nouveaux, toujours instruisant et entraînant les peuples, toujours rappelant les souvenirs de celui à qui le Ciel semble les avoir inspirés. Ah ! mes Frères, en fait de gloire humaine, si le Saint qui l'a tant flétrie dans ses chants, avait pu y être accessible, il n'avait qu'à se laisser faire, et jamais chantre ni poëte n'aurait joui d'une renommée semblable à la sienne et n'eût été plus que lui l'idole des foules soulevées à ses irrésistibles accords. Et voilà maintenant que cette gloire des hommes qu'il a méprisée vivante, Dieu la lui prodigue après sa mort, puisque son nom et ses cantiques retentissent désormais d'un bout du monde à l'autre. *In omnem terram exivit sonus eorum.*

Exalté dans ses œuvres, le Bienheureux Montfort ne l'est pas moins dans le tombeau sacré où reposent ses ossements, autrefois si humiliés, aujourd'hui si glorifiés. *Exultabunt ossa humiliata.*

On dit avec raison que toute grandeur terrestre vient se briser à la tombe comme à un écueil inévitable, mais il n'en est pas ainsi de la grandeur des saints ; elle commence là où l'autre finit. Témoin le tombeau de Jésus-Christ ; témoin le tombeau des apôtres Pierre et Paul ; témoin le tombeau de tant d'autres saints ; témoin le tombeau du Père Montfort. *Erit sepulchrum ejus gloriosum.* Oui, ce tombeau, déjà si glorieux, verra s'opérer des merveilles plus grandes encore, à mesure que les années s'écouleront et qu'il plaira à Dieu d'y manifester sa puissance avec un nouve éclat. O tombeau chéri, ornement et gloire de cette église de Saint-Laurent, qui dira combien d'âmes sont déjà venues chercher et ont trouvé sur ton humble pierre le bonheur qui les fuyait, la paix qui leur manquait, la grâce qu'elles désiraient, une guérison, une conversion qu'elles demandaient, toute autre faveur qu'elles sollicitaient. Si tu pouvais nous raconter ce que tu as entendu de prières, recueilli de soupirs, vu couler de larmes, ce que tu as consolé de tristesses, guéri de blessures, fortifié d'espérances, ranimé de courages, inspiré de dévouements, suscité de vertus, quel récit tu aurais à nous faire des prodiges de grâce et de miséricorde dont tu as été le témoin secret et l'instrument béni ! Dieu continuera son œuvre, et les pèlerins viendront ici, plus nombreux que jamais, assurés que la main du Tout-Puissant a mis dans ce tombeau une source profonde de grâces et y a déposé une semence de miracles qui éclateront, au jour et à l'heure marqués pour l'exaltation du Bienheureux Grignon de Montfort.

Et sans attendre l'avenir, ne sommes nous pas appelés, dès aujourd'hui, à contempler, dans le magnifique spectacle qui s'offre à nos regards, un des plus étonnants miracles que le ciel puisse opérer, à la mémoire d'un saint. Eh quoi ! Voilà un homme descendu dans la tombe depuis bientôt deux siècles, un homme dont la vie n'a été qu'une longue suite d'humiliations, d'opprobres et de souffrances, un homme qui s'est vu cent fois traité comme le rebut et la balayure du monde, le voilà qui attire à son tombeau tout ce que l'Eglise de France a de plus illustres évêques, tout ce que nos contrées ont de prêtres plus distingués, de fidèles plus dévoués ; et lui qui aurait fui jusqu'au bout du monde pour éviter l'éclat d'un triomphe, le voilà devenu l'objet d'un triomphe tel que jamais conquérant n'en eût de plus éclatant, de plus spontané, de plus populaire. En vérité, si le miracle n'est pas là, où donc sera-t-il ?

Je pourrais ajouter, à la gloire de notre illustre apôtre, qu'il n'est pas seul à être exalté dans ces jours solennels, et que son triomphe devient à la fois, le triomphe de ses familles spirituelles, le triomphe de Saint-Laurent, le triomphe de la Vendée et de son évêque bien-aimé, le triomphe de la France, le triomphe de l'Eglise tout entière. O Bienheureux Montfort, tressaillez du fond de votre tombe ! Cette sainte Eglise, notre Mère, que vous avez tant aimée, cette religion chrétienne que vous avez tant défendue, ce Jésus-Christ que vous avez tant prêché, ce Dieu puissant que vous avez tant glorifié ; vous les aimez, vous les défendez, vous les prêchez, vous les glorifiez encore aujourd'hui, et du haut du ciel vous jouissez du bonheur de servir, plus encore après votre mort que pendant votre vie, les grands intérêts de la religion et des âmes.

Et nous aussi, ô Bienheureux Montfort, nous triomphons avec vous, et afin que ce triomphe nous soit aussi utile qu'il vous est glorieux, nous voulons qu'il nous serve d'enseignement, qu'il excite notre courage et que, placé sur notre route comme un phare lumineux, il nous éclaire et nous conduise, à travers les ombres de la vie, jusqu'au rivage de la bienheureuse éternité.

Chrétiens, mes Frères, entendons, méditons, la grande et sévère leçon que nous donne aujourd'hui le Père Montfort, et comprenons avec lui que personne n'arrive au triomphe que par l'humilité, et si nous ne sommes pas obligés de pratiquer cette vertu fondamentale dans le même degré qu'il l'a pratiquée lui-même, elle nous est cependant nécessaire pour opérer notre salut. Or, laissez-moi vous le dire en terminant, il faut craindre ici l'illusion ; il faut craindre de se tromper soi-même.

Non, il n'est pas humble le chrétien qui ne voulant s'abaisser ni devant Dieu, ni devant les hommes, ni devant sa conscience, ne rend pas chaque jour à son Créateur et souverain Seigneur les hommages qui lui sont dus et ne se soumet pas à sa sainte et adorable volonté

Il n'est pas humble le chrétien qui entretient dans son âme un foyer de perpétuelle révolte contre l'autorité divine, en y laissant régner en maître le péché mortel, ce grand ennemi de Dieu.

Il n'est pas humble le chrétien qui, toujours en guerre avec ses frères, ne sait ni souffrir une injure ni la pardonner.

Il n'est pas humble le chrétien qui met ses propres intérêts au-dessus des intérêts de Dieu et de la religion et sacrifie tout à ses caprices, à ses plaisirs, à ses passions, à son froid égoïsme.

Il n'est pas humble, du moins à la façon des saints, le chrétien qui se figure que les grandes vertus ne sont pas faites pour lui, et craint toujours d'en trop faire pour son salut, chrétien apathique et lâche qui s'estime assez vertueux parce qu'il ne se trouve pas trop vicieux, comme si le ciel ne valait pas de plus grands sacrifices, comme si Dieu ne méritait pas d'être servi avec plus de générosité. Ah ! ce n'est pas ainsi, mes Frères, que le Bienheureux Montfort comprenait les choses, et pour lui laisser ici la dernière parole, entendons-le nous jeter à tous, du haut du ciel et du fond de sa tombe, ce cri de son cœur :

> Si vous voulez me suivre,
> Marchez en combattant,
> Et sans cesser de vivre,
> Mourez à chaque instant.

Ainsi soit-il.

# DISCOURS

PRONONCÉ

## PAR M. L'ABBÉ G. SIMON

Vicaire général de Luçon

### dans l'église de la Maison-Mère des Frères de Saint-Gabriel

A SAINT-LAURENT-SUR-SÈVRE

le second jour du Triduum

CÉLÉBRÉ POUR LA BÉATIFICATION

de

## LOUIS - MARIE GRIGNON DE MONTFORT

5 JUIN 1888

> *Ascendit super omnes cælos ut impleret omnia : et ipse dedit quosdam quidem Apostolos ...*
>
> Jésus-Christ est monté au-dessus de tous les cieux, pour remplir toutes choses, et c'est lui-même qui a donné des Apôtres à son Eglise .. (Ephes. IV. 10, 11.)

Monseigneur (1), mes chers Frères,

Pourquoi ces chants d'allégresse, ces foules enthousiastes, ces décorations si grandioses et de si bon goût, pourquoi tout cet appareil plus que royal, ce tressaillement qui fait battre tant de cœurs à l'unisson ?

Ah ! c'est que la Vendée, l'Anjou, la Bretagne, c'est que tout l'Ouest salue aujourd'hui le triomphe du Bienheureux Louis-Marie Grignon de Montfort.

Dans ce *Triduum* solennel où des princes de l'Eglise font entendre leur parole si autorisée (2), le silence aurait à tous

---

(1) Mgr Trégaro, évêque de Séez, présidait la cérémonie.

(2) Mgr Richard, archevêque de Paris, et Mgr Ardin, évêque de la Rochelle.

égards mieux convenu à ma faiblesse. Mais on a fait appel à l'ancien élève de Saint-Gabriel, au prêtre de Saint-Laurent, à l'enfant de Montfort ; je n'ai pu décliner un honneur dont je sens à la fois le péril et le prix. Ah ! s'il ne fallait qu'aimer et admirer Montfort et ses œuvres !... du moins vos cœurs iront plus loin que ma parole et sauront y suppléer et la compléter.

O Vicaire de Jésus-Christ, pontife si grand et si admiré ! à Vous la reconnaissance de la Vendée ! à Vous son Rosaire d'or, hommage filial à Léon XIII, le pape du Rosaire, qui a glorifié Montfort, l'Apôtre du Rosaire ! Puisse le Bienheureux vous obtenir tous les bonheurs et toutes les gloires !

S'il est vrai de dire que Dieu remplit l'enfer de sa justice et le ciel de ses magnificences, il est surtout consolant d'ajouter que la terre est pleine de sa miséricorde. Sa parole, sa doctrine, sa grâce, l'Homme-Dieu, les a distribuées lui-même pendant sa vie mortelle ; depuis sa glorieuse Ascension, il atteint visiblement tous les lieux, tous les âges, toute l'humanité par le ministère de Pierre, toujours vivant dans les pontifes romains ; par les Apôtres et les évêques, leurs successeurs, par l'épiscopat catholique si noblement représenté à ces fêtes et dans cette enceinte ; par les phalanges innombrables de ses prêtres et de ses religieux ; parfois aussi il a voulu échelonner, sur le parcours de son Eglise à travers les siècles, des hommes extraordinaires, des hommes apostoliques (*quosdam dedit Apostolos*), dont les peuples reconnaissants gardent fidèlement la mémoire. C'est, au xv⁰ siècle, Vincent Ferrier ; au xvii⁰, Vincent de Paul ; au xix⁰ siècle don Bosco, avec ses œuvres salésiennes ; c'est, à l'aurore du xviii⁰ siècle, le Bienheureux Grignon de Montfort.

Il s'est élevé comme un autre Elie à la parole de feu (1) ; il a rempli héroïquement sa mission et les desseins d'en haut, et aujourd'hui Dieu remplit tout de la gloire du Bienheureux (2).

Il a partagé les labeurs et les mérites des apôtres : il partage leur triomphe.

Et de même que le pape qui couronna saint Thomas d'Aquin et

---

(1) *Et surrexit Elias propheta quasi ignis et verbum ipsius quasi facula ardebat.* (Eccli. xlviii. 1.)

(2) *Ut impleret omnia.* (Ephes.)

sa doctrine, fut aussi le créateur de l'évêché de Luçon (1), il était réservé à notre époque d'entendre Léon XIII, l'admirateur de saint Thomas, le propagateur insigne de sa doctrine, de l'entendre glorifier aujourd'hui notre apôtre, l'honneur de l'Eglise de Luçon.

Oui, pendant toute sa vie, Montfort s'est montré constamment un apôtre : et son apostolat, il le perpétue par ses œuvres. Vivant, il a fait des prodiges ; mort, il opère des merveilles (2. Ce sera tout le sujet de ce discours.

O Marie, vous qu'il a tant aimée et servie, tant célébrée et chantée ; vous dont il a plus que personne exalté le culte, l'*Ave Maria*, mettez dans nos cœurs, mettez sur mes lèvres quelque chose de son amour, de ses accents embrasés : *Ave Maria.*

I

La sainteté, comme le génie, a souvent je ne sais quoi d'extraordinaire, d'original, de tranché, qui, au premier abord, étonne et déconcerte les regards, puis finit par subjuguer et tenir sous le le charme. Dans la galerie des saints où chacun a son caractère distinctif (3), comme chaque étoile brille au firmament d'une clarté qui la distingue des autres étoiles (4), Montfort est une figure à part. Il semble égaler en chaque vertu les saints qui y ont davantage excellé. Réunissez par la pensée l'entrain de son ardente nature, son élan chevaleresque qui ne connaît pas d'obstacles, sa robuste santé, sa riche intelligence, sa brillante imagination, faculté créatrice qui sait tout animer, tout colorer ; ses rares aptitudes d'artiste et de poète ; sa soif incessante de souffrances, d'austérités, de mépris ; son dédain des mesquines exigences du monde, son peu de souci des compromis, du convenu, de tout ce qui est vulgaire et terrestre ; les allures les plus humbles avec l'indépendance et les saintes audaces des prophètes ; son accent tantôt familier, tantôt

---

(1) Jean XXII, en 1317. On connaît son mot sur saint Thomas : *Quot articulos scripsit, tot miracula fecit :* Autant d'articles, autant de miracles !

(2) *In vita sua fecit monstra, et in morte mirabilia operatus est.* (Eccli. XLVIII, 15).

(3) *Non est inventus similis illi.* (Brev. Rom.)

(4) *Stella enim a stella differt in claritate.* 1 Cor. XV, 51.

sublime, toujours pénétrant, toujours saisissant ; tout cela ne com-
pose-t-il pas un ensemble à part, une physionomie originale et
frappante, d'une incontestable grandeur, d'un incomparable prestige ? Il ne ressemble à nul autre (1) : c'est une puissante person-
nalité, c'est un caractère : une fois entrevu, il ne saurait être oublié ;
il est lui même : lui agissant sous l'impulsion de l'Esprit-Saint.
L'action extérieure du disciple, ce sont les apparences, c'est comme
le sacrement qui cache et révèle à la fois l'action du Maître, l'action
divine : l'apôtre, c'est l'ombre de la main de Dieu. Tout porte en
lui, jusqu'en ses abaissements, l'empreinte de la magnanimité :
tout révèle le Héraut du Christ, le *chevalier de Notre-Dame*, un
géant de zèle, de doctrine et de sainteté.

Dans un si vaste sujet, il faut choisir : laissons de côté le Maître
dans les voies de l'ascétisme ; l'écrivain à la prose inspirée ; l'auteur populaire de nos plus beaux cantiques ; le thaumaturge avec
ses miracles ; le prophète avec ses prédictions ; l'amant passionné
de la Croix ; l'Esclave de Jésus en Marie, le Docteur de Marie,
*Doctor Marianus,* qui ouvre de nouveaux horizons sur la dévotion à
la sainte Vierge ; voyons comment tout dans sa vie, dans sa prédication, dans ses œuvres, tout porte le cachet de l'apostolat.

Nous ne pouvons qu'effleurer dans cette rapide et incomplète
esquisse : une main magistrale (2) saura vous tracer demain le
tableau complet.

Louis-Marie Grignon de Montfort a eu son berceau dans la catholique Bretagne, comme il a son tombeau dans la catholique
Vendée.

Il a cette enviable fortune qu'une double et heureuse influence
s'exerce sur sa jeunesse ! D'abord, à Rennes, les RR. PP. Jésuites,
qui entrevoient les prodiges de l'avenir, et qui resteront toujours,
quoiqu'il advienne, ses amis, ses soutiens et ses consolateurs ; puis,
à Paris, la docte et pieuse Société de Saint-Sulpice.

Dès lors, Dieu lui donne large part au calice des amertumes,
des humiliations : toute sa vie, il sera le point de mire du mépris,
des vexations et des railleries : impassible et souriant, il savoure
joyeusement le fiel et le vinaigre de la passion du Sauveur. Une

---

(1) *Non est inventus similis illi.* (Brev. Rom.)
(2) Mgr Freppel, évêque d'Angers.

telle patience est la pierre de touche de la perfection (1). Agir vaillamment, dit un père de l'Eglise, fut l'apanage des anciens Romains : souffrir vaillamment et généreusement, c'est le triomphe du chrétien (2).

Le 5 juin 1700, il se prosternait sur le pavé du sanctuaire et se relevait prêtre pour l'Eternité : aujourd'hui, à cette même date du 5 juin, nous le contemplons sur les autels, et, ce matin, il nous a été donné d'offrir en son honneur l'auguste sacrifice.

Il célébra sa première messe comme la diraient les Anges si les Anges disaient la messe ; si Dieu, dans sa miséricorde, n'avait réservé à de faibles mortels, comme nous, ce redoutable et consolant privilège.

Nantes et l'hôpital de Poitiers ont les prémices de son sacerdoce.

Toutes les grandes âmes ont eu la nostalgie de Rome, notre seconde patrie : Montfort s'y rend, mais à pied, mais en mendiant, quêtant du pain et des outrages. S'il s'arrête, c'est pour passer quinze jours en oraison à Lorette. Enfin il arrive dans la Ville Eternelle. Là, tout parle à son âme : le Christianisme triomphant qui domine et conserve les monuments en ruines du paganisme écroulé ; l'action providentielle de Dieu toujours visible dans son Eglise ; les sources limpides et intarissables de la pure doctrine ; les tombeaux des saints apôtres et surtout, dans le haut éclat de sa Majesté Souveraine, le vicaire de Jésus-Christ.

C'est de Rome *que part le rayon du gouvernement* (3) ; c'est aussi de Rome que part le rayon de l'apostolat.

Le 6 juin 1703 (demain en reviendra le solennel anniversaire, le mois de juin a une place à part dans l'histoire, de Montfort), le 6 juin, il est aux pieds de Clément XI qui assigne pour champ à son zèle la France, alors en partie désolée par le jansénisme, et qui lui confère le titre de Missionnaire Apostolique. Jamais titre fut-il mieux porté ? (4).

Comment le suivre dans ses pèlerinages, ce précurseur de nos pèlerinages vendéens ? Comment le suivre dans ses courses apostoliques à travers les diocèses de Luçon et de la Rochelle, l'Anjou,

---

(1) *Patientia opus habet perfectum.* (S. Jac. i, 4.)
(2) *Fortia agere Romanorum est : fortia pati, christianorum.*
(3) **Bossuet.**
(4) *Quosdam dedit Apostolos.*

le Poitou, la Bretagne ? Armé du bâton de la Croix (1) et de la fronde mystérieuse du Rosaire (2), comme il sied à un Tertiaire de Saint Dominique, il passe, semant avec sa parole de feu les conversions et les prodiges. Partout son nom est resté comme l'idéal, la personnification de l'Apôtre : c'est une trace profonde qu'on retrouve partout, que rien ne peut effacer.

Ici on l'a vu transporter sur ses épaules et coucher dans son propre lit un pauvre atteint d'un mal incurable et repoussant ; là, il n'a pu obtenir qu'un peu de paille pour sa couche, un peu de pain noir pour sa nourriture ; en maintes rencontres, par l'astuce, le fer ou le poison, l'impiété, l'hérésie, le vice scandaleux, ont attenté à ses jours. Tantôt on l'entend lutter contre les puissances infernales ; tantôt il apparaît transfiguré, le visage rayonnant d'une miraculeuse clarté ; tour à tour, il prédit des châtiments ou des grâces, et par l'événement,

*Il est trouvé fidèle en toutes ses menaces* (3),

comme en toutes ses promesses.

Son aspect est austère; sa mortification effrayante, son éloquence brûlante, irrésistible : il remue les pécheurs, il transporte les foules. « Sa parole avait la force du tonnerre parce que sa vie était « brillante et lumineuse comme l'éclair (4). »

— Ce ne sont pas des paroles, ce sont des tonnerres, dirait saint Jérôme, *non verba sed tonitrua* (5). Oui, ce sont des tonnerres qu'on croit entendre quand on écoute Montfort ou quand on relit ses cantiques, simples et parfois étranges, mais faits de verve, de théologie et de sainteté, témoin son cantique : *O l'auguste Sacrement*, où, par la précision du langage théologique, il égale la prose : *Lauda Sion*; quand on relit sa lettre brûlante aux *Amis de la Croix*, ou son *Traité de la dévotion à la sainte Vierge*, qui ravissait le P. Faber, le premier mystique de notre siècle.

Comme couronnement des saints exercices, comme bouquet de la mission, il aime à laisser une confrérie de Pénitents ou d'Amis

---

(1) *In baculo cruce.*
(2) *In virga Virgine.*
(3) Athalie.
(4) *Tonitruum erat oratio, fulgur autem vita.* (S. Grég. Naz. Carmen cxix, Basil. M Epitaph.)
(5) *Quem quotiescumque lego, videor mihi non verba, sed audire tonitrua.* (S. Hieron. de S. Paulo.)

de la Croix, une société de vierges vivant dans le monde ; il a planté la croix dans les cœurs, il plante le calvaire sur les collines ; il recommande avec les plus vives instances l'*Ave Maria*, le *Chapelet*, le *Rosaire*, comme une armure invincible, comme une panoplie spirituelle, offrant pour les luttes de chaque jour toutes sortes d'armes offensives et défensives.

Grâce à lui et à ses Missionnaires, parmi nous plus qu'ailleurs peut-être, les croix se dressent nombreuses dans les campagnes, et la pieuse habitude de la récitation du chapelet, le soir, en famille, s'est maintenue en bien des foyers chrétiens. Pourquoi ? Montfort a passé par là.

Vous n'attendez pas de moi que j'énumère ici toutes ses missions, tous les lieux témoins de ses prédications et de ses pénitences : je ne saurais du moins taire les noms célèbres de Pontchâteau et de Mervent.

Pontchâteau, où, pour ériger un calvaire aux proportions monumentales, il réunit chaque jour pendant quinze mois, sans aucune rétribution, des centaines de travailleurs volontaires, renouvelant ainsi les merveilles du moyen-âge. Au milieu de la lande déserte, s'est élevée une véritable montagne ; d'immenses fossés ont été creusés ; elle est terminée, cette entreprise, insensée, disait-on, mais en réalité sublime. Au sommet, Montfort a dressé la croix et va l'y bénir ; quand un ordre formel, inattendu, arrivé comme un coup de foudre, le lui interdit : amère déception ! Humiliation profonde ! Lui, sans murmurer, entonne son cantique : *Dieu soit béni !* et goûte cette joie parfaite, du monde inconnue et révélée en un jour d'extase à frère Léon par le séraphin d'Assise (1).

Mervent ! son *ermitage* préféré, où, à l'exemple du Sauveur, *Loin du monde il se cache pour prier Dieu* (2), Mervent, dont il aime la solitude, les rochers et les grands bois. De la nature, dont il sait goûter le charme en poète et surtout en saint, sa pensée et son cœur remontent au Créateur : il aperçoit Dieu sous les voiles de la création visible, image et symbole des invisibles réalités : il étudie Dieu dans ce grand livre de la nature, à l'exemple d'un si grand nombre de saints qu'on a pu composer des chapitres et même

(1) Voir les *Fioretti* de S. François d'Assise.
(2) Cantique sur Mervent.

des volumes sous ce titre : *Les saints et la nature* (1). N'est-ce pas saint Bernard qui a dit qu'on apprend moins dans les livres que dans les forêts : *Plus invenies in sylvis quam in libris* (2) ?

Mervent, site pittoresque et ravissant! Là, Montfort a prié, chanté, médité et souffert : c'est assez pour qu'un flot non interrompu de pèlerins s'y succède jusqu'à ce jour.

Jeune encore, il est mûr pour le Ciel. C'est à Saint-Laurent-sur-Sèvre qu'il meurt en prédestiné, le 28 avril 1716, à l'âge de 44 ans.

Aussitôt la voix du peuple proclame hautement la sainteté du pauvre prêtre naguère humilié, persécuté : dès le premier jour, son tombeau devient l'objet de la vénération publique.

Quoi d'étonnant ? Lorsque Marie-Madeleine eût brisé son vase d'albâtre aux pieds du Sauveur, le parfum s'en répandit et toute la maison en fut embaumée (3). Ainsi quand se brise ici-bas la vie mortelle d'un saint, il se fait une diffusion de son esprit et de ses vertus : c'est la bonne odeur de Jésus-Christ, c'est un baume céleste qui remplit l'Eglise, la maison de Dieu.

Tel fut Montfort : tels furent ses travaux. De sa *sainteté*, il nous a lui-même révélé le *secret*, qu'on ne saurait trop divulguer ni surtout trop pratiquer : *Etre l'esclave de Jésus en Marie, aller par elle à Jésus, et par Jésus à son Père.* Vous connaissez ses armes et son blason. Le *Crucifix et le Rosaire !* son cri de guerre, sa devise, son but ! *Dieu seul ! Dieu soit béni !*

Il nous servirait peu, mes Chers Frères, de célébrer Montfort, d'assiéger son tombeau, de jouir de ces belles fêtes, si nous ne l'imitions dans la mesure où Dieu nous le demande. Quand on félicitait saint Jérôme d'habiter Jérusalem, la ville sainte, « ce qui est dé-
« sirable et digne d'éloges, répondait-il, ce n'est pas d'être à
« Jérusalem, mais d'y vivre saintememt, d'une manière digne de
« Jérusalem (4). » Pour nous tous, grave enseignement! Chacun dans notre sphère, soyons des saints, soyons des apôtres ! Qu'elle s'allume et brille de plus en plus dans nos âmes, cette flamme de

---

(1) Voir les *Moines d'Occident*, par **M.** de Montalembert.
(2) Saint Bernard
(3) *Et domus impleta est ex odore unguenti.* (Joann. xii, 3 )
(4) *Non Hierosolymis fuisse, sed Hierosolymis benè vixisse, laudandum est.* (S. Hieron.)

l'esprit apostolique que nous avons admirée dans la vie de notre Bienheureux et que nous allons admirer maintenant dans les œuvres qu'il a fondées. Ce sera le sujet de la seconde partie.

## II

A la mort du saint missionnaire, tout paraissait fini : tout allait commencer. Le serviteur n'est pas au-dessus du Maître : ne faut-il pas que le grain de froment meure au sein de la terre pour produire une moisson opulente ? Ne faut-il pas que Jésus soit élevé sur la Croix pour attirer à lui tous les peuples ? Ses miracles et ses discours sensiblement divins lui ont gagné peu de disciples : sa Passion et sa mort remueront, convertiront le monde. Oui, la souffrance seule est féconde : la Croix seule enfante les âmes et fait fleurir les œuvres.

Il faut que Montfort tombe jeune encore, qu'il meure épuisé sur la brèche : alors ses œuvres vont croître et se développer, ses enfants spirituels se multiplier, et une magnifique efflorescence de piété s'épanouir autour de sa tombe.

C'est à Montfort et à ses enfants que l'Ouest doit d'être resté profondément catholique.

L'Ouest, qu'ils ont évangélisé, est demeuré fidèle, et quand vinrent des jours néfastes,

> ... .. ... La France eut des victimes,
> Mais la Vendée eut des martyrs (1).

C'est le sacré-cœur sur la poitrine, la Croix et le Rosaire à la main, que ces *Géants* ont combattu, sont tombés pour la cause de Dieu. « *Rends-toi !* » disait-on au Vendéen mourant. — « *Et toi, rends-moi mon Dieu* ». — Et bientôt à la Vendée, à la France, le Concordat rendait son Dieu.

O Vendée, garde bien cette foi que Montfort t'a prêchée ! plus

---

(1) V. Hugo : La *Vendée. Ode.*

inébranlable que le granit de tes rivages (1), que rien au monde ne puisse jamais l'entamer ni la faire fléchir. Reste obstinément fidèle à ton Rosaire, à ton Crucifix. Reste digne de ton glorieux passé. *Gloire oblige !* Ton nom est devenu célèbre dans le monde entier (2) ; ton nom signifie tout ce qui est pur, généreux, héroïque : on dit la *Vendée*, comme on dit les *Machabées* !

C'est ici surtout, sur ce sol sacré de Saint-Laurent, que les ossements du prophète ont refleuri (3), qu'autour de son tombeau, comme une pieuse trilogie, comme une splendide couronne, ont merveilleusement prospéré les trois œuvres principales qui le reconnaissent pour Fondateur. On dirait un Thabor où il aurait dressé trois tentes, trois tabernacles (4), le Thabor du sacrifice et de la prière.

Paroisse de Saint-Laurent, si tu occupes un rang si distingué parmi des paroisses autrement populeuses et considérables (5), ce n'est pas seulement pour le charme de tes paysages, ce n'est pas seulement pour ta population intelligente et sympathique ; non, tu le dois au Bienheureux ; tu le dois à ses œuvres. N'es-tu pas la cité de Montfort, la capitale, le siège de ses principales créations, une cité du Moyen-âge, avec ta pieuse et brillante constellation d'Eglises et de Monastères ?

L'ancien élève, resté l'ami constant de l'illustre *Compagnie de Jésus*, a fondé les missionnaires de la *Compagnie de Marie*. Nous connaissons sa prière pour obtenir des Apôtres. « Depuis « les Epîtres, a écrit le P. Faber, il serait difficile de trouver des « pages aussi brûlantes. » De telles prières sont toujours exaucées : nous n'avons pas à détailler ici leurs travaux : partout où

---

(1) Un auteur non suspect fait cette réflexion : « Les terres les plus anciennement émergées en Europe sont les granits de la Vendée et de la » Bretagne.... Singulière coïncidence ! Celles de nos provinces qui ont le » plus longtemps gardé le culte des vieilles choses, sont elles-mêmes les « plus vieilles terres de la France et du monde. » (Duruy, *introduction générale à l'Histoire de France*, pages 8 et 9.) M. Elie de Beaumont, dans sa théorie des soulèvements des montagnes ou collines, regarde aussi comme les plus anciens, d'abord ce qu'il appelle *le système de la Vendée*, puis *le système du Finistère*....

(2) *Fides vestra annuntiatur universo mundo...* (Rom. 1-8.)

(3) *... Prophetarum ossa pullulent de loco suo...* (Eccli. XLIX, 12.)

(4) *Si vis, faciamus hic tria tabernacula.* (Matt. VII, 4.)

(5) *Et tu Bethlehem, terra Juda, nequaquam minima es in principibus Juda...* (Matt. II. 6).

les appellent la confiance de NN. SS. les Evêques, la fraternelle sympathie du clergé et la reconnaissance des peuples, héritiers et fils de Montfort, ils le continuent parmi nous : l'éloge n'est-il pas complet ? Ils ont, dans ce siècle, donné deux évêques à l'Orient (1) ; et je me reprocherais de ne pas rappeler ici que la Vendée (c'est un des plus beaux fleurons de sa couronne), a toujours donné généreusement des évêques aux Missions étrangères : deux autres (2) ont plus récemment quitté la terre pour le ciel, et, à l'heure où je vous parle, quatre de ses enfants (3) d'ici nous saluons ces vaillants Apôtres avec une respectueuse admiration), quatre de ses enfants portent, dans ces contrées lointaines, la mitre qui, là, s'embellit encore des sanglantes perpectives d'un martyre plus ou moins probable, mais toujours espéré.

Les *Filles de la Sagesse :* quel beau nom ! et comme elles savent le porter ! Les voir passer, modestes et recueillies, est déjà une prédication ; les nommer, suffit à faire leur éloge (4). Nous la voyons, de nos yeux, pleinement réalisée la prophétique parole du Bienheureux à la vénérée Mère, Marie-Louise de Jésus ; « Ma Fille, en ce moment, Dieu me fait voir des choses admirables : je « vois dans les secrets divins une pépinière de Filles de la sagesse. » Plus de quatre mille se consacrent maintenant, et avec quel succès ! au double Apostolat des écoles et des hôpitaux, ou plutôt de toutes les œuvres ; apostolat réel : partout leur premier but est de conquérir les âmes à Dieu ; apostolat efficace et presque irrésistible ; on peut bien se roidir contre les raisonnements d'un esprit qui discute, on ne tient pas contre la charité d'un cœur qui aime et qui se donne.

Je dois m'étendre davantage sur votre Congrégation, mes chers Frères, puisque les deux autres sont célébrées dans une autre enceinte.

Le coup d'œil de la sainteté va plus loin que le coup d'œil du génie : Montfort, bien avant nos jours, inaugure une sorte d'enseignement mutuel, organise des écoles gratuites, réellement gratuites celles-là, car la charité libre, et non l'impôt, en fait tous les

---

(1) Mgr Couperie et Mgr Hilléreau.
(2) Mgr Perrocheau et Mgr Chauveau.
(3) NN. SS. Guichard, Cousin, Gendreau et F. Simon
(4) *Dixi... prædicavi satis* (S. Aug.)

frais ; il veut l'enseignement *pour tous*, mais en respectant la liberté des familles ; il le veut surtout profondément *catholique*, donné par des religieux ou par de vrais chrétiens : c'est un initiateur, on le retrouve à l'origine de toutes les œuvres : c'est le Vincent de Paul de l'Ouest.

A ses missionnaires il avait uni des Frères dont les uns s'occuperaient de travaux manuels et les autres enseigneraient les enfants, témoin les écoles qu'avec une rare compétence il créa, organisa, surveilla dans la ville de la Rochelle. Aussi des Frères du Saint-Esprit ont-ils fait la classe aux enfants de Saint-Laurent, jusqu'à la Révolution Française.

De l'arbre planté par Montfort, le R. P. Deshayes, l'un de ses successeurs, a détaché un rameau qui est aussi devenu un arbre magnifique : l'Institut des Frères de l'Instruction chrétienne de Saint-Gabriel.

Votre institut, mes chers Frères, est donc une pensée du Bienheureux de Montfort, réalisée par le P. Deshayes. « N'est-ce pas, disait celui-ci, n'est-ce pas l'œuvre du P. de Montfort que je fais, que je développe ? »

Le Bienheureux me semble vous adresser les paroles de saint Paul aux fidèles de Corinthe : « C'est de Dieu seul que vous avez
« tout reçu. Qui sommes-nous ? ses ministres, ses serviteurs.
« C'est moi qui ai planté, c'est un autre qui a arrosé, mais c'est
« Dieu seul qui a donné l'accroissement. Celui qui plante et celui
« qui arrose ne sont qu'une même chose... Chacun recevra sa
« récompense selon son travail. Nous travaillons sous les ordres
« de Dieu, et vous, vous êtes le champ que (par nos mains) Dieu
« cultive, l'édifice que (par nos mains) Dieu construit. Pour moi,
« selon la grâce que j'ai reçue, j'ai jeté les fondements comme un
« sage architecte : un autre a bâti dessus.... (1) ».

Vous pouvez donc, mes chers Frères, et c'est là votre gloire, inscrire hardiment Montfort en tête de votre arbre généalogique. Le P. Deshayes a été votre second fondateur : cela suffit à sa gloire, aussi bien qu'à votre piété filiale. Sainte Thérèse n'est-elle pas aussi illustre pour avoir été la réformatrice du Carmel que si elle en eût été la première fondatrice ? Si le P. Deshayes a été

---

(1) Cor. III. 5-10.

aussi pour vous un Père, Montfort reste pour vous l'ancêtre, le patriarche, semblable à ces ancêtres qui sont la tige des grandes familles historiques et dont la gloire est le patrimoine commun de leur descendance : ou mieux encore, semblable à ces anciens patriarches de la Bible ou aux patriarches des ordres religieux du moyen-âge. Ainsi le peuple israélite se glorifiait-il à bon droit d'être issu d'Abraham, d'Isaac et de Jacob, sans qu'aucun de ces trois noms diminuât l'éclat des deux autres ; ainsi les diverses branches de la famille franciscaine s'honorent toutes également de remonter au séraphique patriarche d'Assise.

Montfort et Deshayes ! Dieu sait dans quelle mesure ils ont travaillé et quelle est la part de chacun : ce qui ne diminue en rien leur mérite et votre gratitude. Tous deux unissent leurs mains pour vous bénir ; ils n'ont qu'une même prière pour vous protéger, qu'un seul cœur pour vous aimer.

Dussé-je me répéter un peu (1), je dois consigner ici quelques noms et quelques dates, sans lesquels ce discours serait par trop incomplet. C'est un coup d'œil rapide sur votre histoire, car Saint-Gabriel a déjà une histoire.

Le P. Deshayes groupa autour de lui des hommes de foi et de dévouement, parmi lesquels vos deux premiers supérieurs généraux : le très cher Frère Augustin, d'une mâle et austère vertu, d'une franchise toute *bretonne* (2) ; le très cher Frère Siméon qui réunissait à la *douceur angevine* (3), la vertu la plus attrayante. Au jour de ses obsèques on a pu se demander si Dieu, quelque jour, ne glorifierait point aussi son tombeau ?...

Ces deux noms rappellent le beau jour du 24 septembre 1874, où, dans cette chapelle, nous avons célébré avec tant d'enthousiasme, il vous en souvient, mes chers Frères, leur *cinquantaine de profession religieuse* en même temps que le jubilé semi-

---

(1) Voir la *Notice sur le T. Ch. F. Siméon* publiée par M. l'abbé Simon.

(2) Né le 16 août 1795, à Baden (Morbihan).

(3) Né à Saint-Martin-de-Beaupréau (Maine-et-Loire), le 23 mai 1806.

On connaît le sonnet de Du Bellay, né à Liré en Anjou :

> Plus que le marbre dur, me plaît l'ardoise fine ;
>
> . . . . . . . . . . . . . . . . . . . .
>
> Et plus que l'air marin la *douceur angevine.*
>
> Du Bellay.

séculaire de votre congrégation : fête du respect et de l'autorité, fête tout improvisée et d'autant plus touchante !

Comme dans toutes les œuvres de Dieu, vos commencements furent peut-être humbles, pénibles et obscurs. C'était Bethléem avec ses privations et sa pauvreté, mais aussi Bethléem avec ses grâces et ses mérites.

Sous le très cher Frère Eugène-Marie, homme d'action résolue et de parole facile, unissant aux vertus de son état un entrain méridional, la congrégation prit de nouveaux développements.

Le 25 novembre 1864, avec une bonté touchante, Pie IX le bénissait, plaçait, laissait reposer sa main sur la tête de votre supérieur, comme pour prendre officiellement possession de votre Congrégation, au nom de la sainte Église.

Naguère (1), au soir de la Béatification, en recevant le pèlerinage Vendéen, Léon XIII vous bénissait aussi, mon Très Cher Frère, vous et vos chers Frères Assistants (2), avec quelle affectueuse et paternelle tendresse ! Tant de bénédictions doivent porter bonheur ! Aussi bien l'héritage des trois supérieurs que je viens de nommer ne pouvait être remis à des mains plus religieuses, plus sages, plus dévouées que les vôtres.

Certes, nous n'ignorons pas les tristesses et les craintes de l'heure présente, mais que de raisons d'espérer ! J'en atteste ces vingt-deux Evêques qui s'applaudissent de posséder dans leurs diocèses des maisons de votre Institut ; ces deux écoles d'aveugles qui proclament avec éloquence votre dévoûment à l'infortune sous toutes ses formes ; ces huit écoles de sourds-muets où vous avez créé des méthodes spéciales, où des succès exceptionnels vous ont conquis de vives et universelles sympathies, une considération méritée, en même temps que plusieurs de vos frères, qui ne cherchent que l'oubli du monde et le regard de Dieu, n'ont pu se soustraire complètement à une certaine célébrité (3).

J'en atteste vos florissants pensionnats, toujours chers à vos élèves d'hier comme à ceux d'aujourd'hui. Au pensionnat de Saint-Gabriel, nous étions bien peu nombreux, il y a près d'un demi-siècle. Placé

---

(1) Le 22 janvier 1888.

(2) Le Très Cher Frère Hubert, supérieur général : les Chers Frères Fortuné, Narcisse et Georges, assistants généraux.

(3) Les Chers Frères Anselme, Louis, Bernard, etc.

aux confins de quatre diocèses, justement apprécié des familles
chrétiennes, vous voyez s'il est devenu prospère, vous savez combien de prêtres il a donné à l'Eglise, — et à la société, combien de
vaillants chrétiens, d'hommes utiles dans l'agriculture, le commerce
et l'industrie, aussi bien que dans les professions libérales ou dans
l'armée. Jeunes élèves, conservez toujours avec un soin jaloux les
principes que vous recevez ici, et regardez comme le bonheur,
comme l'honneur de votre vie, d'avoir passé par le pensionnat de
Saint-Gabriel.

J'en atteste vos succès de tous les jours dans plus de cent écoles
primaires, principal théâtre où se déploie votre *Apostolat*. Si ce
mot vous étonne, écoutez le Cardinal Pie, parlant à des religieuses enseignantes : ses paroles s'adressent à vous pareillement :

« Elle enseigne.... C'est une œuvre spirituelle qu'elle accom-
« plit, un *sacerdoce participé* qu'elle exerce.

« Vous me direz : et qu'a donc de surnaturel et de religieux
« l'enseignement de l'alphabet, l'enseignement des premiers rudi-
« ments de la lecture et de l'écriture ? Je vous réponds qu'en ces
« choses, comme en beaucoup d'autres, la fin surnaturelle surna-
« turalise les moyens. Ne voyez-vous pas que, sous l'écorce des
« lettres et des syllabes, c'est le Verbe de Dieu apparu en ce
« monde, c'est Jésus, le Sauveur et le Rédempteur de la terre que
« ces épouses du Christ s'appliquent à faire entrer dans l'âme de
« ces enfants ? Ne voyez-vous pas qu'en chacun de ces petits, c'est
« la personne même de Jésus, qui s'offre à leur foi ?.... (1) »

Après l'éminent Cardinal, écoutons la doctrine de Saint-Thomas,
établissant que dans l'Eglise nul genre de vie, pas même la vie
contemplative, n'est supérieur à la vie apostolique :

« La vie active, quand par la prédication et l'enseignement on
« communique, on livre au prochain le fruit de sa contemplation,
« est plus parfaite que la vie qui est seulement contemplative...
« aussi Jésus-Christ a-t-il choisi cette vie (2) ».

---

(1) Œuvres du Cardinal Pie, t. v. p. 365-6.
(2) *Vita contemplativa simpliciter melior est vita activa quæ occupatur
circa corporales actus:* sed vita activa secundum quam aliquis prædicando
et docendo contemplata aliis tradit, est perfectior quam vita quæ solùm est
contemplativa.... *Et ideo Christus talem vitam elegit.* (III. XL. a. 1.)

Et ailleurs l'ange de l'Ecole n'est pas moins explicite : (1)

« S'il est plus beau d'illuminer, de communiquer la lumière que
« de briller uniquement, il l'est plus aussi de transmettre le fruit
« de sa contemplation que de se borner à la contemplation seule.
« Par conséquent les ordres religieux qui ont pour objet l'ensei-
« gnement et la prédication, tiennent le premier rang, le rang le
« plus élevé : ils se rapprochent de très près de la perfection de
« l'ordre Episcopal. Les ordres qui se livrent seulement à la con-
« templation viennent après eux, au second rang.... »

Enseigner, prêcher, n'est-ce pas donner Jésus aux âmes? N'est-
ce pas « devenir le coopérateur de Dieu dans le salut des âmes?
« Magnifique prérogative, dit à son tour Saint-Denis l'Aréopagite;
« dignité angélique ou plutôt divine! (2) »

Nulle mission plus difficile et plus méritoire, nulle mission plus
sublime et plus délicate que celle d'*élever* la jeunesse, l'élever au-
dessus d'elle-même, de ce qui est bas ou vulgaire, l'élever jusqu'à
Dieu : c'est un *Excelsior*, un *Sursum corda* perpétuel.

Certes, on admire à juste titre le sculpteur dont le ciseau habile
sait dégager du marbre une superbe statue ; le peintre dont le
pinceau délicat fait passer un portrait sur la toile : mais combien
supérieur à ces artistes est le maître qui modère et instruit la jeunesse, forme et règle les mœurs, le cœur et l'intelligence ; le
maître qui prépare et travaille non pas des statues inanimées ou
des tableaux sans vie, mais des hommes, des chrétiens, de futurs
élus, de vivantes images du Christ (3) !

Jésus-Christ l'a dit : « Quiconque reçoit un de ces petits, me
« reçoit moi-même : *Qui susceperit unum parvulum talem, me
« suscipit (4. Ce que vous aurez fait au plus humble de mes*

---

(1) ... *Sicut majus est illuminare quam lucere solum, ita majus est
contemplata aliis tradere quam solùm contemplari... Sic ergo summum
gradum in religionibus tenent quæ ordinantur ad docendum et prædican-
dum, quæ et propinquissimæ sunt perfectioni Episcoporum. Secundum
autem gradum tenent illæ quæ ordinantur ad contemplationem. Tertius
est earum quæ occupantur circa exteriores actiones.* (2a 2æ q. CLXXXVIII a. 6.)

(2) *Ingens hæc, angelica, imo divina est dignitas, Dei cooperatorem fieri
in conversione animarum...* (S. Dyon. Areop. de Eccles. Hierarch. c. III).

(3) *Quid majus quam.. adolescentulorum fingere mores? Omni certe
pictore, omni certe statuario ceterisque hujusmodi omnibus excellentiorem
hunc duco, qui juvenum animos fingere non ignoret* (S. JOAN. CRYS. in.
cap. 18 MATT. HOM. 60.)

(4) MATT. XVIII. 5.

« *disciples, au dernier de ces enfants, c'est à moi que vous*
« *l'avez fait : mihi fecistis* (1). »

A la lumière de ces textes divins, comme elle est belle, l'instruction chrétienne, œuvre de patience et d'autorité ! surtout œuvre de respect : respect filial de l'enfant pour le maître ; respect religieux du maître pour l'enfant, car à travers les faiblesses et les imperfections du jeune âge, il aperçoit Jésus lui-même : *mihi fecistis.*

Pénétrés de cette pensée, mes chers frères, vous, religieux enseignants, vous avez toutes les tendresses du père, tous les dévouements du prêtre : tendresse sérieuse et ferme, dévouement surnaturel et réfléchi. Il ne s'agit pas de former des enfants gâtés, des idoles : quand on fait des idoles, Dieu les brise ! Ne faut-il pas de nos jours plus que jamais tremper des âmes viriles et chrétiennes, les armer pour les luttes de la vie, faire des hommes qui mettent le devoir avant tout ? Le devoir est parfois austère, en est-il moins sacré ?

Certes, l'enfance est aimable et sympathique ; c'est l'avenir, c'est le printemps de la vie, elle est belle comme l'espérance.

Mais surtout l'enfant, c'est une âme ! Or Dieu et les âmes ! Il n'y a que cela de grand et de beau. L'enfant, c'est Jésus : *mihi fecistis.*

Aussi Léon XIII a-t-il couronné toutes les écoles chrétiennes, en inscrivant avec Montfort, au catalogue des bienheureux, Jean-Baptiste de la Salle, dont les enfants sont vos émules, vos amis et vos frères.

Soyez donc bénis, Frères de Saint Gabriel, vous à qui tant de milliers d'enfants doivent ou devront le bonheur relatif d'ici-bas, qui n'est jamais qu'un bonheur en espérance (2), et surtout le bonheur vrai du ciel ! Ici des chiffres auraient leur éloquence.... Dieu a compté vos sueurs, vos pas et vos démarches, vos abnégations et vos sacrifices : Dieu est assez riche, assez magnifique pour vous récompenser de tout.

Du nord au midi, de Lille jusqu'à Saorges et Fréjus, continuez à vous montrer les hommes du peuple et les hommes de Dieu. Ce n'est pas assez : dilatez vos tentes (3), agrandissez la sphère de

---

(1) MATT. xxv. 40.
(2) *Spe beati sumus.*
(3) *Dilata locum tentorii tui et pelles tabernaculorum tuorum extende, ne parcas ; longos fac funiculos tuos et clavos tuos consolida.* (IS. LIV. 2.)

votre Apostolat : partez vous aussi pour cette terre si catholique et si française du Canada où d'autres enfants de Montfort vous ont précédés. Ainsi le Bienheureux prend possession de ce nouveau monde qu'il avait soif d'évangéliser, quand la main du Pontife suprême assigna la France pour théâtre à sa sainte activité. Ce qu'il n'a pu faire lui-même, il le fera au centuple, et d'une manière permanente, par sa descendance spirituelle : quand Dieu paraît se refuser à nos prières, il les exauce d'une manière éminente et plus sublime, et souvent en réalisant nos désirs, il dépasse nos espérances aussi bien que nos mérites (1).

Mais, direz-vous, les Frères qui sont appliqués aux travaux manuels seront-ils exclus des mérites, des grâces, des récompenses de l'Apostolat ?

Non certainement. Leur utile et précieux concours permet, rend possible l'Apostolat de leurs Frères ; membres d'une Congrégation enseignante, ils y ont leur place, un rôle modeste mais nécessaire au fonctionnement de l'œuvre et au bien général. Paul qui gardait les vêtements lapidait saint Etienne par les mains de tous (2). Ainsi dégageant vos frères des soucis et des soins temporels, vous leur facilitez l'accomplissement de leur mission et vous enseignez avec eux et par eux.

« Celui qui reçoit le Prophète, celui-là, dit Jésus-Christ, aura la « récompense du Prophète (3). » Auxiliaires de leur Apostolat, vous avez droit à la même récompense.

Tous, mes Chers Frères, estimez-vous trois fois heureux : heureux d'être des Religieux, — d'être Religieux enseignants, d'être Enfants de Montfort.

Il me semble, au milieu de ces solennités, entendre une voix du ciel, celle de Montfort, dire à toutes les Congrégations qu'il a fondées :

« Ecoutez-moi, ô germes divins, portez des fleurs et des fruits « comme le lis, comme des rosiers plantés sur le bord des eaux. « Répandez une agréable odeur comme l'encens. Bénissez le « Seigneur dans ses ouvrages. Relevez son nom par de magnifi-

---

(1) *Deus qui supplicum merita excedis et vota* .. (S. Liturg.)

(2) *In manibus omnium erat.* (S. Aug.)

(3) *Qui recipit Prophetam in nomine Prophetæ, mercedem prophetæ accipiet.* (Matt. x, 41.)

« ques éloges, louez-le par vos paroles, par le chant de vos canti-
« ques, par le son de vos instruments harmonieux, et dites-lui,
« dans les bénédictions que vous lui donnerez : « Les ouvrages du
« Seigneur sont tous souverainement bons (1), » ceux qu'il opère
« par lui-même et ceux qu'il opère par ses saints.

Ces paroles des saints Livres ne semblent-elles pas écrites pour les fêtes dont nous sommes les témoins attendris? Puissent-elles ces fêtes, devenir le signal d'un renouvellement dans la foi, pour toutes nos contrées! d'une ère nouvelle de prospérité et d'accroissement pour toutes les œuvres de Montfort! Puisse de plus en plus son esprit se répandre partout, comme un parfum d'édification et de piété! Tout respire ici la ferveur, la sainte allégresse : tout est plein de Montfort et de ses louanges ou plutôt, puisque c'est Dieu que nous hono-rons dans ses saints, tout est plein de Dieu même : *ut impleret omnia* (2).

Pères de la Compagnie de Marie, Filles de la Sagesse, Frères de Saint-Gabriel, quelle couronne d'honneur formeront au ciel, autour de votre bienheureux Fondateur, vos saintes et nombreuses phalanges! Ici-bas, quel éclat vous faites rejaillir sur son nom! De quelle pure et brillante auréole vous entourez son image! Que dis-je? vous êtes une gloire pour ce diocèse, pour la France, pour l'Eglise, et l'indifférent lui-même à votre aspect ne peut retenir ce cri : « Que vos pavillons sont beaux, ô Jacob! Que vos tentes sont ravissantes, ô Israel! » (3).

Un architecte de génie voulut être enterré sous les voûtes du temple qu'il avait bâti (4) : mais au milieu des nombreux mauso-lées qui en peuplent l'enceinte, pour lui point de mausolée, point de tombe : une simple dalle recouvre ses restes: on y lit ces paroles : *Si monumentum requiris, circumspice !* son tombeau! son mo-nument? si vous le cherchez, levez les yeux autour de vous; il est partout ici : c'est cet édifice même qu'il a construit.

De même, pour notre Bienheureux, quelque *glorieux* que soit son *sépulcre* (5) par le concours des peuples et les grâces obte-

---

(1) Eccli. xxxix, 17-21.
(2) Ephes. iv, 10.
(3) *Quàm pulcra tabernacula tua, Jacob! et tentoria tua, Israel!* (Num, xxiv, 5.)
(4) Christophe Wren, à Saint Paul de Londres.
(5) *Et erit sepulcrum ejus gloriosum.* (Is. xi, 10.)

nues, si vous me demandez où est son vrai monument, je vous répondrai : jetez les yeux autour de vous, c'est cette terre bénie de Saint-Laurent, c'est tout ce que vous y pouvez contempler : *Si monumentum requiris, circumspice.*

Considérez ces grandes œuvres :

*La Sagesse* (1), avec ses admirables Religieuses, armée innombrable du dévouement et de la charité ; la Sagesse, avec sa merveilleuse chapelle qui vient d'être consacrée à Jésus-Christ, *Sagesse éternelle*, comme le fut autrefois *Sainte Sophie* de Constantinople (2), chapelle aux élégantes proportions, aux vitraux splendides, qui en font une *sainte chapelle*, plus vaste que celle de *Saint-Louis*, et comme une vision du ciel sur la terre (3) ;

*Le Saint-Esprit* (4), aux bâtiments d'un caractère sévère et monastique (5), d'où partent et où reviennent sans cesse d'intrépides missionnaires, dignes fils de Montfort, et où travaillent sous l'œil de Dieu, des frères utiles et dévoués ;

*Saint-Gabriel* (6), avec sa légion de pieux instituteurs et son excellent pensionnat ; avec sa chapelle, encore tout embaumée des grâces de la consécration (7), toute parfumée de l'huile sainte que la main du Pontife vient de faire ruisseler sur ses murs ; cette chapelle où la plupart d'entre vous, mes Chers Frères, ont fait le serment d'être à Dieu pour toujours, de rester à jamais les *heureux captifs de Jésus-Christ* (8) ;

Cette paroisse de Saint-Laurent, gracieusement assise sur les bords enchantés de la Sèvre, mais qui tire son renom et sa prospérité du Bienheureux et de ses œuvres ; cette église paroissiale, où il a prêché pour la dernière fois, et qui doit être remplacée par

---

(1-4-6). *La Sagesse, — Le Saint-Esprit, — Saint-Gabriel :* c'est ainsi qu'on appelle, à Saint-Laurent-sur-Sèvre, les trois maisons-mères, les chefs-lieux des trois Congrégations.

(2) Cette magnifique chapelle a été consacrée, le vendredi 1ᵉʳ juin 1888, par Mgr Catteau, évêque de Luçon, et dédiée à Notre-Seigneur Jésus-Christ, *Sagesse Eternelle*. Cette consécration a ouvert la série des fêtes de Saint-Laurent. On sait que *Sophia* en grec, signifie *Sagesse :* d'où le nom de *Sainte-Sophie* donnée à l'église bâtie par Constantin et, selon son désir, consacrée au Sauveur sous ce titre.

(3) *Beata pacis visio.* (Office de la Dédicace.)

(5) C'est en 1788 (il y a juste un siècle) que fut construit par le R. P. Besnard, 4ᵉ supérieur général, le bâtiment dit *du Saint-Esprit*.

(7) Mgr Catteau a consacré cette chapelle, le samedi 2 juin 1888.

(8) *Ego Paulus, vinctus Christi Jesu...* (Ephes. iii, 1.)

une nouvelle église, plus grandiose et plus vaste, j'allais dire par la *Basilique du Bienheureux de Montfort*, comme un rendez-vous offert aux plus nombreux, aux plus lointains pèlerinages ;

*Saint-Michel* (2), avec ses retraites renommées et fidèlement suivies ;

Ce *Calvaire*, dont l'heureuse situation se prête si bien à ces cérémonies incomparables et qui est aujourd'hui le Thabor du Bienheureux comme jadis le Calvaire de Pontchâteau fut son Golgotha ;

Ce Calvaire d'où partira et où reviendra demain la procession magnifique qui doit clore ces fêtes, à laquelle prendront part des milliers de pèlerins, des centaines de prêtres, tant de vénérables Pontifes, et que doit présider un Prince du Sacré-Collège, l'éminent archevêque du diocèse natal de Montfort (3).

Tout cela, quel spectacle pour les yeux ? quel enchantement pour les âmes ! tout cela, c'est le *monument*, c'est le triomphe de Montfort ! *Si monumentum requiris, circumspice !*

C'est ainsi, ô mon Dieu, que vous exaltez vos serviteurs et vos amis ! parce qu'ils ont bu de l'eau du torrent des tribulations, vous couronnez leur tête d'un diadème d'honneur : vous les tirez de la poussière pour les faire asseoir au rang de vos élus. Les rois de la terre n'excitent pas ces transports ; ah ! c'est que les saints, partageant la royauté de Jésus-Christ, sont les princes, les rois de l'éternité.

Puissent bientôt être décernés à Montfort les honneurs de la canonisation, et ceux de la béatification au vénérable P. Baudouin, aussi l'une des gloires de ce diocèse ! Et puisse notre évêque vénéré prendre aux fêtes d'alors la part qu'il prend aux fêtes d'aujourd'hui !

Pourquoi finir, fêtes si nobles et si touchantes, si chères à nos cœurs fidèles et reconnaissants ? Du moins, l'oubli n'est pas à craindre sur cette terre de la Vendée qui ne peut plus le porter, et dans bien des années, jeunes novices et chers élèves du pensionnat, ceux d'entre vous à qui Dieu réserve une plus longue carrière, seront fiers de répéter : « *J'étais aux fêtes du Bienheureux*

---

(2) *Saint-Michel* est le nom de la maison de Retraites.

(3) Son Eminence le Cardinal Place, archevêque de Rennes. Quinze archevêques et évêques assistaient à ce *Triduum*.

*de Montfort !* » Vous en ferez le récit, avidement écouté autour de vous, et vous en perpétuerez ainsi les salutaires leçons.

Et puis ces fêtes vont avoir un écho prolongé, partout où il y a des Pères de la Compagnie de Marie, des Filles de la Sagesse, des Frères de Saint-Gabriel.

Elles mêmes sont un écho des Fêtes de Rome, un écho de la grande voix de Léon XIII, et en même temps, elles nous donnent l'avant-goût, elles sont pour nous les prémices et comme les *Premières vêpres* des solennités du ciel, où puissions-nous tous, avec le Bienheureux de Montfort, voir, aimer et célébrer Jésus et Marie dans les siècles des siècles ! Ainsi soit-il.

# DISCOURS

PRONONCÉ

# PAR LE R. P. NAULEAU

de la Compagnie de Jésus


## dans la chapelle des Frères de Saint-Gabriel

A SAINT-LAURENT-SUR-SÈVRE

le premier jour du Triduum

CÉLÉBRÉ POUR LA BÉATIFICATION

de

## LOUIS - MARIE GRIGNON DE MONTFORT

4 JUIN 1888

---

*Eruditus es in juventute tua, et impletus es quasi flumen sapientia.*

Dès le jeune âge, vous avez été instruit, à remplir votre cœur de la divine sagesse, et elle en a coulé plus tard comme un fleuve opulent.

(Eccli. xlvii, 15-16.)

Mes chers Frères,

Quel souffle inaccoutumé a donc tout-à-coup passé sur notre Vendée ? Hier, toutes les cloches de toutes ses paroisses, depuis Saint-Philbert-de-Bouaine jusqu'à Saint-Michel-en-l'Herm, depuis Noirmoutier jusqu'à Saint-Pierre-du-Chemin, jetaient dans les airs leurs joyeuses volées, et ses chrétiennes populations se levaient pour venir vers une bourgade délicieusement assise sur les bords de la Sèvre.

Et ce n'est pas seulement la Vendée, mais tout le Poitou, mais aussi la Bretagne, mais l'Aunis, mais la France entière qui a tressailli ; et tandis que nos laboureurs quittent leurs champs, nos ouvriers leurs ateliers, les hommes d'affaires leurs bureaux, le pauvre sa chaumière, le riche son château..., les Pasteurs du peuple chrétion, les Princes de l'Eglise interrompent les fonctions de leur ministère sacré pour venir eux aussi à Saint-Laurent !. . Ils viennent de toutes les parties de la France, ils viennent même des îles lointaines qui sont au-delà des mers !...

Pourquoi donc aujourd'hui tout ce concours en l'humble et paisible bourgade ? Pourquoi tant de magnificences y sont-elles déployées ?... Ah ! c'est que Saint-Laurent-sur-Sèvre a l'insigne fortune de posséder le glorieux tombeau de ce grand Apôtre que le Vicaire de Jésus-Christ vient de montrer à l'Eglise catholique, portant au front le nimbe des Bienheureux.

Lorsqu'est tombé le voile qui dérobait à nos yeux cette vision du ciel, des applaudissements ont retenti dans toute la chrétienté... Mais qui donc plus que nous devait se réjouir ? nous, les descendants de ceux qu'a évangélisés, et convertis, et sanctifiés le saint Missionnaire ? nous qui avons reçu en héritage la foi robuste qu'il a, au prix de ses sueurs, et de ses larmes, et de son sang, et de sa vie, implanté dans nos contrées de l'Ouest, et pour laquelle, à quatre vingts ans de là, nos pères ont versé à flots leur sang généreux ? nous enfin qui tant de fois, dans notre enfance, au foyer domestique, avons, avec notre mère, récité le Rosaire du Père de Montfort, et chanté ses pieux cantiques !

Oh ! oui, ce jour est un grand jour pour nous, enfants de la Vendée !... jour d'allégresse, jour de grâces !... La mémoire en vivra jusqu'à la fin des temps dans notre cœur avec la reconnaissance pour l'évêque vénéré qui l'a fait luire enfin pour nous. « Si Montfort et Vendée sont deux noms qui s'appellent et reste-« ront à jamais inséparables (1) », deux souvenirs aussi s'appelleront désormais et resteront à jamais inséparables dans le cœur des Vendéens ; le souvenir de la Béatification de notre bon Père de Montfort et celui de l'éminent prélat qui, en achevant l'œuvre commencée par ses prédécesseurs, nous a procuré ce bonheur tant désiré.

D'autres voix plus éloquentes que la mienne vous rappelleront, mes chers Frères, les œuvres du Missionnaire incomparable, du grand Thaumaturge, du sage Fondateur dont nous célébrons

---

(1) Lettre pastorale de Mgr de Luçon pour annoncer le *Triduum* solennel en l'honneur du B. L.-M. Grignon de Montfort.

aujourd'hui la Béatification. Pour moi, au premier jour de ces fêtes, je veux rechercher avec vous les causes qui ont le plus contribué à la formation et à la fécondité de cette vie si sainte et si apostolique. Ces pensées m'ont paru tout particulièrement intéressantes à développer devant ceux des enfants de notre Bienheureux qui ont reçu, comme part spéciale de son héritage, son zèle pour l'éducation chrétienne de l'enfance et de la jeunesse, et devant leurs élèves.

Il me semble voir une source limpide, sortant du rocher ; peu à peu elle creuse son lit et devient un beau fleuve, dont les eaux vont réjouir, transformer, vivifier, merveilleusement fertiliser les campages qu'elles parcourent. Je vous convie à considérer d'abord comment cette source se forme et s'emplit, puis comment, dans tout leur cours, ses flots conservent leur abondance et leur fécondité. *Eruditus es in juventute tua, et impletus es quasi flumen sapientia.*

O Marie, aidez-moi à parler de celui qui toujours et partout a si bien parlé de vous; aidez-moi à faire connaître, honorer, aimer davantage encore, s'il est possible, celui qui, durant toute sa vie, a tant travaillé à vous faire connaître, aimer et honorer, afin de conduire par vous les âmes à la connaissance et à l'amour et au service de Jésus, votre divin fils.

I

Parmi les âmes que Dieu a prédestinées pour être un jour exclusivement consacrées à son divin service, il en est qu'il s'attache dès leurs plus jeunes années. A d'autres, au contraire, ce n'est que plus tard, après l'adolescence, dans l'âge mûr, qu'il fait entendre sa voix. En attendant ce jour de grâce, son regard les suit miséricordieusement le long des sentiers de la vie, où peut-être même tristement elles s'égarent.

Le Bienheureux Grignon de Montfort, lui, fut à Dieu dès sa première enfance, comme les Louis de Gonzague, comme les Stanislas Kostka. Son cœur dès lors s'est dirigé et fixé, pour ne s'en détourner jamais, vers Celui qui est le foyer infini de tout bien, de toute perfection, de toute vie. Semblable à cette fleur qui, dès l'aurore, dirige vers le soleil son calice qu'elle vient d'ouvrir, et le suit dans tout son cours, et se remplit de sa chaleur vivifiante, et se pare de reflets triés dans ses rayons, et embaume de son propre parfum toute l'atmosphère qui l'environne.

Voyez ce pieux enfant, cherchant de petites retraites pour y rester des heures entières à prier ; l'ange de la terre ne se lasse point de s'entretenir avec le Dieu qui fait la beauté des anges du ciel, leur bonheur et leur vie, et il revient de ces entretiens célestes l'âme toujours plus belle, plus angélique, plus divine.

Le petit Louis se plaît surtout aux pieds de l'image de Marie, sa bonne Mère. Avec quelle effusion de cœur il lui dit son amour !... C'est un fait, ces jeunes âmes qui grandissent en gardant immaculée la candeur de leur baptême, ont pour la très sainte Vierge, comme par une sorte d'instinct, une vive et tendre affection ; et de son côté, la divine Mère de Jésus les enveloppe de sa tendresse maternelle. Plus d'une fois même, elle leur en a donné des témoignages sensibles. Ne remit-elle pas un jour son divin Fils entre les bras de saint Stanislas Kostka pour que ce saint enfant pût le contempler, l'embrasser ?... Ne l'amenait-t-elle pas comme compagnon de ses jeux au Bienheureux Joseph Hermann ?.. Ne daigna-t-elle pas se montrer un jour au petit Alphonse Rodriguez, et lui donner l'assurance que sa tendresse pour lui surpassait incomparablement tout ce qu'il pourrait lui-même avoir pour elle ?... Scènes délicieuses entre ces angéliques enfants et leur Mère du ciel !

Le jeune Louis de Montfort jouit-il de quelque semblable faveur ? .. Plus tard, au cours de sa vie de Missionnaire, on a vu maintes fois la sainte Vierge, sous la figure d'une grande et belle dame, converser avec lui, ainsi qu'il est arrivé à la Garnache dans le jardin de la cure, à Roussay dans le jardin de la maison qu'il habitait et dans sa chambre, à Fontenay aussi dans sa chambre, ici même, à Saint-Laurent, durant son action de grâces, dans la sacristie.... Notre Bienheureux eut-il cette faveur insigne dans ses jeunes années ?... Nous ne saurions le dire.

Ce qui du moins est bien attesté, c'est sa piété toute filiale pour sa céleste mère. Ah ! il l'aime tant qu'il voudrait la voir ainsi honorée du monde entier comme lui-même l'aime et l'honore. Que d'industrie n'emploie-t-il pas pour déterminer ceux qui l'entourent, et en particulier sa jeune sœur Louise et ses petites compagnes, à réciter le chapelet !... Prières, supplications, caresses, promesses, flatteries même sont à cet effet prodiguées par le pieux enfant. Et quand il a obtenu ce que son amour pour la sainte Vierge lui faisait tant désirer, combien grande est sa joie ! Il n'a pas à sa disposition assez de petits cadeaux pour témoigner sa reconnaissance !... Il aime tant Marie qu'au jour de sa confirmation il ajoute le nom de cette Mère chérie au nom qu'il reçut à son baptême : à partir de ce jour, il ne s'appelle plus seulement Louis, mais Louis-Marie. La communauté du nom lui semble rendre plus intime la communauté du cœur et de la vie.

Déjà donc, mes chers Frères, vous pouvez reconnaître en cet enfant prédestiné les vertus principales qui, en grandissant, jetteront sur toute sa vie tant d'éclat : une pureté angélique qui ne se ternira point, une union intime avec Dieu dans la prière, la plus tendre dévotion pour la sainte Vierge, un zèle ardent qui s'alimente de sacrifices.

Mais qui donc, ô enfant, vous a, dans un âge si tendre, révélé ces secrets du ciel, leur douceur, leur prix, leur puissance ? Sous quelle bienfaisante influence a fleuri cette grappe précoce : *Efflorescit tanquam præcox uva ?* (1)

Sans doute, mes chers Frères, tant de lumières, tant de perfections dans un enfant sont l'œuvre de la divine grâce. Cette habile ouvrière, comme l'appelle Bossuet, n'a point voulu souffrir ici de retardements ; elle s'est hâtée, et elle a fait tout d'abord l'un de ses plus admirables chefs-d'œuvre. Disons aussi qu'elle trouva dans l'âme de cet enfant une riche nature. Dieu qui le destinait à de si grandes œuvres avait mis en lui les qualités natives nécessaires à l'efficacité de son action : la vivacité de l'intelligence, l'énergie de la volonté, la richesse de l'imagination, les meilleurs trésors du cœur. Louis-Marie ne tarda pas à en donner des preuves au collège de Rennes ; il y remporta tous les premiers prix sur des centaines de concurrents.

Mais si riche que soit le sol créé par Dieu, il a besoin, pour produire des moissons, d'être cultivé et ensemencé. Il faut à l'enfant une éducation qui le mette à même de réaliser les destinées auxquelles Dieu l'appelle. Quels sont pour cette œuvre les auxiliaires de Dieu ? C'est la mère d'abord, ce sont les maîtres ensuite.

La mère ! Oh ! mes Frères, une mère véritablement chrétienne,

---

(1) Eccli. LI, 19.

une mère qui a conscience de sa grande mission, une mère qui voit dans son enfant un enfant de Dieu, et qui consacre ses soins, son dévouement, son amour à le rendre digne de ses ineffables et éternelles destinées, pour l'enfant, quel bienfait du ciel !... L'enfant tient tant de sa mère ! N'est-ce pas de l'âme de sa mère que part le premier rayon qui illumine son intelligence, la première affection qui remplit son cœur ? Et cette première empreinte ne s'effacera jamais ! N'est-ce pas la mère chrétienne qui conserve dans l'âme de son enfant les germes sacrés que le saint baptême y a déposés ? n'est-ce pas elle qui les développe et qui en prépare la fructification ?

O enfants, vous ne saurez jamais tout le prix du don que Dieu vous a fait en vous donnant une mère chrétienne, vous ne lui en aurez jamais assez de reconnaissance !... Au contraire, combien sont à plaindre ceux à qui n'a pas été fait ce bonheur ! Lorsque la mère n'a pas de vertu, n'a pas de foi, l'enfant est presque nécessairement voué à l'impiété et à la corruption. L'enfer le sait bien ; de là son dessein de s'emparer des écoles, surtout des écoles de jeunes filles, afin de corrompre à sa source la vie qui doit un jour passer du cœur de la mère dans le cœur de l'enfant.

Le jeune Louis de Montfort grandit dans la piété et l'innocence, mais c'est sous les yeux et par les soins d'une pieuse mère qu'il grandit ainsi. La jeune mère a su inspirer à son premier-né, dès l'éveil de ses facultés, les sentiments d'un véritable enfant de Dieu. Ces leçons ne sont point perdues. Louis en pénètre son cœur et commence à y former cette source de grâce, de vertu, de sagesse qui coulera un jour comme un beau et grand fleuve pour la régénération de notre pays. *Eruditus es in juventute tua, et impletus es quasi flumen sapientia.*

L'œuvre commencée par la mère, ce sont les maîtres qui la continuent. Louis-Marie va quitter la maison paternelle pour aller suivre dans un collège le cours des études. Temps critique de la vie ! années qu'accompagnent des dangers de plus d'une sorte ! Combien d'enfants ont quitté, beaux de candeur et d'innocence, riches de vertus naissantes, les bras de leur mère, et y reviennent quelque jour l'âme dévastée, souillée, flétrie !... Comment leur est arrivé cet effroyable malheur ?... Le plus souvent par le fait de quelques camarades qui leur ont communiqué le mal dont eux-mêmes étaient atteints. Et la mort est entrée dans ces âmes, et elle y a étouffé la germination de leurs vertus, et elle y a semé la corruption. Oh ! que de larmes versent les anges qui ont le spectacle de ces désolations précoces !...

Et que serait-ce si, aux ruines de la vertu dans le cœur, s'ajoutaient les ruines de la foi dans l'intelligence ? Que serait-ce si, par suite de l'enseignement ou des exemples d'instituteurs, comme hélas ! il s'en trouve, l'enfant de Dieu en venait à blasphémer, à mépriser Dieu, son Créateur et son Père, à ne plus croire en Jésus-Christ son Sauveur ?... Oh ! de tous les crimes qui se peuvent commettre sur la terre, celui de pareils maîtres est bien le plus horrible. Malheur à eux ! c'est Jésus-Christ qui le crie... Ces jeunes âmes que Dieu, dans son amour, avait rendues participantes de sa propre vie et constituées héritières de sa gloire, ces âmes que Jésus-Christ avait rachetées au prix de son sang divin, on leur arrache jusqu'aux racines de la foi, et les voilà préparées, sans défense, pour toutes les souillures, pour toutes les dégradations dans le temps, pour tous les tourments dans l'éternité !!! Malheur à ceux qui devront en répondre au tribunal de la divine justice !

Sans être aussi profondément atteintes, combien d'âmes d'enfants reçoivent des blessures dont elles ne guérissent jamais bien !... Heureuses les âmes préservées ! Heureuses les âmes qui, durant les années de l'adolescence, ne contractent pas de ces habitudes qui laissent après elles de grandes faiblesses, et occasionnent, même après qu'elles ont été vaincues, des luttes souvent terribles, parfois fatales ! Heureuses les âmes en qui la vertu, inspirée par une sage et pieuse mère, est ensuite développée par des maîtres chrétiens !... Pourquoi ne dirais-je pas par des maîtres religieux ? Est-ce donc trop que d'être consacré à Dieu pour faire l'éducation des enfants de Dieu ?

Louis-Marie de Montfort eut ce bonheur d'avoir des Religieux pour éducateurs de sa jeunesse. Son père l'envoya suivre à Rennes les cours du collège que dirigeaient alors les Pères de la Compagnie de Jésus. Là, près de deux mille élèves, tous externes, se réunissaient à l'heure de la classe, au pied des chaires des professeurs, puis, la classe finie, ils reprenaient leur liberté.

Au milieu d'un si grand nombre d'écoliers, dans une ville aux mœurs légères, telle que Rennes était alors, les occasions de dissipation, les tentations, les dangers ne manquaient pas... L'inno-

cence, la piété du jeune homme ne vont-elles point en souffrir ?...
Non, mes Frères ! Elles ne font au contraire que resplendir d'un
éclat toujours plus beau à mesure que se succèdent ces années si fatales pour tant d'autres. Voyez ! le péché, il l'a en horreur ; l'ombre
seule du mal, il la fuit !... Tandis que d'autres courent après les
spectacles, les divertissements profanes, lui ne peut en supporter
la vue. Un jour de mardi-gras, il était à souper chez un de ses
amis ; un homme masqué entre dans la salle ; Louis-Marie se lève
aussitôt pour n'être pas témoin de ce spectacle, et il en exprime
sa peine en versant des larmes

Oh ! qu'il est beau le jeune homme à l'âme pure ! Quel charme céleste rayonne sur son front, dans ses yeux, en toute sa personne !...
Tous les êtres de la création reflètent quelque chose des perfections de Dieu, tous sont à quelque degré des théophanies. Mais de
toutes les manifestations de Dieu dans ce monde visible, la plus belle,
la plus touchante, n'est-ce pas le jeune homme à l'âme virginale ?...
Oui, mieux que l'étoile qui scintille dans les cieux, mieux que la
fleur qui s'épanouit sur la terre, ce jeune homme qui vit comme
un ange dans une chair fragile, me dit Dieu ; il me révèle la beauté
de sa grâce et sa puissance.... Tel nous apparaît Louis-Marie de
Montfort durant ses années de collége.

Et désirez-vous savoir le secret de cette innocence conservée ?...
Sans doute diverses causes y concourent : le soin d'éviter les occasions de péché, de s'abstenir de mauvaises lectures, de fuir les
mauvaises compagnies, de n'avoir que des amis vertueux ; aussi la
docilité à suivre les conseils de ses maîtres ; mais il est une autre
cause sur laquelle je veux arrêter un instant votre attention, c'est
la dévotion de Louis-Marie pour la sainte Vierge.

Cette dévotion qu'il a eue si tendre en son cœur dès sa première
enfance, va grandissant à mesure qu'il comprend mieux la part de
Marie dans l'œuvre de la Rédemption et de la sanctification des
âmes. Dès lors, c'est par Marie qu'il va à Jésus, par elle qu'il reçoit
les grâces de Jésus ; c'est à elle qu'il consacre ses travaux, qu'il
soumet ses doutes, qu'il confie ses joies et ses peines, ses craintes
et ses espérances... Sur le chemin qui conduit de sa demeure au
collège, se trouve la chapelle des Carmes ; il ne se rend point en
classe, il n'en revient point, sans entrer dans cette chapelle pour
s'agenouiller aux pieds de sa Mère du ciel ; souvent il y demeure
un temps considérable, immobile, le visage enflammé, comme en

extase... Oh ! je ne m'étonne point qu'elle soit pure la vie qui s'écoule ainsi sous le regard de Marie ; n'est-ce pas Marie qui, en regardant les âmes, y fait fleurir le lis de la pureté, de même que le soleil, en regardant la terre, y fait épanouir les fleurs qui l'embaument ?...

Lorsque, plus tard, le Père de Montfort viendra au milieu de nos villes et de nos campagnes pour les évangéliser, il se présentera tenant à la main le Rosaire, et pour assurer le succès de ses missions, il prêchera la dévotion du Rosaire, et pour en conserver les fruits, il demandera que l'on demeure fidèle à la sainte pratique du Rosaire. Partout il établira des confréries dévouées à Marie ; partout il relèvera, il restaurera les sanctuaires de Marie ; c'est par Marie qu'il convertira les pécheurs, par Marie qu'il conduira les justes à la perfection ; s'il fonde une Congrégation de Missionnaires, ce sera la Compagnie de Marie ; enfin, il le déclare, le règne de Jésus-Christ ne s'établira sur la terre que par la véritable dévotion à Marie. En un mot, le Père de Montfort sera l'apôtre de Marie, un autre saint Bernard : *nullus Bernardo similior* (1).

Mais voyez comment le jeune élève du collège de Rennes se prépare à remplir un jour cette mission.

Ça été l'une des industries les plus efficaces des Pères de la Compagnie de Jésus, presque dès l'origine de leurs collèges, d'y établir la Congrégation de la sainte Vierge, pour inspirer une piété solide à leurs élèves, pour les préserver des dangers de leur âge et les affermir dans la vertu. Depuis, tous les collèges chrétiens ont adopté cette pratique, et partout les résultats en ont été merveilleux. Au matin de sa vie, le cœur de l'homme trouve tant de charme dans l'amour d'une mère, et la divine Mère des âmes sait si bien nous rendre au centuple l'amour que nous avons pour elle !...

La congrégation de la sainte Vierge, composée de l'élite des élèves, florissait donc au collège de Rennes. Le pieux Louis-Marie ne pouvait pas ne pas désirer ardemment d'y être admis. Dès qu'il est arrivé à la classe où l'on peut avoir cette faveur, il la sollicite, sa conduite, sa piété, ses succès la lui obtiennent sans peine. Quel beau jour pour lui que celui où, agenouillé dans la chapelle

---

(1) Epitaphe du Bienheureux.

de sa Mère bien-aimée, devant son autel illuminé de flambeaux et garni de fleurs qui mêlent leur parfum à celui de l'encens, sous les yeux des congréganistes réunis, en présence de la cour céleste attentive, il prononce l'acte de consécration qu'il a écrit de sa main et signé de son nom ! Avec quelle ferveur, quelle générosité, il s'offre, il se donne, il se consacre, il se dévoue corps et âme et pour toujours, à sa bonne Mère, la Reine du ciel !...

Oui, ô saint jeune homme, donnez-vous, donnez-vous sans réserve à Marie ; c'est elle qui préside aux fontaines du Sauveur, qui en dispense et en dirige les eaux vivifiantes ; elles vous seront plus que jamais largement ouvertes. Puisez-y abondamment, non seulement pour vous, mais pour nous, mais pour une multitude d'âmes qui s'abreuvent à cette heure aux sources empoisonnées de l'erreur et du mal, et auxquelles vous devrez donner les eaux pures de la vérité et de la vertu ; puisez abondamment pour fortifier des générations qui se succèderont jusqu'à la fin des siècles, et qui auront à soutenir contre les ennemis de Dieu et de l'Eglise les luttes les plus terribles. *Eruditus es in juventute tua et impletus es quasi flumen sapientia.*

Cette destinée apostolique à laquelle est appelé son enfant, Marie ne tarde pas à la lui faire connaître. C'est dans la chapelle des Carmes qu'elle la lui révéla, un jour que, selon son habitude, il y était en prière. Révélation si claire, comme il l'avoua lui-même plus tard, qu'elle ne lui laissa aucun doute.

Aussi bien, déjà Louis-Marie n'était-il pas un apôtre ? Les ardeurs de ce zèle qui le feront s'écrier un jour : Au feu ! au feu dans la maison de Dieu ! A l'aide ! à l'aide ! à l'aide de mon frère qui tombe en enfer ! ces ardeurs dévoraient déjà son âme. Apôtre dans sa famille ; par l'influence de ses paroles et de ses exemples, l'un de ses frères et trois de ses sœurs quitteront le monde pour entrer en religion. Apôtre parmi ses condisciples ; plusieurs lui devront leur vocation à l'état ecclésiastique ou à la vie religieuse, et le principe de leur sainteté. Apôtre auprès des pauvres ; savez-vous où ce jeune élève de rhétorique, de philosophie, passe la plus grande partie de ses jours de congé ? dans les hôpitaux, faisant le catéchisme aux infirmes, aux malades, aux incurables, les consolant, leur rendant les plus humbles services.

Ainsi grandissait notre Bienheureux, se formant, s'exerçant, sous la direction des enfants de saint Ignace, aux vertus de son futur apostolat. Dieu, mes Frères, nous mène par la main, et souvent à notre insu, à notre destinée. Pourquoi telle rencontre qui a si grandement influé sur notre avenir ? pourquoi telle circonstance qui a été décisive ? Sur l'heure, nous ne nous en rendions pas compte ; souvent après, nous pouvons y reconnaître une intention toute particulière de la divine providence.

Toute cette formation de la jeunesse du Bienheureux de Montfort n'accuse-t-elle pas le dessein providentiel ? Il a pour confesseur le P. Descartes, l'auteur du livre intitulé : *Le Palais de l'amour de Dieu ;* le Père Descartes, directeur habile autant que pieux, qui sait apprécier l'âme d'élite qui lui est confiée et lui donne tous ses soins. Il a pour directeur de Congrégation le P. Prévôt, dont un condisciple du Bienheureux a écrit : « Je dirais que M. de Grignon a pris de ce bon Père sa dévotion pour la sainte Vierge, s'il ne l'avait pas fait paraître presque dès le berceau. »

Le Père de Montfort aura pour mission spéciale de combattre, de détruire, dans nos provinces, le protestantisme et le jansénisme.

Or, à quelle école se forme sa jeunesse ? A l'école de religieux qui parurent dans le monde pour arrêter les progrès du protestantisme, pour compenser, et au-delà, par leurs conquêtes apostoliques, les pertes qu'il faisait subir à l'Eglise ; de religieux dont l'histoire est, pour une très grande partie, l'histoire de leurs luttes contre les sectateurs de Luther, de Calvin et de Jansénius.

Le P. de Montfort n'aura jamais en vue que la gloire de Dieu et le salut des âmes ; « Dieu seul ! » ce mot restera comme son cri de guerre. Mais n'avait-il pas lu, sur la bannière de ses maîtres, cette devise de Saint Ignace, leur Père : *Ad Majorem Dei Gloriam ;* A la plus grande gloire de Dieu ?

Le P. de Montfort aimera à écrire en tête de ses lettres : « *Le pur amour de Dieu règne dans nos cœurs.* » Mais ces paroles ne rappellent-elles pas l'offrande du *Livre des Exercices :* O Dieu, je vous donne tout, je vous livre tout, tout ce que j'ai et tout ce que je suis. Accordez-moi seulement *votre amour* avec votre grâce ; je ne demande rien de plus.

Le P. de Montfort fondera la Compagnie de Marie ; ce nom que le saint Fondateur choisit pour sa société ne nous fait-il pas souvenir qu'il fut lui-même l'*Elève de la Compagnie de Jésus ?*

Enfin un dernier trait pour n'en point citer d'autres. Le saint Missionnaire aura besoin d'une patience héroïque pour supporter les injures, les humiliations, les affronts. Ici encore, Dieu prend soin de placer d'avance sous ses yeux un maître et un modèle ; c'est le Père Gilbert, son régent de Rhétorique. Savant dans l'art de souffrir et de se taire, dit un Mémoire du temps, ce saint religieux, par son silence, rendait confus ceux qui l'injuriaient. L'élève comprenait l'excellence de la vertu du maître ; le maître reconnaissait, dans l'élève, un privilégié du ciel ; une étroite intimité s'établit entre eux ; l'un se façonna à l'image de l'autre. Combien de fois, dans la suite, le Père de Montfort n'a-t-il pas, par son humilité, couvert de confusion ses insulteurs ?

Ah ! mes chers Enfants, tout-à-l'heure je vous disais : Remerciez Dieu que vous a fait naître d'une mère chrétienne, j'ajoute ici : Remerciez-le aussi de donner à votre jeunesse des instituteurs, des maîtres qui non-seulement n'oublient pas dans leur enseignement que vous êtes baptisés, mais dont la vie, consacrée au service et à la gloire de Dieu, vous est un continuel modèle de vertu. Ce n'est pas sans dessein que Dieu les a choisis pour vous ; n'oubliez jamais ni la doctrine qu'ils vous enseignent, ni les exemples qu'ils vous donnent. *Eruditus es in juventute tua.*

Louis-Marie de Montfort a terminé ses études classiques ; ses talents et son travail lui ont mérité les couronnes les plus enviées ; mais, ce qui vaut infiniment mieux, ses vertus le font, à juste titre, regarder comme un saint par tous ceux de ses condisciples et de ses maîtres qui ont le bonheur de le connaître plus intimement. Le moment est venu pour lui de choisir une carrière. Il n'a pas à hésiter ; Marie lui a montré sa voie, c'est celle qui conduit au sacerdoce.

Allez donc, ô futur apôtre de la Bretagne et du Poitou, sortez de votre famille et de votre terre de Bretagne : *Egredere de terra tua... et de domo patris tui* (1). Allez, tout en continuant de gravir ces mystérieuses ascensions que vous avez disposées dans votre cœur, allez vous instruire en la science du prêtre auprès de ces savants et pieux fils de M. Olier, dont la vocation spéciale est de préparer au sacerdoce et à ses fonctions saintes les élus de Dieu. Et lorsque vous aurez reçu l'onction sacrée, lorsque, chaque matin, vous monterez à l'autel pour offrir à Dieu l'adorable victime et vous l'incorporer et remplir votre cœur de la miséricorde de son

______

(1) Gen, xii. 1.

divin Cœur, vous descendrez vers les pauvres pécheurs ; vous viendrez à Nantes, vous irez à Poitiers ; votre zèle vous porterait au bout du monde ; mais c'est vers nous que vous enverra le Père de la chrétienté. Oh ! oui, venez ! hâtez-vous ! le venin de l'hérésie s'insinue dans nos veines ; des désordres de toutes sortes nous tuent ! Venez et donnez-nous la vérité qui délivre, la vertu qui fait les héros chrétiens et les martyrs de Jésus-Christ, cette vérité et cette vertu dont votre âme ne peut contenir les flots débordants : *Eruditus es in juventute tua, et impletus es quasi flumen sapientia.*

## II

Il viendra, en effet, l'apôtre de Jésus-Christ, et il fera de nos pères ces chrétiens qui sont devenus et qui demeureront à jamais l'admiration du monde entier. Par quels moyens, par quelle puissance accomplira-t-il cette merveille ? C'est ce que je voudrais maintenant essayer de dire. Après avoir considéré la formation de la source, voyons ce qui en a fait jusqu'à la fin l'abondance, la richesse, la fécondité.

Ce ne sont pas seulement quelques âmes, mais des paroisses, mais des provinces que le Bienheureux arrache aux désordres, et il y implante une foi inébranlable, et il y fait croître des vertus héroïques.

Est-ce par la puissance de sa parole ? Certes, elle est puissante, la parole, celle surtout qui porte le Verbe de Dieu comme incarné dans ses syllabes, et qui pénètre jusqu'au fond des cœurs parce qu'elle part du cœur ! Toutefois l'éloquence du grand Missionnaire ne suffirait point à expliquer les triomphes qu'il obtient, les merveilles de conversion qu'il opère partout, ces ossements arides qui revivent, ces cèdres orgueilleux qui s'humilient, ces déserts brûlés qui se couvrent des plus belles fleurs de la vertu.

Est-ce par la puissance de sa prière ? La prière, une prière ardente et continue est nécessaire aux œuvres apostoliques, puisqu'elle est la condition de la grâce divine. Si le Père de Montfort n'eut pas été un homme de prière, s'il ne fut pas demeuré dans des relations continuelles, dans une union intime avec Dieu, il n'eût jamais été le grand convertisseur que nous connaissons. Mais quand il sortait de ces extases dans lesquelles son corps lui-même était

parfois soulevé de terre, l'amour divin se trouvait à l'étroit dans
son cœur et s'en échappait en paroles de feu qui embrasaient les
âmes ; je n'en suis pas surpris !... Mais la prière elle-même a
besoin d'être soutenue ; autrement elle n'a ni cette force ni cette
continuité.

Est-ce par la puissance des miracles ? Dieu n'a point refusé à
l'apostolat du Bienheureux de Montfort cette consécration divine :
La Chézé au diocèse de Saint-Brieuc, Roussay en celui d'Angers,
Saint-Christophe dans le nôtre, et d'autres lieux encore, en ont
conservé d'impérissables souvenirs. Toutefois ces prodiges, qui
souvent restaient inconnus au plus grand nombre des auditeurs du
saint Missionnaire, ne suffiraient point non plus à expliquer les
merveilles opérées par lui dans les âmes.

Cherchons ailleurs le secret, la véritable explication de la puissance et de la fécondité de l'apostolat de notre Bienheureux. Ah !
cette explication, c'est à la folie de la Croix qu'il faut la demander ;
ce secret, c'est le secret du sacrifice.

L'avez-vous remarqué, mes chers Frères, il faut des sacrifices
ou des déchirements pour toute fécondité.

Voyez ! La terre ne se couvre de riches moissons que si le soc
de la charrue a déchiré, labouré son sein, et y a creusé des sillons
profonds. Et le grain que le laboureur y jette ne produit son épi
qu'en périssant lui-même.

L'arbre des vergers ne donne ses meilleurs fruits que si le jar-
dinier ouvre avec le tranchant du fer quelqu'une de ses branches
pour y insérer la greffe choisie qui deviendra féconde.

L'homme de même ne fait rien de beau, de grand, de durable,
qu'en donnant de ses sueurs, de ses larmes et même parfois de
son sang. Que ce soit un monument de l'intelligence ou une
entreprise de l'industrie humaine, regardez-y de près, vous les
trouverez détrempés de sueur, de sang ou de larmes. Et plus
l'œuvre est grande, plus large a été cette effusion.

La mère, elle aussi, ne mérite ce titre si doux, si grand, que par
la douleur. Et durant de longues années, combien cet enfant, à
qui elle a donné le jour, ne coûtera-t-il pas d'angoisses à son âme,
de déchirements à son cœur, de larmes à ses yeux !

Et vous, mes chers Frères, qui recevrez cet enfant pour l'instruire, pour l'élever, pour en faire un homme capable de répondre
aux desseins de Dieu sur lui et pour le temps et pour l'éternité,

vous savez s'il y faudra dépenser des trésors de patience, de fatigue, de dévouement pendant bien des années ! Je n'en suis pas surpris ; ici il ne s'agit plus seulement de la vie physique, ni seulement de la vie intellectuelle, mais de la vie surnaturelle de l'âme... Et c'est de toutes les œuvres la plus grande ! Que de sacrifices et quels sacrifices le Fils de Dieu n'y a-t-il pas mis depuis l'heure de son Incarnation jusqu'à celle de sa mort ! Que de douleurs et quelles douleurs sa très sainte et très douce Mère !

Après cela, l'apôtre, lui, le missionnaire pourrait-il obtenir les âmes, pourrait-il les délivrer de la servitude du démon, les arracher à la mort du péché, sans sacrifices?... Non ! non ! sachons-le bien, nous tous qui sommes appelés à contribuer de quelque manière au développement, à l'affermissement ou à la résurrection de la vie divine en elles, les âmes ne se donnent pas, elles s'achètent !... Elles s'achètent non avec de l'or ou de l'argent, *non corruptibilibus auro vel argento* (1)... ; mais par le dévouement, par le sacrifice, par le sang, le sang du cœur ou le sang des veines, *sed sanguine*. C'est la condition de la fécondité des œuvres apostoliques, le ressort qui fait leur puissance et leur grandeur.

Le Père de Montfort ne l'ignorait pas ; aussi sa vie, qu'est-elle sinon une vie toute crucifiée ?... crucifiée par des austérités, des pénitences volontaires qui nous effraient..., crucifiée par des persécutions incessantes qu'il supporte avec la plus inaltérable, la plus héroïque patience.

Le Serviteur de Dieu commence par faire vœu de ne jamais rien posséder en propre, s'en remettant entièrement à la Providence pour tout ce qui lui sera nécessaire. En conséquence, c'est à pied, sans aucun viatique, sans aucune ressource, qu'il fait toutes ses courses, tous ses voyages, si longs soient ils ; de Rennes à Paris, de Paris à Nantes, à Poitiers, à Rome, de Rome à Poitiers, à Rouen,... et sur tous les chemins de la Bretagne, de l'Anjou, de l'Aunis et du Poitou. Voyez-le vêtu d'une misérable soutane, la tête découverte par respect pour la présence de Dieu, l'image de Marie sur la poitrine, le rosaire à la ceinture, le bréviaire sous le bras, à la main son bâton surmonté du petit crucifix d'ivoire béni par le Pape, et, suspendu à son épaule, un petit sac renfermant sa

---

(1) I Pet. i, 18.

bible, ses cantiques et ses disciplines ; il va ainsi, demandant le long du chemin, pour l'amour de Dieu, le morceau de pain qui lui est nécessaire et le logement. Si on les lui refuse, il bénit Dieu. Quelle que soit la saison, il couche sur la paille dans les écuries, dans les galetas. Plus il est pauvrement traité, plus il est heureux.

Tout ce qui mortifie les sens, il le recherche, il l'embrasse, il le savoure.. Notre délicatesse a horreur de se représenter, elle supporte moins encore d'entendre raconter les mortifications auxquelles il se livre avec les pauvres les plus répugnants par leurs plaies ou par leur malpropreté.

Ses historiens nous le montrent constamment chargé de chaînes qui lui permettent à peine de se courber, et ensanglanté par les disciplines qu'il se donne lui-même ou qu'il oblige ses compagnons à lui donner.

Pourquoi donc toutes ces rigueurs qu'il exerce sur son corps ?... Sans doute pour se vaincre lui-même ; sans doute aussi pour ressembler davantage à son divin Maître crucifié ; n'est-ce pas sous cette inspiration de l'amour qu'il fit usage des instruments de pénitence dès qu'il les connut ? Et ce sentiment n'éclata-t-il pas dans son admirable *Lettre aux Amis de la Croix* ?... Mais pour l'apôtre, il est une autre raison de se crucifier ; ses mortifications sont l'appoint apporté à la Passion du divin Sauveur pour la conversion des âmes qu'il évangélise : *Adimpleo ea quæ desunt passionum Christi, in carne mea* (1).

Le Père de Montfort ne monte en chaire qu'après avoir, par une rigoureuse discipline, imprimé sur son corps les stigmates de Jésus-Christ. Rencontre-t-il quelque difficulté extraordinaire, il redouble, pour la vaincre, ses flagellations sanglantes. Son sang avait déjà parlé des âmes à Dieu lorsque sa bouche s'ouvrait pour parler de Dieu aux âmes !... Le Père de la Tour, de la Compagnie de Jésus, confesseur du Serviteur de Dieu, écrivait, après la mort de son saint pénitent, au sujet de ses mortifications : je ne suis pas surpris des grandes bénédictions que Dieu donnait à son zèle, et des nombreuses et solides conversions qu'il opérait... Et nul de ceux qui savent à quelles conditions s'obtiennent les âmes, n'en sera surpris.

Mais vous, ô habitants de Saint-Laurent, quelles bénédictions

---

(1) Col. i, 24.

privilégiées l'homme de Dieu veut-il donc obtenir pour vous ? Lorsqu'il vient chez vous, depuis Saumur jusqu'ici, il redouble ses pénitences ; il multiplie le long du chemin ses stations sanglantes ; arrivé au milieu de vous, il couvre encore les rochers de vos coteaux du sang qui jaillit sous les coups de sa discipline armée de pointes de fer ? Pourquoi donc ?... Ah ! n'est-ce point qu'ici, au milieu de vous, il va ouvrir une source de grâces qui ne se tarira jamais ? N'est-ce point qu'ici, où va s'achever sa carrière, restera son tombeau, centre de ses admirables Instituts, et que Saint-Laurent sera le point de départ d'où ses Fils et ses Filles iront, jusqu'à la fin des temps, porter par toute la Vendée, et à toutes les provinces de l'Ouest, et à toute la France, et jusque dans le Nouveau-Monde, les grâces qui vivifient les âmes, les sanctifient et les sauvent ?... O paroisse de Saint-Laurent-sur-Sèvre, je ne m'étonne point de ce que tu as coûté à ton Bienheureux Père, car elle est incomparable, la part qu'il t'a obtenue du ciel, j'en atteste ton histoire depuis bientôt deux cents ans, et les magnificences et les bénédictions de ce grand jour !...

Par ses pénitences, le Père de Montfort sculpte donc, pour ainsi dire, lui-même le Christ dans son corps. Cependant il est d'autres mortifications plus crucifiantes que celles-là : ce sont celles qui atteignent l'âme elle-même dans ce qu'elle a de plus délicat et de plus sensible, celles qui vont à percer le cœur, à le broyer... Or, nous les voyons s'accumuler sur notre Bienheureux durant toute sa carrière apostolique.

Que les jansénistes dont il combattait si victorieusement les erreurs, l'aient constamment et partout poursuivi de leur haine, je ne m'en étonne point.

Que les protestants et les libertins se soient ligués contre lui, qu'ils aient employé le poison, qu'ils aient aposté des assassins, qu'ils aient lancé des corsaires pour se défaire de ce grand convertisseur des âmes, cela s'explique jusqu'à un certain point.

Je m'étonne moins encore de l'entendre traiter par eux d'orgueilleux, d'hypocrite, d'aventurier, de fou, de démoniaque, de perturbateur du repos public, de séducteur, d'antechrist.... Que l'enfer ait inspiré à ses suppôts, hérétiques ou hommes de mauvaise vie, tous les moyens propres à décrier l'homme de Dieu, à le perdre dans l'esprit des populations qu'il évangélisait, cela se comprend. Le vaillant apôtre devait s'y attendre.

Mais être traité de même et repoussé par ceux qui auraient dû, ce semble, être les premiers à le protéger, à venger son honneur outragé, à favoriser de tout leur pouvoir ses saintes œuvres; mais recevoir d'eux, même en public, des humiliations de toutes sortes et les plus sanglants affronts; mais voir détruire par eux les œuvres qui lui avaient coûté tant de fatigues, de sueurs, de prières, de sacrifices, de dévouement; mais être arrêté tout à coup par eux dans les exercices de ses missions, alors que les âmes sont là toutes prêtes à en recueillir les fruits, voilà ce à quoi ne devait pas s'attendre le saint missionnaire! Quels coups pour son cœur! Deux fois j'ai vu les larmes lui en venir aux yeux!... Mais jamais aucune parole de récrimination ne s'échappe de ses lèvres. A toutes les contradictions, à toutes les oppositions les plus inexplicables, à toutes les persécutions les plus dures, les plus brutales, il ne répond que par ce mot : « Dieu soit béni ! » Et il se soumet... C'est lorsque la fleur est écrasée qu'elle exhale tout son parfum; c'est lorsque le cœur de l'homme est brisé qu'on en reconnaît toute la vertu.

Mais ce qui peut nous étonner ici davantage encore, c'est que le Bienheureux de Montfort souhaitait les épreuves, les croix; il les demandait à Dieu; il les faisait demander pour lui. Pourquoi donc ? Encore un coup, parce qu'il savait que de la croix venait la fécondité de son apostolat. « Je suis comme une balle dans un jeu de paume, écrivait-il à l'une de ses sœurs; on ne l'a pas sitôt poussée d'un côté qu'on la pousse de l'autre en la frappant rudement... Bénissez-en Dieu pour moi...; je n'ai jamais fait plus de conversions qu'après les interdits les plus sanglants. »

Quelle leçon et quelle consolation pour nous, mes chers Frères, si nous rencontrons des épreuves, des croix au milieu de nos œuvres ; si ces croix nous viennent même du côté d'où nous les devions moins attendre !... Souvenons-nous toujours qu'elles seront, si nous le voulons, une source de mérites pour nous, une source de grâces pour les autres.

Et puis, remarquons-le, au milieu des tribulations qui semblent de toutes parts se réunir pour nous accabler, Dieu, pour l'ordinaire, nous ménage quelque place où nous pouvons reposer notre cœur meurtri. Lorsque, à l'heure de son agonie au jardin des Olives, Jésus ne trouve pas auprès de ses apôtres la consolation qu'il pouvait en attendre, un ange vient du ciel le réconforter.

Le Bienheureux de Montfort ne restera point non plus sans amis fidèles lorsque, de tous côtés, les coups les plus accablants, les plus inattendus, le viendront frapper. D'illustres prélats : Mgr de Lescure, à Luçon, Mgr de Champflour, à la Rochelle, le soutiendront jusqu'à la fin, en dépit de toutes les intrigues, de toutes les calomnies. Ce sera pour eux un éternel honneur. Et ce doit être pour nous, mes Frères, un éternel motif de reconnaissance envers eux : sans la protection dont ces deux grands évêques ont couvert le saint Missionnaire, la Vendée n'eût probablement jamais été la Vendée, et Saint-Laurent en particulier n'eût jamais reçu tant de grâces, ni connu tant de gloire !

D'autres grands cœurs surent aussi juger comme elles le méritaient les imputations calomnieuses par lesquelles on cherchait autour d'eux à incriminer les paroles et les actes de notre Bienheureux.

Mais qu'il me soit permis de le rappeler ici, alors que le Père de Montfort était partout dénigré, calomnié, bafoué, persécuté, les maîtres qui avaient élevé sa jeunesse au collège de Rennes, et qui dès lors avaient su apprécier les trésors de son âme, ne se départirent pas un instant de toute l'estime qu'ils avaient conçue pour lui, et lui ne cessa jusqu'à la fin de leur donner toute sa confiance. Autant que les circonstances le lui permirent, il les choisit pour ses directeurs habituels ; il eut en eux des conseillers souvent, des collaborateurs parfois, des amis toujours.

A Poitiers, c'est le Père de la Tour, son confesseur, son conseiller, son défenseur, le directeur de ses retraites, lorsque le Bienheureux peut les faire à Poitiers.

A Paris, ce même Père Descartes qui avait été son confesseur au collège de Rennes, et qu'il est heureux de retrouver dans une circonstance difficile pour lui ouvrir sa conscience.

A Nantes, c'est le Père de Préfontaine et le Père Martinet, à qui il découvre toute son âme et toute sa vie, et qui ont, après sa mort, rendu le plus magnifique témoignage de ses vertus. Leur maison fut son refuge, après sa poignante épreuve du calvaire de Pontchâteau et l'interdiction non moins poignante qui suivit ; il vint s'y mettre en retraite.

A Luçon, où le pieux missionnaire arrive après avoir été chassé d'une paroisse (1) dans laquelle il devait donner une mission, les

_______________

(1) Saint-Hilaire-de-Loulay.

Pères de la Compagnie de Jésus l'accueillent à bras ouverts, et publient bien haut, devant les séminaristes, leurs élèves, l'estime et la vénération qu'ils ont pour lui. Là encore, le Serviteur de Dieu fait auprès de ses anciens maîtres les exercices de sa retraite.

A la Rochelle enfin, le Père de Montfort trouve des collaborateurs dans le P. Collussou et le P. Doyé, et, après sa sainte mort, il aura dans le P. Le Tellier son premier panégyriste.

Ces souvenirs que je rappelle, mes chers Frères, ce n'est pas seulement une joie de mon cœur qui s'épanche ; c'est aussi une prière que j'adresse à votre Bienheureux Père pour moi et pour mes frères de la Compagnie de Jésus. Le ciel ne rompt point les liens formés sur la terre ; et, j'en ai la douce confiance, les frères de ceux que le Père de Montfort eut comme maîtres en sa jeunesse, comme amis durant toute sa vie, auront une part spéciale aux célestes faveurs dont il dispose en ce grand jour de sa glorification.

Mais pour vous, mes chers Frères, ce jour n'est pas seulement un jour d'allégresse et de grâces, c'est aussi un jour de grande espérance. Je ne puis pas, en terminant, ne pas le dire bien haut, en présence de ces chers enfants, vos élèves, et de leurs parents qui m'entendent. Les enfants ! combien le Père de Montfort les aimait ! combien il avait à cœur de leur donner des maîtres chrétiens ! c'était l'un de ses principaux soins dans toutes les paroisses où il plantait la croix de Jésus-Christ ; et pour assurer, et pour perpétuer le bien de ces écoles, il veut les faire tenir par des Frères, consacrés à Dieu par les vœux de religion. Voilà votre origine, mes chers Frères et votre raison d'être.

Cette sollicitude de votre Bienheureux Père pour l'enfance et pour la jeunesse, vous en êtes tout particulièrement les héritiers ; c'est la part que le nouvel *Elie* vous a laissée dans le partage de son manteau. Elle est belle, cette part ; elle est grande ! Pour en comprendre l'importance et le prix, il suffirait de considérer l'acharnement des ennemis de Dieu contre tout enseignement religieux. L'enfer veut les âmes des enfants ; cette tendre proie, il l'a toujours convoitée ; l'aurait-il donc enfin ?... La lutte, il faut l'avouer, est engagée plus vive, plus terrible que jamais. Mais confiance ! Voici que le ciel nous donne des défenseurs. Hier, nous célébrions les fêtes de la Béatification du Bienheureux Jean-Baptiste de la

Salle, le fondateur des Frères des écoles chrétiennes ; aujourd'hui ce sont celles de la Béatification du Bienheureux Louis-Marie de Montfort, qui, lui aussi, fonda un institut de Frères enseignants, les écoles étant à ses yeux comme les pépinières de l'Eglise, pépinières en dehors desquelles les âmes demeurent pour toujours stériles et infructueuses.

De tels évènements, mes chers Frères, ne s'accomplissent point sans des desseins particuliers de la divine Providence. Donc confiance !

Mais aussi, de notre côté, efforçons-nous de plus en plus de nous rendre dignes de cette assistance que nous attendons du ciel. Notre Bienheureux Père nous en a appris les conditions : les principales sont la pureté de la vie, la dévotion à la sainte Vierge, et la Croix, la Croix entre les bras et plus encore dans le cœur. Que si ensuite les tribulations surviennent, quelles qu'elles soient, n'en soyons ni étonnés, ni troublés, ni découragés ; c'est au milieu d'elles que germent les œuvres fécondes. L'histoire de notre saint Missionnaire est là tout entière pour l'attester.

Et toi, ô ma Vendée, garde, en dépit de tous les efforts des suppôts de l'enfer, garde ta foi : la foi divine qu'enseigne l'Eglise catholique, apostolique et romaine, cette foi que le Père de Montfort t'a prêchée, et dans laquelle il a si fortement trempé l'âme de tes immortels héros.

Aujourd'hui comme autrefois, il te dit : Pour cela demeure fidèle à mon Rosaire ; donne-toi corps et âme à Marie, et par Marie tu seras à Jésus, et Jésus, c'est le salut et la vie.

Cet enseignement, tu l'emporteras d'ici en ce jour, tu le garderas en ton cœur, tu le transmettras à tes enfants avec ta reconnaissance et ta vénération pour ton grand apôtre ; et de générations en générations, tes enfants ne cesseront de vérifier ces paroles de ton fier cantique :

> Dieu pour sa cause aura des hommes,
> Tant que vivront des Vendéens.

Ainsi soit-il.

# DISCOURS

PRONONCÉ

## PAR LE R. P. MATTHIEU-JOSEPH ROUSSET

des Frères Prêcheurs

## DANS L'ÉGLISE PAROISSIALE

### DE SAINT-LAURENT-SUR-SÈVRE

le second jour du Triduum

#### CÉLÉBRÉ POUR LA BÉATIFICATION

de

## LOUIS - MARIE GRIGNON DE MONTFORT

5 JUIN 1888

---

## LE BIENHEUREUX DE MONTFORT ET S. DOMINIQUE

—

### RÉSUMÉ

—

Le P. de Montfort appartenait, comme Tertiaire, à la famille dominicaine. C'est un dominicain de Rome, le R. P. Ligiez, qui fut postulateur de
la Cause; et au deuxième jour des fêtes romaines de la béatification, ce
fut le Révérendissime Maître général des Dominicains qui célébra la messe,
un prédicateur dominicain qui fit le panégyrique, et, le soir, un cardinal
dominicain qui donna le salut solennel.

Après avoir rappelé ces souvenirs, le R. P. Rousset a montré comment
le B. Montfort avait été un véritable fils de saint Dominique, admirablement
rempli de son esprit, soit dans la vie privée, soit dans la vie publique.

1° Dans la vie privée, Montfort a été, comme saint Dominique, un modèle de dévotion à la très sainte Vierge.

2° Dans la vie publique, il a été, comme saint Dominique aussi, un
homme tout apostolique et un insigne prédicateur du Rosaire.

## I

## LE BIENHEUREUX MONTFORT, MODÈLE DE DÉVOTION
## A LA SAINTE VIERGE

Le premier germe de la dévotion à la sainte Vierge est déposé
dans toute âme chrétienne par la grâce du saint Baptême. Par le
Baptême, en effet, nous sommes incorporés à Notre Seigneur

Jésus-Christ et devenons membres de son corps mystique, afin de participer à son esprit et de vivre de sa vie. Or, comment pourions-nous participer réellement à l'esprit de Jésus-Christ et rester étrangers à ce qui occupe dans son cœur une si large place, son amour pour sa très sainte mère ? Il faut donc nécessairement que, au moins à un certain degré, la dévotion à la sainte Vierge se retrouve au fond de toute vie chrétienne ; car elle appartient à l'essence même du christianisme.

Mais, outre ce degré ordinaire, il se rencontrera de temps en temps dans l'Eglise des âmes d'élite, qui seront appelées, par une vocation toute spéciale, à reproduire d'une manière plus explicite, à mettre davantage en relief, telle ou telle des dispositions du cœur adorable de Jésus, et notamment son amour filial pour son auguste mère.

Tel avait été, au xiiie siècle, saint Dominique.

Tel fut, au commencement du xviiie siècle, le Bienheureux Louis-Marie Grignon de Montfort. « L'amour de Marie, dit un des contemporains du Bienheureux (1), était comme né avec lui. On peut dire que la sainte Vierge l'avait choisi, la première, pour un de ses plus grands favoris, et avait gravé dans sa jeune âme cette tendresse singulière qu'il a toujours eue pour elle, et qui l'a fait regarder comme un des plus grands dévots à la mère Dieu que l'Eglise ait vus. »

Même dans l'opinion publique, est-ce que le nom de Montfort n'est pas aujourd'hui synonyme de dévotion à la sainte Vierge ? Tant il est vrai que c'est bien là le trait dominateur et le plus caractéristique de sa vie !

C'est donc comme modèle de dévotion à la sainte Vierge que je veux tout d'abord considérer notre Bienheureux : et je vous montrerai en même temps quelle influence profonde cette dévotion a exercée sur toute sa vie.

LA DÉVOTION DE MONTFORT A LA TRÈS SAINTE VIERGE

1° *Dans son enfance.* — Rien de touchant comme les détails

___

(1) **M.** Blain, qui avait été le condisciple de Montfort à Rennes et à Paris, et resta toujours son intime ami. C'est au même auteur que seront aussi empruntés les témoignages qui suivront.

que nous donnent les contemporains de Montfort sur sa dévotion à la sainte Vierge dès les années de sa première enfance.

« Il était dès lors en petit, disent-ils, ce qu'il a été en grand dans un âge plus avancé, le panégyriste zélé de la sainte Vierge, l'orateur perpétuel de ses privilèges et de ses grandeurs, le précateur infatigable de sa dévotion. Tout son plaisir, étant petit, était d'en parler, comme sa joie la plus sensible a été, plus tard, de progager son culte et d'augmenter le nombre de ses serviteurs. »

« Dès l'âge de 4 à 5 ans, il récitait tout les jours le chapelet. Il le faisait réciter aussi à sa jeune sœur, et il voulait qu'elle attirât à le dire avec elle toutes ses petites compagnes. Afin d'encourager leur persévérance, il n'hésitait pas à se priver, pour le leur donner, de tout ce qu'il avait de meilleur et de plus beau.

« Etait-il devant une image de Marie, il paraissait ne plus connaître personne et dans une sorte d'aliénation de ses sens. Dans une espèce d'extase, d'un air dévot et animé, immobile du reste et sans action, il se tenait des heures entières, au pied des autels, à la prier et à l'honorer, à réclamer sa protection, à lui consacrer son innocence, à la conjurer d'en être la gardienne, à se dévouer à son service. Et cette dévotion si sensible n'était pas en lui passagère, comme en tant d'autres enfants; elle était journalière. »

Il n'appelait Marie que sa mère, sa bonne mère, sa chère mère, et il voulut, quand il fut confirmé, se couvrir du doux patronage de son nom.

Du reste, il allait à celle qu'il appelait sa mère, « avec une simplicité enfantine, lui demander tous les secours temporels aussi bien que spirituels dont il avait besoin. Il se levait si assuré, par la confiance qu'il avait en sa bonté, de les obtenir, que jamais ni doute, ni inquiétude, ni perplexité ne l'embarrassèrent sur rien : tout, à son avis, était fait, quand il avait prié sa bonne mère, et il n'hésitait plus. »

Ainsi, tout enfant, notre Bienheureux était déjà arrivé à cette parfaite liberté intérieure, fruit des soins abondants, à laquelle les âmes ont ordinairement tant de peine à s'élever, même dans un âge plus avancé.

2° *Dans sa jeunesse.* — A douze ans, Montfort dut quitter sa famille, et venir s'établir à Rennes pour y suivre le cours de ses études. Terrible moment pour le cœur d'une mère chrétienne, que cette première séparation ! Et combien de dangers n'a-t-il pas, hélas ! à redouter pour son enfant ! Mais ne craignez pas pour Montfort : sa Mère du ciel veillera sur lui.

« A Rennes, dans une classe de quatre cents étudiants, Montfort parut un modèle de vertu. Dès lors, il se livrait aux exercices de l'oraison et de la pénitence, et ne pouvait goûter que Dieu. Tous ces plaisirs, où la jeunesse trouve tant de charmes, étaient insipides pour lui. Il n'en pouvait parler, et n'en avait pas même l'idée ; car toute son enfance s'était passée dans une innocence admirable et dans le plus grand éloignement du mal.

« Au recueillement le plus profond, à l'oraison la plus continue, à la pénitence la plus austère et à la mortification la plus universelle, il joignait une paix, une douceur, une tranquillité d'âme que l'on n'a jamais vue s'altérer au milieu des contradictions et des humiliations les plus sensibles Il veillait tellement sur tous ses sens, qu'on ne voyait en lui ni gestes, ni regards, ni paroles, ni manières, rien, en un mot, qui fût inconsidéré ! Ses yeux étaient presque toujours baissés ; et un air de piété répandu sur son visage et sur toute sa personne le singularisait déjà en quelque sorte, et le faisait distinguer de presque tous ses compagnons d'étude. »

Ne croirait-on pas, dans ce portrait, voir saint Dominique étudiant à Palencia ?

Le jeune Montfort était à Rennes pour étudier. « Il mit, ainsi qu'il nous l'apprend lui-même, toute son étude entre les mains de sa bonne Mère, la sainte Vierge. » Il nous révèle par ces paroles quelle fut sa manière d'étudier. Bien éloigné de cette étude *sécularisée*, affranchie de toute idée de Dieu, qui, de nos jours, fait tant de bruit et produit des résultats si funestes, lui, enfant de Marie, il se tenait dans une douce et intime dépendance de « sa bonne Mère, » tournant fréquemment, à l'exemple de plusieurs grands Docteurs, notamment de l'Angélique saint Thomas, les regards de son cœur vers Celle dont le nom veut dire *Illuminatrice*, et que l'Eglise appelle : *Sedes sapientiæ* : « Le Siège de la divine Sagesse. »

La statue de Notre-Dame de Bonne-Nouvelle, en grande vénération dans toute la ville, attirait souvent notre Bienheureux dans l'Eglise des Frères Prêcheurs. Là aussi se trouvait le centre de sa chère dévotion du Rosaire : nouveau motif d'attraction pour le pieux étudiant.

Pour se rendre chaque jour en classe, il devait passer devant l'église des religieux Carmes. Il ne manquait pas d'y entrer. Il y restait quelquefois un temps considérable devant une image de la sainte Vierge, à genoux, immobile, le visage enflammé et comme dans une extase. Ce fut au pied de cette image qu'il reçut de « sa bonne Mère » une des grâces les plus signalées : la révélation de sa vocation à l'état ecclésiastique. Cette révélation fut instantanée, mais si complète et si claire, qu'il ne lui resta pas le moindre doute, et qu'il n'eut jamais besoin de consulter davantage la volonté de Dieu.

3° *Dans ses années de Séminaire*. — Cette dévotion de Montfort à la sainte Vierge, déjà si profonde et si admirable, c'était à Paris, pendant les années de son séminaire, qu'elle devait recevoir son complément, et ce que nous pourrions appeler sa forme dernière et définitive : je veux parler de la pratique de l'entière consécration de soi-même à Jésus, en Marie et par Marie.

Le Bienheureux traite tout au long de cette dévotion dans le plus important de ses ouvrages ; il le fait avec une élévation et une ampleur de doctrine théologique incomparables. « Ayant lu presque tous les livres qui traitent de la dévotion à la Mère de Dieu, et ayant conversé familièrement avec les plus saints et savants personnages de son temps, il proteste hautement qu'il n'a point connu ni appris de pratique envers la sainte Vierge semblable à celle-là : qui exige d'une âme plus de sacrifices pour Dieu, qui la vide plus d'elle-même et de son amour-propre, qui la conserve plus fidèlement dans la grâce, qui l'unisse plus parfaitement et plus facilement à Jésus-Christ, et enfin qui soit plus glorieuse à Dieu, sanctifiante pour l'âme et utile au prochain. »

Mais en même temps il avertit que, l'essentiel de cette dévotion consistant dans l'intérieur qu'elle doit former, elle ne sera pas également comprise de tout le monde.

« Quelques-uns, dit-il, s'arrêteront à ce qu'elle a d'extérieur et ne passeront pas outre, et ce sera le plus grand nombre. Quelques-uns, en petit nombre, entreront dans son intérieur, mais n'y monteront qu'un degré. Qui est-ce qui montera au second ? Qui parviendra jusqu'au troisième ? Enfin, quel est celui qui y sera par état ? Celui-là seul à qui l'esprit de Jésus-Christ révélera ce secret : l'âme bien fidèle qu'il y conduira lui-même, pour avancer de vertus en vertus, de grâces en grâces, de lumières en lumières pour arriver jusqu'à la transformation de soi-même en Jésus Christ, et à la plénitude de son âge sur la terre et de sa gloire dans le ciel (1). »

Nous ne pouvons nous étendre davantage sur cette admirable dévotion. Elle n'était, au fond, qu'une forme plus élevée et une expression plus parfaite de l'ancienne dévotion du Rosaire ; mais c'est bien certainement la dévotion à la sainte Vierge la plus théologique, la plus profonde et la plus complète qu'il puisse être donné de pratiquer.

### LES FRUITS DE LA DÉVOTION DE MONTFORT A LA TRÈS SAINTE VIERGE

Il est écrit que « celui qui honore sa Mère, est comme un homme qui amasse un trésor (2). »

De sa tendre dévotion à la sainte Vierge, Montfort devait retirer un triple trésor : 1° Le trésor d'une pureté angélique ; 2° le trésor de la divine Sagesse ; 3° et enfin le trésor d'une force surnaturelle supérieure à tout.

1° *Trésor de pureté.* — C'est l'effet ordinaire de la dévotion à la sainte Vierge, de former dans les âmes des inclinations toutes particulières pour la pureté. Marie n'est-elle pas « la Mère de la belle dilection. *Ego mater pulchræ dilectionis* (3), » c'est-à-dire, la source des affections chastes et pures, de l'amour noble et élevé?

Dans le Bienheureux Montfort, la pureté a été angélique. « Il connaissait si peu tout ce qui est capable d'altérer la pureté, qu'un jour, qu'on lui parlait des tentations contre cette vertu, il avoua ne pas savoir ce que c'était. »

« Depuis que je l'ai connu, rapporte son intime ami, ses inclinations m'ont toujours paru toutes célestes. Il ne semblait même pas que ce qui fait de si vives impressions sur le cœur du commun des hommes en fît aucune sur le sien. »

Le même témoin ajoute: « De là cette grande facilité qu'il avait pour la vertu... A peine eut-il connu la perfection, qu'il en conçut le désir le plus ardent. Quelque pénible, quelque étroite que soit la voie qu'il faut tenir pour y arriver, on l'y vit marcher à si grand pas et avec tant de courage, qu'il paraissait n'y rencontrer aucune

---

(1) Traité de la vraie dévotion à la sainte Vierge, II° partie.
(2) *Sicut qui theramizat, ita et qui honorificat matrem suam* (Eccli., III, 5.)
(3) Eccli., XXIV, 24.

épine, ou du moins n'en pas sentir la pointe. Ce que la vertu a de plus héroïque et de plus sublime semblait en lui comme naturel, tant la grâce était éminente. » — La pureté donne à l'âme des ailes pour monter et s'élever vers Dieu.

La pureté a donc été un des traits caractéristiques de la vie de Montfort, comme elle l'avait été de celle de saint Dominique. Et il faut que ce caractère ait fait sur ses contemporains une impression bien profonde, puisque dans le tableau de ses vertus, gravé par eux sur sa tombe, ils lui donnent le premier rang. *Si vitam petis? Nulla integrior :* « Si vous demandez, passant, quelle a été sa vie ? Il n'y en a pas eu de plus pure. »

2° *Trésor de la divine Sagesse.* — Cette angélique pureté devait préparer Montfort à une autre grâce, encore plus précieuse : la connaissance intime de Notre-Seigneur Jésus-Christ, et la révélation du monde surnaturel dont Jésus-Christ est le centre. Car il a été dit : « Bienheureux les cœurs purs, parce qu'ils verront Dieu (1). »

C'était là cette divine Sagesse, qui fut pour notre Bienheureux l'objet de si ardents désirs. « Je l'ai aimée et l'ai recherchée dès ma jeunesse, pouvait-il dire avec Salomon, et j'ai tâché de l'avoir pour épouse, et je suis devenu épris de sa beauté (2). » Il pouvait, lui aussi, ajouter : « Je l'ai préférée aux royaumes et aux trônes, et j'ai cru que les richesses n'étaient rien au prix d'elle. Je n'ai point fait entrer en comparaison avec elle les pierres précieuses : parce que tout l'or au prix d'elle n'est qu'un peu de sable, et que l'argent devant elle sera considéré comme de la boue (3). » Tout, en effet, disparaissait à ses yeux devant cette divine Sagesse.

Or, cette grâce, si désirée, elle fut accordée à Montfort, comme du reste toutes les autres grâces, par Celle qu'il appelait « sa bonne Mère ». Elle a été le second fruit qui est découlé directement de son admirable dévotion à la très sainte Vierge.

Et n'en soyez pas étonnés, mes Frères. Car si Marie a donné au monde Jésus, c'est elle aussi qui a reçu la mission de le révéler aux âmes. Qui a mieux connu Jésus que Marie, sa Mère ? Qui peut, par conséquent, mieux qu'elle, nous apprendre à le connaître ?

---

(1) Matth., v, 8,
(2) Sap,, viii, 2.
(3) Ibid., vii, 8.

N'est-ce pas le privilège et le bonheur des mères de montrer leurs enfants ? Voyez cette femme dont la marche est celle d'une reine, portant entre ses bras son trésor dont elle est fière, son fils nouveau-né enveloppé de langes éclatants de blancheur. Vous vous approchez d'elle, vous lui demandez la faveur de voir ce bel enfant. Pour vous satisfaire, elle écarte avec discrétion ces voiles délicats, elle vous montre son fils.

Telle est aussi la prérogative de Marie vis-à-vis de Jésus. Voilà pourquoi l'Eglise, s'appuyant de l'autorité des saintes Ecritures, appelle Marie « la Mère de la science, la Mère de la connaissance : *Ego mater agnitionis* (1) ».

Sur cette importante vérité, écoutez Montfort lui-même : « Jésus, dit-il, est partout et toujours le fruit, le Fils de Marie ; et Marie est partout l'arbre véritable qui porte le fruit de vie et la vraie Mère qui le produit ».

« Une raison pour laquelle si peu d'âmes arrivent à la plénitude de l'âge de Jésus-Christ, ajoute-t-il ailleurs, c'est que Marie, qui est, autant que jamais, la Mère du Fils et l'Epouse féconde du Saint-Esprit, n'est pas assez formée dans leurs cœurs. Qui veut avoir le fruit bien mûr et bien formé doit avoir l'arbre qui le produit ; qui veut avoir le fruit de vie, Jésus-Christ, doit avoir l'arbre de vie, qui est Marie (2) ».

Mes Frères, savez-vous pourquoi vous faites si peu de progrès dans la connaissance de Jésus ? Savez-vous pourquoi, depuis de longues années peut-être, vous le cherchez en vain ? savez-vous pourquoi la lumière de Jésus vous fuit ? C'est que vous ne frappez pas à la porte d'où la Lumière s'est levée sur le monde : *Porta ex qua mundo lux est orta*. Vous cherchez Jésus sans Marie, vous ne le trouverez pas.

Jusqu'à quel degré, sous cette maternelle conduite de Marie, notre Bienheureux pénétra dans ce monde surnaturel, dont Jésus est le centre, c'est ce que dit bien haut sa vie tout entière. Pensées, sentiments, jugements sur les choses ou sur les choses, paroles, œuvres, et jusqu'à la plus petite action, combien tout, dans cette vie, est profondément surnaturel ! Jamais une note tant soit peu discordante. Montfort est vraiment en tout et partout l'homme

---

(1) Eccli., xxiv, 24.
(2) Traité de la vraie dévotion à la sainte Vierge.

surnaturel ; nous dirions volontiers la personnification du surnaturel ; et sa vie nous apparaît, à cette entrée du xviii<sup>e</sup> siècle, comme une pure et toute resplendissante manifestation du monde de la grâce.

3° *Trésor de force.* — Cette divine Sagesse, ou, ce qui est une même chose, cette révélation du monde surnaturel, devait exercer sur toute la vie de Montfort une influence profonde (1).

La possession de la divine sagesse, disent les saints docteurs, « rassasie l'âme, » *sequitur saturitas.* En ouvrant devant cette âme des horizons plus vastes, en lui faisant « goûter et savourer les choses qui sont en haut, » comme dit l'apôtre (2), c'est-à-dire les réalités d'un monde supérieur, elle lui impose pour toutes les choses de la terre une sorte de satiété et de dégoût. C'est saint Paul s'écriant : « Auprès de Jésus-Christ, j'ai estimé toutes choses une boue immonde (3). »

Et de là, dans notre Bienheureux, ce dégagement si complet, si profond, et qui pourtant lui est si facile, du monde et de tout ce que le monde peut offrir. Honneurs, richesses, grandeurs, plaisirs : Montfort paraît aussi étranger à toutes ces choses que si elles n'existaient pas.

Cette divine sagesse aussi « enivre l'âme, » *sequitur ebrietas.* Voyez un homme ivre, il ne connaît pas le danger, hardiment il court au-devant de la souffrance ; il paraît ne pas la sentir. Ainsi l'âme. Elle trouve alors sa joie et une sorte de volupté à souffrir pour son Dieu. C'est saint Paul qui surabondera de joie au milieu de toutes ses tribulations (4). » Ce sont les apôtres, qui « s'en iront tout joyeux, parce qu'ils auront été jugés dignes de souffrir pour le nom de Jésus-Christ (5). »

Et de là, dans notre Bienheureux, cette indifférence, cette sorte

---

(1) Richard de Saint-Victor décrit ainsi tout ce travail intérieur qui s'opère dans l'âme : « *Primo incipit sentiri illa interna suavitas, et ex illo generatur mira perfruendi aviditas; aviditatem sequitur saturitas, saturitatem ebrietas, ebrietatem securitas, securitatem tranquillitas.* (In. Psalmum xxv). N'est-ce pas un tableau fidèle de tout l'intérieur de Montfort ?

(2) *Quæ sursum sunt sapite, non quæ super terram.* (Colos. III, 2.)

(3) *Existimo omnia detrimentum esse propter eminentem scientiam Jesu Christi, et arbitror ut stercora, ut Christum lucrifaciam.* (Philip. III, 8.)

(4) II Cor., VII, 4.

(5) Act., V, 41.

d'insensibilité avec laquelle il marche à travers toutes les contradictions, les humiliations et les mépris ; bien plus, cet amour passionné de la croix et ce bonheur qu'il savoure toutes les fois qu'il peut être associé aux ignominies et aux souffrances de Jésus crucifié (1).

Un troisième effet de cette divine sagesse, c'est de créer dans l'âme une immense sécurité, *sequitur securitas*. L'âme, se sentant appuyée sur Dieu, peut, comme l'apôtre, jeter hardiment à toutes les créatures le défi de l'en jamais séparer. *Quis ergo nos separabit a caritate Christi* (2)? Aussi jouit elle d'une paix profonde et d'une tranquillité intérieure que plus rien ne saurait troubler. Du monde supérieur où elle vit, elle domine toutes les choses d'ici-bas et tous les divers événements de la vie. On dirait qu'elle n'en est plus atteinte. Se reposant sur Dieu seul qui est immuable, elle semble participer d'une certaine manière à son immutabilité, et, encore dans le temps, avoir déjà mis un pied sur le sol de l'éternité.

Qui ne reconnaîtrait encore là Montfort?

Vous le voyez, mes Frères, si la dévotion de notre Bienheureux à la très sainte Vierge a été admirable, non moins admirables ont été les fruits qu'il en a retirés. Et vraiment, en honorant sa mère, il a ramassé un bien riche trésor.

## II

### LE B. MONTFORT, INSIGNE PRÉDICATEUR DU ROSAIRE

Vous l'avez vu, mes Frères, dans toute sa vie privée, le B. Montfort a été admirablement rempli de l'esprit de saint Dominique. Que dirons-nous maintenant de sa vie publique, ou de son apostolat? Ici encore la ressemblance paraît tellement frappante qu'il semble que, de ces deux vies, l'une n'a été par rapport à l'autre

---

(1) *Scimus quoniam qui plene ebrii sunt, irrisiones suas sæpe nec quidem avertunt, et circumstantia pericula nec declinare, nec saltem attendere norunt. Cum autem videamus multos quotidie inter convitia et opprobria hilarescere, inter pericula et rerum damna gaudere, quid qui hujusmodi sunt nisi ebrios debemus judicare? Quid tantam dixerim mentis alienationem, nisi spiritualem quamdam ebrietatem?* (Ric. a Sancto Victore, In Ps. xxv.)

(2) Rom. viii, 35.

qu'une fidèle copie. En effet, des deux côtés, c'est une même mission ; des deux côtés aussi, un même esprit et les mêmes moyens pour l'accomplir.

### MÊME MISSION DU B. MONTFORT ET DE SAINT DOMINIQUE

Dans son zèle du salut des âmes, saint Dominique avait voulu aller évangéliser les peuples encore infidèles du levant et du septentrion. Par quatre fois, il essaya même de réaliser son généreux dessein. Si grand était son désir de travailler à établir la foi parmi les infidèles, qu'il aurait été heureux, disait-il souvent à ses frères, de livrer son corps pour être haché et mis en pièces. *Dicebat aliquando se optare pro Christi fide flagellis cædi, et suum corpus in frusta secari.* Il ne fallut, pour le retenir, rien moins que la toute puissante autorité du Vicaire de Jésus-Christ ; et le Pape lui confia la mission spéciale de combattre l'hérésie des Albigeois.

Voyez quelle ressemblance dans le B. Montfort. C'est son désir, à lui aussi, à peine ordonné prêtre, de s'en aller prêcher chez les infidèles ; et ce désir l'occupera pareillement toute sa vie.

Mon cœur est pénétré de la plus vive douleur, dira-t-il souvent, quand je pense qu'un nombre presque infini d'âmes se damnent, faute de connaître le vrai Dieu et la religion chrétienne. Si nous avions nous-mêmes de la foi et de la charité, nous n'hésiterions pas d'un moment à partir. Que ceux-là sont heureux, qui ont eu le bonheur de travailler à un si divin emploi ! Ils font ce que fit autrefois Notre Seigneur, ce qu'ont fait à son exemple les saints Apôtres, et ce que font encore aujourd'hui un grand nombre de généreux et saints missionnaires.

« Ce sont mes péchés, disait-il en soupirant, qui me rendent indigne d'une si excellente faveur. Je ne mourrai jamais content, si je n'expire au pied d'un arbre, comme l'incomparable missionnaire du Japon, saint François Xavier ».

Lorsqu'il fit le voyage de Rome, son principal motif était de demander au Souverain Pontife la permission et les pouvoirs nécessaires pour aller prêcher l'Evangile sur la terre étrangère. Dieu avait sur son Serviteur d'autres desseins. « Mon fils, vous avez un grand champ en France pour exercer votre zèle, lui dit le Pape, n'allez point ailleurs ». Et Clément XI lui donna, avec le titre de missionnaire apostolique, la mission toute spéciale de combattre l'hérésie, alors si dangereuse, du Jansénisme.

MÊMES MOYENS D'APOSTOLAT

C'était donc une mission analogue qui était confiée par le Vicaire de Jésus-Christ à Montfort et à saint Dominique. Ils devaient aussi la comprendre de la même manière et, pour l'accomplir, faire usage des mêmes moyens.

1° *La pauvreté !* — Pour combattre les Albigeois, Dominique commença par la pratique la plus généreuse de la pauvreté évangélique. Il se dépouilla de tout et se fit pauvre volontaire, s'abandonnant entièrement à la divine Providence.

En Montfort aussi, quel esprit de pauvreté ! quel détachement ! Famille, parents, pays, biens de ce monde : il ne tient plus à rien. Ses œuvres elles-mêmes, il les entreprend et s'y dévoue sans attache de cœur, prêt à les abandonner, comme à les poursuivre, au moindre signe de la volonté divine.

Il aimait à s'appeler « l'enfant de la divine Providence. » Son abandon entre ses mains était aveugle et absolu. « Dieu me garde, disait-il un jour, de changer la Providence dans un canonicat. » Il refuse un secours qu'on désirait lui assurer, « ne voulant pas, comme il disait, se séparer de sa mère, la divine Providence. »

Il ne faisait qu'exprimer ses sentiments personnels quand il écrivait à sa mère : « Vous êtes fille de la divine Providence, dont je suis aussi l'enfant, quoique indigne. On devrait plutôt vous appeler novice de la divine Providence, parce que vous ne faites que commencer à pratiquer la confiance et l'abandon parfait qu'elle demande de vous. Vous ne serez reçue professe et fille de la Providence que quand votre abandon sera général et parfait et votre sacrifice entier. Dieu vous veut séparée de tout ce qui n'est pas lui, et peut-être effectivement abandonnée de toutes les créatures ; mais consolez-vous, réjouissez-vous, servante et épouse de Jésus-Christ, si vous ressemblez à votre Maître, à votre Epoux. Dieu veut de vous que vous viviez au jour la journée, comme l'oiseau sur la branche, sans vous soucier du lendemain ; dormez en repos sur le sein de la divine Providence et de la très sainte Vierge, ne cherchant qu'à aimer et contenter Dieu. Car c'est une vérité infaillible, un axiome éternel et divin, aussi véritable qu'il n'y a qu'un

Dieu : *Cherchez d'abord le royaume de Dieu et sa justice, et le reste vous sera donné par surcroît.* Si vous faites la première partie de cette proposition, Dieu, infiniment fidèle, fera la seconde. »

Montfort a donc passé sur la terre, sans toucher presque à la terre. Il a été comme une nuée volant par les airs, au moindre souffle du Saint-Esprit, qui, sans s'attacher à rien, ni s'étonner de rien, ni se mettre en peine de rien, a répandu sur les peuples la pluie de la parole de Dieu et de la vie éternelle.

2° *La pénitence.* — A la pauvreté évangélique, saint Dominique ajoutait l'austérité de la vie et une rigoureuse pénitence.

Montfort le suit encore, d'un pas vaillant, dans le rude sentier de la souffrance.

Avec quelle patience, ou plutôt quelle joie il acceptait toutes les épreuves ! « Nous nous disposions à planter une croix, dit-il dans une rencontre où il avait été publiquement repris et humilié, Dieu ne l'a pas voulu, nos supérieurs s'y opposent, plantons-la dans nos cœurs, elle y sera mieux placée que partout ailleurs ». Une autre fois, « pour remercier Dieu de la charmante croix qu'il lui a envoyée, » il invite ses compagnons à aller avec lui chanter le *Te Deum* devant le Saint-Sacrement. On connaît sa parole : « Point de croix, quelle croix ! » dans une mission où il ne trouvait rien à souffrir.

Mais, outre ces croix, que nous appellerons de Providence, et dont il se montrait toujours si avide, Montfort se livrait de lui-même à des pénitences et à des austérités qui font frémir la nature et semblent en dépasser de beaucoup les forces ordinaires.

Même au milieu de ses plus grands travaux, il jeûnait régulièrement trois fois par semaine, les mercredis, vendredis et samedis, sans parler des dimanches et fêtes, où il ne déjeunait d'ordinaire qu'après midi. D'une sobriété extrême dans ses repas, il ne mangeait ordinairement que d'un seul mets, et ne buvait jamais de vin pur.

Il se levait à quatre heures en tout temps, et se couchait à onze heures, quelquefois à minuit, jamais dans un lit, mais toujours à terre, sur un peu de paille, ou tout au plus sur une paillasse.

Ses disciplines étaient terribles. Il s'infligeait cette pénitence jusqu'à cinq fois par jour. Souvent, on l'a entendu dire, en se frappant rudement : « Seigneur, convertissez tous les pécheurs de cette paroisse, faites à tous miséricorde ; punissez-moi, châtiez-moi, tant qu'il vous plaira, je le mérite, mais, de grâce, épargnez-les ». Il se levait souvent la nuit, même pendant l'hiver, lorsqu'il gelait très fort, et allait dans les jardins ou autres lieux écartés, où il se flagellait jusqu'au sang (1).

Son corps était chargé d'instruments de pénitence. C'était d'abord un cœur en forme de râpe très piquante, qu'il portait jour et nuit sur sa poitrine. Mais il y ajoutait très souvent une ceinture de fer et des bracelets de même métal, hérissés de pointes très aiguës.

Enfin, la plus grande joie de Montfort était de souffrir. Sa vie n'a été qu'une longue pénitence ; et il pouvait, à chacun des instants de cette vie, dire en toute vérité : « Je suis attaché à la croix avec Jésus-Christ. *Christo confixus sum cruci* » (2).

3. *La prière*. — Après la pauvreté et la pénitence, nous trouvons en saint Dominique l'esprit de prière. Contempler, livrer ensuite aux autres le fruit de sa contemplation : voilà, dit saint Thomas, la mission de l'apôtre. La prière est donc le vrai ressort, je pourrais dire l'âme de toute vie apostolique. Aussi, quoique éminemment homme d'action, saint Dominique a été plus éminemment encore homme de prière et de contemplation.

Tel fut aussi Montfort.

Pendant le temps de ses missions, il faisait régulièrement cinq oraisons par jour, et toujours à genoux. Souvent on était obligé de l'aller chercher, quand arrivait le moment de la prédication, parce qu'il tardait à venir. On le trouvait alors dans sa chambre, à genoux, les mains jointes, ayant devant lui un crucifix et sa petite statue de la sainte Vierge. « J'avais beau lui parler, rapporte un témoin occulaire, et lui dire que le peuple s'impatientait, il ne me répondait rien ; il ne remuait pas plus qu'une statue inanimée. Et il était quelquefois plus d'une demi-heure à revenir, après avoir été averti. »

Comme on le pressait un jour d'abréger son oraison, afin de se rendre plus vite aux désirs des fidèles, il fit cette belle réponse : « Laissez-moi ; comment serais-je bon pour les autres, si je ne le suis pas pour moi-même ! »

---

(1) Il ne manquait jamais de se donner la discipline avant de monter en chaire ; il disait plaisamment à ce sujet qu'un coq ne chantait jamais mieux qu'après s'être bien battu de ses ailes.

(2) Galat., II, 19.

Il priait partout. On l'a vu souvent, dans des lieux insupportables à la nature, absorbé dans une profonde contemplation. Pendant ses voyages, il marchait souvent en silence, la tête découverte, les yeux arrêtés sur son crucifix, priant et méditant. Parfois, faisant signe à son compagnon de passer devant lui, il se mettait à genoux, le front dans la poussière, et adorait Dieu.

Son union avec Dieu était continuelle. Plusieurs années avant sa mort, il avoua à son intime ami qu'il était favorisé d'une grande grâce, qui était la présence incessante de Jésus et de Marie dans le fond de son âme ; aucune action extérieure n'était plus capable de le distraire de cette divine présence.

Depuis surtout que Jésus s'était plus particulièrement fait connaître à lui, et qu'il lui avait accordé ce qu'il appelait la divine sagesse, c'est-à-dire, la révélation du monde surnaturel, l'oraison était devenue son élément, son centre, et son âme s'y précipitait d'elle-même par une pente irrésistible. De là son grand besoin de vie religieuse et solitaire, comme l'attestent encore aujourd'hui la solitude de Saint-Lazare, dans le diocèse de Rennes, l'ermitage de Saint-Clay, dans celui de la Rochelle, et, dans celui de Luçon, la grotte de Vouvant, où il se retirait, en dehors du temps de ses missions, afin de vaquer plus librement à la prière et à la contemplation.

Erreur étrange du monde ! Il voit les grandes œuvres des hommes apostoliques, il appelle cela leur vie, et il ne semble même pas soupçonner que là ne se trouve pas leur vie, que leur vie véritable est « toute cachée en Dieu avec le cher Jésus (1). »

Pauvreté, pénitence, prière : tels avaient été les caractères de l'apostolat de saint Dominique ; tels ont été aussi les caractères de l'apostolat de Montfort. Mais, outre ces caractères généraux, il en existe un autre, tout à fait spécial, également commun à l'un et à l'autre, je veux parler du saint Rosaire.

MÊME MOYEN SPÉCIAL : LE SAINT ROSAIRE

« Va, prêche mon Rosaire, » avait dit la sainte Vierge à saint Dominique. Et, fidèle à sa mission, saint Dominique fit du Rosaire la principale arme de son apostolat.

---

(1) Col., iii, 3.

Montfort a-t-il fait autre chose ! Est-ce que l'Eglise ne lui donne pas le glorieux titre « d'insigne prédicateur du très saint Rosaire : *Sanctissimi Rosarii præconum eximiium ? »*

C'est que, en effet, dans le Rosaire se trouve toute la religion et comme l'abrégé du christianisme tout entier.

1° *Rosaire, résumé de la foi.* — Le Rosaire est, d'abord, un parfait résumé de la foi, c'est-à-dire des vérités que nous avons à croire. Ces vérités, il les renferme toutes. Et quelque abstraites ou relevées soient-elles, il nous les présente toujours sous une forme sensible et vivante, incarnées pour ainsi dire dans des faits : le Rosaire, c'est le Symbole en action. De plus, à l'exposé des vérités, le Rosaire ajoute la prière, qui obtient à l'intelligence la grâce pour les comprendre, au cœur celle de les goûter ; et la prière surtout à Marie, qui, suivant une des significations attachées à son nom, est la vraie *Illuminatrice* des âmes.

Par cette union de l'enseignement pratique et de la prière, à laquelle ne manque pas de venir s'ajouter le ministère direct de Marie, le Rosaire est évidemment un moyen d'évangélisation et d'apostolat très puissant, et même de tous le plus efficace.

2° *Rosaire, résumé de la morale.* — A côté des vertus à croire, se trouvent les vertus à pratiquer ; à côté du dogme, la morale : le Rosaire en est aussi le parfait résumé.

A quoi se réduit finalement toute la morale chrétienne ? N'est-ce pas à l'obligation unique d'imiter Jésus-Christ, « la voie, la vérité et la vie, » et le divin modèle de toute perfection ? Et qui mieux que le Rosaire nous fait connaître tout ce que Jésus a pratiqué ? Qui mieux que le Rosaire aussi nous inspire la volonté, et nous obtient et nous communique la grâce et la force de l'imiter ?

3° *Rosaire, résumé du culte.* — Résumé du dogme et de la morale, le Rosaire se trouve encore le résumé du culte, soit qu'on le considère par rapport à Dieu, ou par rapport à Jésus-Christ, ou par rapport à Marie.

Par rapport à Dieu, nous avons, comme vous ne l'ignorez pas, quatre grands devoirs à remplir : l'adoration, l'action de grâces, l'expiation, et la demande ou prière proprement dite. Or, au moyen du Rosaire, nous pouvons nous acquitter de ces devoirs d'une manière très parfaite, puisque nous lui faisons en nous unissant à Jésus-Christ, le Fils bien aimé du Père, l'unique objet de toutes ses complaisances.

Nous avons, vis-à-vis de Jésus-Christ, les mêmes devoirs de religion que vis-à-vis de Dieu le Père. Or, dans le Rosaire, comme Jésus nous sert de médiateur pour rendre nos devoirs à Dieu le Père, Marie nous servira aussi de médiatrice pour rendre à Jésus ces mêmes devoirs. Ce sera avec Marie et par Marie que nous adorerons Jésus, et que nous lui offrirons nos actions de grâces, nos satisfactions et nos demandes.

Et quant à nos devoirs vis-à-vis de Marie elle-même, quel meilleur moyen de nous en acquitter, que de le faire, comme dans le Rosaire, en union avec Jésus, et par les formules de louange et de prières les plus propres à toucher et réjouir le cœur de cette divine Mère et à l'incliner vers nous ?

4° *Rosaire, résumé et affirmation du Plan divin.* — Il est un autre caractère dans le Rosaire, caractère particulier, et qui frappe tout d'abord. C'est la place si large que cette dévotion accorde à la sainte Vierge, et le ministère considérable qu'elle lui fait remplir. Marie, dans le Rosaire, est toujours considérée comme médiatrice, et il semble que rien ne puisse aller de nous à Jésus, ni de Jésus venir à nous, sans passer par ses mains.

Sans doute qu'en cela le Rosaire ne fait que donner à Marie sa véritable place. Le Rosaire entre dans le Plan divin ; il saisit l'ordre des choses tel que Dieu l'a établi, et s'y adapte, pour le faire passer, le traduire, en quelque sorte, dans une dévotion populaire. Mais qui ne voit aussi combien, par là même, il était une arme puissante pour attaquer directement, et combatre de front, le jansénisme ? Car la tactique du jansénisme, comme de toutes les hérésies, n'était autre que de tronquer le Plan divin, et afin d'isoler plus sûrement Jésus de nous, de s'efforcer, autant que possible, d'en retrancher Marie.

D'après cet exposé, quoique bien sommaire, il vous est possible au moins d'entrevoir quelque chose des richesses vraiment prodigieuses du saint Rosaire. Ces richesses, Montfort en avait reçu l'intelligence à un degré et dans une mesure peu ordinaire. Sa *Méthode populaire,* que vous connaissez tous, renferme, à elle seule, en quelques lignes, plus de science du Rosaire, et, ce qui est la même chose, plus de vraie théologie, plus de compréhension de l'admirable économie du Plan divin de la Rédemption, que nous n'en trouverions souvent dans de volumineux ouvrages. Et en cela, comme en tout le reste, notre Bienheureux a été un véritable fils de saint Dominique.

L'histoire rapporte que Saint Dominique, avec le Rosaire, ramène dans le sein de l'Eglise plus de cent mille hérétiques. Avec la même arme, dont il possédait une intelligence si profonde et si complète, quels prodiges aussi n'opéra pas Montfort ! Il avoua dans un langage dont la pittoresque énergie égale au mieux l'originalité, que *jamais pécheur ne lui avait résisté, lorsqu'il lui avait mis la main au collet avec son Rosaire.*

Aujourd'hui qu'il est dans le triomphe, demandons lui de nous obtenir trois choses, qui sont comme le résumé de toute sa belle vie, que nous venons d'étudier.

D'abord, un véritable amour de la sainte Vierge, et l'intelligence de son Rosaire. Au milieu des maux, hélas ! si nombreux, qui désolent en ce moment le monde, Léon XIII nous indique comme remède le Rosaire. Plusieurs Encycliques solennelles adressées à ce sujet à toute l'Eglise, montrent assez que le Vicaire de Jésus-Christ attache une importance exceptionnelle à ce moyen de régénération et de salut. Mais le Rosaire est-il suffisamment connu ? est-il partout et toujours bien compris ?

Demandons-lui, comme seconde grâce, la connaissance intime de Notre Seigneur Jésus-Christ, et, par Jésus-Christ et en Jésus-Christ, la révélation du monde surnaturel. Combien d'âmes, aujourd'hui, étouffent dans l'étroite sphère du naturalisme ! Combien d'autres, et quelquefois des milliers, languissent enchaînées à des formules plus ou moins arbitraires, où elles s'épuisent sans jamais arriver. Mon Dieu qu'une vérité plus haute vienne donc les affranchir (1) !

Enfin, qu'il nous soit donné de puiser dans cette union de Notre-Seigneur et dans cette révélation du monde surnaturel, une abondante sève de vie chrétienne, et pour nos volontés cette force supérieure à tout, qui avait fait saint Dominique, qui a fait le B. Montfort, et qui, seule, fera jusqu'à la fin des siècles les vrais héros et les saints.

---

(1) *Si vos manseritis in sermone meo, vere discipuli mei eritis : et cognoscetis veritatem, et veritas liberabit vos.* (Joan., VIII, 31, 32.)

# DISCOURS

PRONONCÉ

## PAR MONSEIGNEUR FREPPEL

Évêque d'Angers

### A SAINT-LAURENT-SUR-SÈVRE

le troisième jour du Triduum

#### CÉLÉBRÉ POUR LA BÉATIFICATION

de

## LOUIS-MARIE GRIGNON DE MONTFORT

6 JUIN 1888

> *Ipse est directus divinitus in pœni
> tentiam gentis, et in diebus peccato-
> rum corroboravit pietatem.*
>
> Il a été suscité de Dieu pour con-
> duire le peuple dans les voies de la
> pénitence et, en des jours mauvais, il
> a fortifié le règne de la piété.
> (ECCL., XLIX, 3 et 4.)

Messeigneurs,
Mes Frères,

Il y a un siècle et demi, un humble missionnaire s'éteignait en ces lieux. Comme le soldat frappé sur un champ de bataille, il était tombé le crucifix à la main, brisé par les fatigues d'un long apostolat. Une seule consolation lui avait manqué dans cette mission, la dernière de toutes, celle de pouvoir ériger sur la colline, marquée de son doigt, l'un de ces calvaires au pied desquels il aimait à évangéliser les foules accourues sur ses pas. Cette colline, nous y sommes ; ce calvaire, le voici, élevé par la piété populaire pour rester à jamais la chaire par excellence du Bienheureux de Père de Montfort.

Vous m'y avez appelé, Monseigneur de Luçon, pour me faire dire à cet immense auditoire ce qu'a été l'homme apostolique dont l'Eglise vient de béatifier la mémoire. Mais à quoi bon des discours, là où tant d'œuvres parlent d'elles-mêmes ? Regardez plutôt, mes Frères, et voyez ce bourg de Saint-Laurent-sur-Sèvre devenu comme la ville sainte de la Vendée, depuis qu'il a reçu en dépôt les restes sacrés du Père de Montfort ; trois grandes institutions réunies autour de sa tombe comme une triple couronne de gloire et d'immortalité ; une légion d'apôtres partant de là pour aller réveiller la foi dans les villes et les campagnes ; des milliers de vierges du Seigneur formées à l'école de la divine sagesse pour l'instruction des jeunes filles et pour le soulagement de toutes les infirmités humaines ; l'éducation chrétienne de l'enfance aux mains d'une congrégation de Frères dont vingt diocèses recueillent les bienfaits ; et, pour ajouter aux témoignages d'une fécondité si prodigieuse, toute une région de la France demeurée fidèle au souvenir d'un pauvre prêtre, à ses enseignements et à ses pratiques de piété, se transmettant de père en fils ses leçons toujours vivantes et répétant aujourd'hui, avec le même enthousiasme qu'à la première heure, les cantiques dans lesquels avait passé toute l'âme du saint missionnaire. Ah ! dites-moi, est-il un panégyrique plus éloquent que tout cet ensemble d'œuvres éprouvées par le temps, et s'élevant bien au-dessus de la faiblesse humaine, pour manifester une puissance surnaturelle et divine ?

Et cependant, mes Frères, il faut bien qu'il y ait eu, dans la vie même du Père de Montfort, de quoi expliquer les merveilles qui ont suivi sa mort. Cette vie, je dois la résumer en quelques traits, pour vous faire comprendre les grandes choses dont vous êtes témoins. A quel moment de l'histoire a-t-il paru ? Sur quel théâtre a-t-il opéré ? En quoi a consisté son œuvre ? C'est la triple question que je me suis posée ; et, pour y trouver une réponse, je ne saurais mieux faire que de m'inspirer des paroles mêmes que j'ai prises pour texte : *Ipse est directus divinitus in pœnitentiam gentis et in diebus peccatorum corroboravit pietatem.* « Il a été suscité de Dieu pour conduire le peuple dans les voies de la pénitence, et, en des jours mauvais, il a fortifié le règne de la piété. »

I

Le xviie siècle touchait à sa fin, ce grand siècle, ce siècle si éminemment français, dans le cours duquel on avait vu toutes les gloires réunies autour d'un trône, le premier du monde. Rien

n'avait manqué aux splendeurs d'un règne jusqu'alors sans rival,
ni l'éclat des victoires, ni les chefs-d'œuvre du génie, ni la supé-
riorité dans les lettres, les sciences et les arts. A toutes ces grandeurs d'une époque incomparable, la religion était venue ajouter les
siennes par l'ascendant de sa doctrine, par l'éloquence de ses
orateurs sacrés, par la fécondité de ses œuvres et de ses institutions. Il semblait que la France eût atteint le plus haut sommet
où puisse arriver une nation, et que rien ne fût plus capable de
l'en faire déchoir, tant il y avait en elle d'éléments de force et de
prospérité.

Et cependant, sous des dehors si brillants, se cachaient des
vices profonds. L'absence de tout frein dans l'exercice du pouvoir,
le vertige de l'orgueil gagnant les meilleures têtes, la dignité chrétienne disparue sous l'intrigue et la flatterie, les prodigalités rui-
neuses d'un luxe insensé, une dissolution de mœurs d'autant plus
à craindre que l'exemple en partait de plus haut : c'étaient là
autant d'ombres au tableau des magnificences du grand siècle. Et
pour ajouter à ces défaillances, une hérésie, fille du calvinisme, en
répandait l'esprit sous des formes subtiles, soufflant la révolte
contre l'Eglise romaine, desséchant les âmes, tarissant les sources
de la piété, éloignant les peuples de l'usage des sacrements sous
prétexte de respect pour les choses saintes, substituant au Dieu
de l'Evangile, au Dieu du pardon et de la miséricorde, un Christ
au cœur et aux bras étroits, et amenant ainsi, par ses doctrines
arides et stériles, un appauvrissement continu de la vie et des
vertus chrétiennes. Aussi, sans se laisser éblouir par tout ce faste
et par toutes ces pompes, des esprits clairvoyants tournaient-ils
vers l'avenir un œil inquiet, en présence d'erreurs et de vices qui
paraissaient les signes avant-coureurs des grandes ruines et des
grandes catastrophes.

Mais, dans la vie des nations chrétiennes, à côté du mal, il y a
toujours le remède ; et Dieu le leur offre à l'heure convenable.
Déjà devant de tels périls on avait vu surgir toute une élite de saints
personnages ardents à ramener les hommes aux sources de la véritable
piété et à réagir par les pratiques de la pénitence contre les misères
et les scandales de l'époque : les Vincent de Paul, les Olier, les
Bérulle, les Rancé et tant d'autres formés à leur école. Leur exemple, plus encore que leur parole et leurs écrits, avait été pour
toutes les classes de la société un éloquent rappel aux maximes de

l'Evangile. Mais ce qu'il importait d'atteindre avant tout, de saisir et de remuer plus vivement, c'était le peuple des campagnes, ces masses profondes qui constituent la force principale d'un pays, et dont les vertus ou les vices décident de sa fortune. L'esprit de foi, pour ne pas ajouter le génie de saint Vincent de Paul, ne s'y était pas trompé ; et c'est de ce côté-là surtout qu'il avait dirigé ses efforts en fondant sa Compagnie de la Mission. Après lui comme avant lui, on verra, sous l'impulsion d'un même dévouement pour les petits et pour les humbles de la terre, on verra de grands missionnaires sillonner la France du nord au midi, pour secouer les âmes jusqu'au fond du dernier de nos villages, Les Lejeune, les Nobletz, les Maunoir, les Bridaine, et, au-dessus d'eux, par la durée comme par l'éclat de ses œuvres, l'homme extraordinaire dont nous célébrons la mémoire, et qui, plus que tout autre, avait été suscité de Dieu pour conduire le peuple dans les voies de la pénitence et pour fortifier en des jours mauvais le règne de la piété : *Ipse est directus divinitus in pœnitentiam gentis, et in diebus peccatorum corroboravit pietatem.*

Humbles débuts, Mes Frères, que ceux d'un apôtre dont les prédications allaient remuer toute une région de la France ! pauvreté, souffrance, humiliation, voilà par où s'ouvre sa carrière et par où elle devra se continuer. A Rennes, où, devant l'image de Marie, dans la chapelle des Carmes, sa vocation s'est révélée à lui avec une clarté surhumaine, il voit ses desseins traversés par les préoccupations mondaines de sa famille. A Paris, il est obligé de passer des nuits entières à veiller auprès des morts pour se procurer de quoi suffire aux frais de son éducation théologique. Encore si, du moins, l'on savait comprendre et apprécier, dans le pieux lévite, cet attrait irrésistible qui le porte vers les exercices de la pénitence et de la mortification. Mais, loin de là, ses actes de piété passent pour étranges, les saintes rigueurs auxquelles il se livre, on les traite d'imprudence et d'exagération ; son zèle paraît outré à ceux qui prennent leur jugement pour la seule mesure du bien ; c'est à qui se méprendra sur cette physionomie originale et tranchée. Il a beau accomplir des merveilles de charité à l'hôpital de Poitiers et à la Salpêtrière de Paris où il fait l'apprentissage et l'essai de son apostolat, auprès des malades et des pauvres, tout se tourne contre lui, ses succès plus que tout le reste et l'on dirait que plus sa sainteté éclate au grand jour, moins elle réussit à se faire pardonner. Rejeté de partout, « comme une balle dans un jeu de paume », selon ses propres expressions, il peut se dire, avec saint Paul, le rebut et la balayure du monde, *omnium peripsema !* (1) Triste effet des préventions et des injustices humaines ! Mais ne faut-il pas que, selon les desseins de Dieu, cet homme soit trempé dans l'adversité jusqu'au fond pour en sortir avec un tempérament d'acier ? Ne faut-il pas que tout vienne à lui manquer du côté des hommes, pour qu'il ait le droit de répéter avec d'autant plus de confiance ces deux mots qui seront le résumé de ses discours, le refrain de ses cantiques et la devise de toute sa vie : Dieu seul ! Dieu seul !

Aussi, ne craignez pas, Mes Frères : le monde aura beau l'abreuver d'amertumes et l'accabler de ses dédains, Grignon de Montfort porte avec lui trois forces dont il nous a livré le secret dans ses admirables écrits : une intelligence parfaite de la divine sagesse, un amour passionné pour la croix, une dévotion singulière à la Très Sainte Vierge. Avec ce levier d'une puissance incomparable, il soulèvera les multitudes ; sans égard pour la prudence de la chair, il combattra en face l'orgueilleuse sagesse du siècle avec l'humble folie de la croix ; il ira, le crucifix d'une main et le rosaire de l'autre, traîner les idoles du monde, abattues et brisées, au pied de ses calvaires ; fort de la mission que le pape Clément XI lui a confiée, il triomphera des sécheresses et des duretés du jansénisme en jetant leurs âmes dans les bras de Marie, pour les conduire à Jésus épanouies et dilatées au grand soleil de la grâce. Par ses pratiques comme par ses enseignements, il formera un peuple de chrétiens à la foi robuste, d'une piété franche et ouverte, simples dans leurs habitudes et dans leurs mœurs, sachant garder, d'une génération à l'autre, la forte empreinte de leur grand missionnaire, et capables de montrer, à un siècle de là, avec le courage du soldat, les vertus qui font les saints et l'héroïsme qui produit les martyrs.

J'ai dit l'époque à laquelle le Père de Montfort a été suscité de Dieu. Voyons sur quel théâtre il doit opérer.

## II

A l'époque où Grignon de Montfort commençait son apostolat, il y avait, à l'ouest de la France, une race vers laquelle devaient se

---

(1) 1<sup>re</sup> aux Cor., IV, 13.

tourner de préférence les regards du saint missionnaire. Dieu, qui distribue ses dons comme il lui plaît, avait doué cette race de toutes les qualités naturelles qui constituent un grand peuple. L'histoire était là pour montrer avec quelle ténacité elle avait su défendre, en toute rencontre, depuis le temps de Jules César, la vie et la tradition nationales. Puis, l'Eglise était venue greffer sur ce tronc robuste les vertus dont elle portait avec soi le principe; et, nulle part ailleurs, la sève chrétienne n'avait coulé plus large ni plus féconde. L'âme de ce peuple avait été ainsi comme pétrie de deux sentiments également propres à engendrer l'héroïsme : la foi religieuse et la fidélité au pouvoir légitime. Aussi, lorsqu'à la fin du siècle dernier, lorsqu'en un jour de haine et d'aveuglement, l'on en vint à s'attaquer aux oints du Seigneur, à tout ce qui représentait le Christ dans l'Etat comme dans l'Eglise, ce peuple tressaillit dans ses bocages et au fond de ses ravins. Il se leva pour défendre tout ce qu'il aimait, tout ce qu'il respectait; et le monde fut témoin d'une lutte telle qu'il ne s'en était pas vu de plus émouvante depuis l'ère des Machabées. *Moriamur in simplicitate nostra* (1), « mourons dans la simplicité de notre foi », répétaient ces fils de paysans que la foi avait transformés en héros, et qui marchaient au combat simplement et sans crainte, *simpliciter et confidenter* (2). Infructueux en apparence, leur sacrifice ne restera pas stérile. Car s'il est vrai que le sang des martys devient une semence féconde et que Dieu mesure son pardon à nos expiations; si quelques années après cette guerre de géants, comme l'appelait un homme qui s'y entendait, vous avez vu vos autels se relever, vos prêtres revenir de l'exil, et l'Eglise de France se redresser sur ses ruines plus forte que jamais, c'est que le sang des justes avait mérité toutes ces restaurations, c'est qu'avant d'éclater au grand jour de l'histoire, la résurrection avait germé dans ces tombes obscures où le dévouement s'était enseveli avec les fils de la Vendée.

Mais qui avait retrempé l'âme de ce peuple aux sources de la foi? Qui avait formé de longue date et préparé à des luttes héroïques cette Vendée militaire devenue l'admiration du monde entier dans les plus mauvais jours de notre histoire? Qui avait

---

(1) 1ᵉʳ livre des Machabées, ii, 37.
(2) Prov. x, 9.

donné le branle à ce mouvement de résistance chrétienne dont les effets allaient se faire sentir à 80 ans de là ? Ah ! n'hésitons pas à le dire et à le répéter avec la voix publique : nul n'y a plus contribué que Grignon de Montfort. Ces choses merveilleuses ont été en grande partie son œuvre et celle de ses fils.

Toutefois, avant de se tourner vers une région destinée à devenir sa terre de prédilection, ne doit-il pas les prémices de son apostolat aux lieux qui l'ont vu naître ! N'y a-t-il pas là un peuple également appelé à marquer sa place parmi les plus fermes soutiens de la foi catholique ? Prêtre breton, comment la Bretagne ne l'attirerait-elle pas tout d'abord, la Bretagne avec ses convictions robustes comme les chênes de ses vallées, inébranlables comme le granit de ses côtes, la Bretagne avec ses traditions de fidélité, d'honneur et d'héroïque dévouement ? Le voyez-vous, mes Frères, qui, à peine revenu de Rome avec les bénédictions du vicaire de Jésus-Christ, s'empresse de consacrer à sa patrie les premiers efforts de son zèle ? Il y court, il y vole, de Rennes à Saint-Malô, de Saint-Malô à Saint-Brieuc, de Saint-Brieuc à Nantes, évangélisant une paroisse après l'autre, multipliant les retraites et les missions, restaurant les sanctuaires, établissant des confréries, ouvrant des écoles et laissant derrière lui, dans les croix qu'il plante et dans les calvaires qu'il érige, autant de trophées de ses victoires sur l'enfer et sur le monde ? La Chèze, Montcontour, Pontchâteau, Vallet, cent autres endroits marqueront les étapes de la voie que suit, aux acclamations des foules suspendues à ses lèvres, ce nouveau conquérant des âmes.

Ah ! l'on prodigue des admirations faciles à ces hommes de guerre qui, à la tête d'armées nombreuses, emportent les villes d'assaut et conquièrent des provinces, au prix de combien de larmes et de sang, hélas ! Mais quand je vois cet humble prêtre, suivi du frère Mathurin ou de quelque autre de ses rares compagnons, remuer par la parole des diocèses entiers, donner l'assaut à tous les vices, triompher des passions ameutées contre lui, renverser sur son chemin préjugés, haines, persécutions, et marcher ainsi de victoire en victoire, toujours prêt, dans ce duel avec l'ennemi des âmes, à reprendre le lendemain une lutte interrompue la veille ; ah ! mes Frères, à la vue d'un tel spectacle, je me dis : voilà qui est vraiment admirable ; c'est le faîte de la puissance et de la grandeur morales.

Après la Bretagne, la Vendée. C'est l'honneur des évêques de la Rochelle et de Luçon d'avoir mieux compris que bien d'autres, le don que Dieu venait de faire aux populations de l'Ouest, Lescure et Champflour, noms vénérables à jamais et qui resteront attachés pour toujours à la mémoire du Père de Montfort ! Aussi, mes Frères, comme le saint missionnaire se sent à l'aise sous une autorité si paternelle, et au milieu d'un peuple si bien fait pour le comprendre ! Il n'a plus que cinq années devant lui pour achever sa courte et féconde carrière. Mais que d'œuvres en si peu de temps ! A partir de la mission de la Garnache par où il débute, je le vois qui se multiplie en quelque sorte, qui passe et repasse d'une extrémité de l'Ouest à l'autre, depuis la Rochelle où les Calvinistes s'ébranlent aux accents de sa voix, depuis l'Ile-Dieu ou les populations l'accueillent avec un pieux enthousiasme, jusqu'à ces paroisses de la Séguinière et de Roussay devenues, grâce à lui, des modèles de piété pour le diocèse d'Angers. Partout son succès est le même ; les peuples le suivent en quelque lieu qu'il porte ses pas ; lorsqu'il prêche la pénitence, les sanglots de son auditoire couvrent sa voix ; et ce n'est pas seulement du haut des chaires qu'il subjugue les âmes : rues, places publiques, ponts de bateau, assemblées mondaines, tout endroit lui est bon pour y faire entendre la parole de Dieu ; et, dans l'ardeur de son zèle, il en jettera des éclats jusqu'en des lieux où la sainteté seule peut se faire pardonner ces sublimes hardiesses. Ah ! dites-moi, depuis les jours de saint Antoine de Padoue et de saint Vincent Ferrier, le monde avait-il assisté à de pareils triomphes de la parole sainte ?

Et d'où venait à cet homme un tel ascendant sur les âmes ? Oui, sans doute, Grignon de Montfort était merveilleusement doué pour la parole comme pour l'action. Théologien, orateur, poète, artiste, il était tout cela, et au plus haut degré ; mais rien de tout cela ne suffirait pour expliquer comment il était devenu dans les mains de Dieu un instrument capable d'opérer de si grandes choses. Et quand je cherche le secret de cette puissance, je ne m'arrête pas aux qualités d'une nature pourtant si riche, si pleine d'intelligence et d'énergie ; je m'éloigne de cette scène du monde où le talent et la vertu éclatent au grand jour ; je suis l'homme de Dieu dans les lieux de retraite qu'il s'est choisis, dans la solitude de Saint-Lazare, dans l'ermitage de Saint-Éloi, dans le grotte de Mervent. C'est là que je le vois préluder à l'apostolat par d'effrayantes austérités, se déchirant les chairs à coups de discipline, le corps chargé d'un cilice et d'une chaîne de fer, pour anéantir en lui tout ce qui est purement terrestre et humain. C'est là que je le vois, seul à seul avec Dieu, puiser dans l'oraison des lumières d'où sortira ce « traité de la vraie dévotion à la sainte Vierge, » l'une des pages les plus admirables qui aient été écrites depuis saint Bernard ; et cette « lettre-circulaire aux amis de la Croix, » chef-d'œuvre d'éloquence que l'on tenterait vainement de surpasser ; et tant d'autres écrits qui sont comme la substance et la moëlle des prédications du Père de Montfort. Ainsi se forment les saints ; ainsi se préparent les grands apôtres.

### III

Je viens de prononcer le mot apôtre pour caractériser l'œuvre du Père de Montfort. Or, quand on a dit ce mot-là, l'on a rappelé l'une des créations les plus étonnantes de la foi. Si je regarde par delà le christianisme, je vois bien dans l'antiquité païenne, je vois le rhéteur qui disserte, le sophiste qui discute, le philosophe qui converse tranquillement au milieu d'un petit cercle d'initiés ou d'adeptes, mais qui, après tout, s'il n'est pas écouté, en prend son parti, ferme ses livres et s'en va. Cet homme-là, il n'est pas rare de le rencontrer dans les siècles païens ; il s'est appelé tour à tour Socrate, Platon, Cicéron. Cela se comprend et cela s'explique. Mais l'apôtre, mais le missionnaire qui, pour sauver des âmes, s'élance jusqu'aux confins de l'univers, oublie la fatigue, brave le péril et affronte la mort ; cet homme auquel l'amour de Dieu donne des ailes, qu'il soulève de terre et pousse à travers le monde tout brûlant d'ardeur pour la vérité ; cet homme qui, cent fois rebuté, n'en revient pas moins à la charge, presse, sollicite, adjure ; qui, si on l'écoute, verse des larmes de joie et, s'il est repoussé, frémit de douleur ; cet homme qui, depuis dix-huit siècles, passe et repasse sous les yeux des peuples, et qui, dans sa course que rien n'arrête, a traversé toutes les contrées, franchi toutes les mers, est apparu sous toutes les latitudes portant la parole sur ses lèvres et la doctrine dans son cœur ; cet homme là je ne le vois nulle part en dehors du christianisme ; c'est une création de l'Evangile, une création surhumaine ; et je n'aurais besoin d'aucune autre preuve pour conclure à la divinité d'une religion qui a su et qui sait encore produire de tels hommes.

Grignon de Montfort a été l'un de ces géants de l'apostolat qui, depuis saint Paul jusqu'à saint Vincent Ferrier et à saint François Xavier, et au-delà ont fait éclater cet amour surhumain de la vérité et cette passion des âmes dont rien n'approche dans l'histoire du monde. Et en quoi a consisté son œuvre ? Lorsque, il y a vingt ans, les Pères du Concile de Poitiers voulaient la définir, ils disaient : « C'est grâce au vénérable Louis-Marie Grignon de Montfort, que l'on doit, dans nos contrées de l'Ouest, d'avoir conservé une foi vive, l'amour de la Croix et la dévotion à la sainte Vierge. »

Une foi vive ! Ah ! c'est qu'elle avait passé de l'âme du saint missionnaire, comme d'un foyer toujours ardent, dans l'âme du peuple attaché à ses pas. Elle y passait par l'instruction, par l'exemple, par la prière, par toutes les pieuses industries que lui suggérait son zèle, depuis « les contrats d'alliance avec Dieu » jusqu'aux « rénovations des promesses du baptême ». Arrière les sécheresses du jansénisme, ses duretés pour les pécheurs, ses défiances envers la miséricorde divine ! Ce que demande le Père de Montfort, ce sont des cœurs qui s'ouvrent à l'amour de Dieu, des âmes qui viennent se renouveler aux sources de la grâce, pour y puiser cette piété généreuse, tendre et forte, qui est la marque du véritable esprit chrétien. Et alors, le voilà qui, pour graver les vérités de la foi dans la mémoire de ses Vendéens et de ses Bretons, pour en faire un peuple de chrétiens, à l'âme simple et vaillante, héroïque et joyeuse, chantant et bénissant Dieu dans le travail, dans la souffrance, toujours et partout, le voilà qui compose ces immortels cantiques où, dogme et morale, vertus chrétiennes, devoirs d'état, pratiques de piété, tout prend de l'éclat, du mouvement et de la vie, sous les formes les plus familières et les moins apprêtées. Après avoir prêché, il chante ses prédications : il chante dans ses joies, dans ses peines, dans ses humiliations ; il chante la nature où tout lui parle de Dieu ; il chante les victoires de la grâce sur les âmes ; il chante les abaissements de la crèche, les tendresses du Sacré-Cœur, les magnificences de l'Eucharistie, toujours vif et entraînant, parfois éloquent jusqu'au sublime, mais jamais mieux inspiré que dans les strophes où il célèbre les triomphes de la Croix et les gloires de Marie.

La Croix ! L'amour de la Croix ! Voilà, mes Frères, le premier et le dernier mot du grand apôtre de la Vendée. C'est de la Croix qu'il fait dériver, et c'est à elle qu'il ramène tout son enseignement. Faut il s'en étonner ? Tout est là, en effet, sur ce bois suspendu depuis dix-huit siècles entre le ciel et la terre : la divinité et l'humanité. La divinité ! Ses grandeurs, ses abaissements, ses tendresses. L'humanité ! Ses malheurs, ses espérances, ses gloires. La divinité ! Son courroux et son pardon. L'humanité ! Ses fautes et ses souffrances. La divinité ! Ses œuvres et ses droits. L'humanité ! Ses devoirs et ses mérites, ses réprouvés et ses élus, son passé et son avenir. Tout cela est écrit en caractères de sang dans ce livre déployé aux yeux du monde, et dont chaque trait est une lumière, chaque ligne une révélation, chaque page une vision de Dieu et de l'éternité.

C'est ce livre où se résume l'Evangile, qui est l'Evangile en acte, l'Evangile vivant et palpable, c'est ce livre merveilleux que le Père de Montfort ouvrait devant les multitudes comme l'abrégé de ses prédications. De là ces plantations de croix, ces érections de calvaires par où se terminaient toutes ses missions. Vive Jésus ! vive sa croix ! c'était son chant de triomphe. « On nous empêche de planter une croix : eh bien ? s'écriait-il dans un saint enthousiasme, plantons-la dans nos cœurs, elle y sera mieux placée que partout ailleurs. » Et encore : « Vous vous appelez amis de la croix : que ce nom est grand ! Je vous avoue que j'en suis charmé et ébloui. Il est plus brillant que le soleil, plus élevé que les cieux, plus glorieux et plus pompeux que les titres les plus magnifiques des rois et des empereurs, c'est le grand nom de Jésus-Christ, vrai Dieu et vrai homme tout ensemble : c'est le nom sans équivoque d'un chrétien (1). »

Mais quoi, mes Frères ! La croix avec ses souffrances et ses humiliations n'a-t-elle pas de quoi effrayer la nature humaine si rebelle au sacrifice ? Pour conduire les âmes au pied de la croix, ne faut-il pas comme attrait victorieux vers le dévouement et la douleur, une dévotion plus douce, plus aimable, plus tendre, plus suave, plus propre à charmer les cœurs en leur inspirant la confiance dans les divines miséricordes ! Ah ! paraissez, céleste figure de Marie, avec vos merveilles de grâces, de pureté, de clémence,

---

(1) Lettre circulaire aux amis de la croix.

de tendresse pour les âmes ; votre image va planer sur tout cet apostolat, pour lui donner un incomparable reflet de lumière et de compatissante bonté. Vos grandeurs et vos bienfaits seront le thème habituel de ces discours tout enflammés d'ardeur pour votre gloire. C'est le rosaire à la main que votre serviteur ira, de contrée en contrée, réduire les âmes dans le saint esclavage de Jésus ; et il pourra dire de cette arme invincible, dans un langage auquel je ne veux rien enlever d'une rudesse apostolique qui, chez lui, allait jusqu'au sublime : « que jamais pécheur ne lui avait résisté, une fois qu'il lui avait mis la main au collet avec son rosaire. » Salut à vous, Marie, ce sera le cri de son âme dans ses instructions, dans ses cantiques, dans ses écrits ; et enfin, à son heure dernière, en face de ces collines de Saint-Laurent-sur-Sèvre, terme de son pèlerinage ici-bas, il ramassera ses forces en ces deux mots où se résume son œuvre : « Rendons grâces à Dieu et à Marie : » *Deo gratias et Mariæ !*

Et maintenant, allez à votre tour, enfants du bienheureux Père de Montfort, porter à travers le monde sa foi vive, son amour passionné pour la croix, sa dévotion à la Très Sainte Vierge. Prolongez son œuvre au milieu de nos campagnes, dans nos écoles, auprès des malades et des pauvres. Faites bénir son nom et sa mémoire à l'étranger comme en France, depuis l'ouest de l'Europe jusqu'au nord de l'Amérique. Vous êtes le rayon le plus éclatant et le plus pur de sa gloire terrestre, missionnaires de Marie, Filles de la Sagesse, Frères de Saint-Gabriel. Le Père de Montfort se survit en vous, dans vos travaux et vos vertus. Sa tombe a été le berceau de toutes vos institutions : c'est auprès d'elle que vous êtes nés, que vous avez grandi, et que vous resterez à jamais comme la preuve vivante de son génie et de sa sainteté.

Protégez donc avant tout, ô grand apôtre de la Bretagne et de la Vendée, cette famille religieuse à laquelle vous avez laissé votre esprit avec vos enseignements. En retour des hommages que nous vous rendons sur la terre, étendez du haut du ciel les effets de votre protection à ces catholiques diocèses de l'Ouest qui se trouvent ici réunis dans un même sentiment de confiance et de vénération ; à ces prélats qui, par leur science et leurs vertus, honorent leurs sièges déjà si couverts de gloire et d'antiquité ; à tout ce clergé dont l'existence se consume dans les sacrifices d'une vie austère et laborieuse ; à ces nobles représentants de toutes les forces vives de notre chère patrie; à cette France chrétienne qui, comme aux anciens jours de son histoire, est toujours en dépit de tout et malgré tout, le soldat du Christ, le défenseur-né de l'Eglise. Ah ! priez pour ce peuple des campagnes que vous avez tant aimé sur la terre, et au milieu duquel se sont écoulées les années les plus fructueuses de votre apostolat. Plus que jamais il est en butte aux attaques de l'impiété. Voilà pourquoi l'Eglise et son auguste Chef, hier, Pie IX, aujourd'hui Léon XIII, ont choisi ce moment pour vous placer sur nos autels, vous l'apôtre par excellence des campagnes ! Obtenez à ce peuple la grâce de conserver avec sa foi robuste, ses idées saines, ses bons principes, ses goûts simples, ses mœurs pures, ses habitudes sévères, ses vertus domestiques, son attachement à la religion et à l'Eglise, tout ce qui a fait jusqu'ici l'honneur et la force de cette partie de la France restée plus fidèle que toute autre à ses croyances et à ses traditions.

Et vous, mes Frères, qui êtes accourus en si grand nombre pour prendre part à ces touchantes solennités, vous, les descendants et les arrière-petits fils de ces braves Vendéens que le Père de Montfort électrisait par sa parole, emportez avec vous au sein de vos familles le souvenir de ces grandes journées de la foi. Gravez dans votre âme les leçons qui en découlent. Il y a un an, célébrant à une autre extrémité de la France la mémoire d'un grand pape, qui fut aussi, comme Grignon de Montfort, un grand Français, je répétais la parole d'Urbain II appelant nos pères à la défense de la foi : Dieu le veut! Dieu le veut ! Dieu le veut ! Aujourd'hui, devant les tristesses du présent et les menaces de l'avenir, c'est un autre cri que je voudrais faire retentir au fond de vos cœurs, le cri que l'apôtre de la Vendée aimait à jeter à travers les multitudes, au terme de ces missions, comme le cri de la foi, de l'espérance et de la divine charité : Dieu seul ! Dieu seul ! Dieu seul !

Ainsi soit-il !

# LUMEN IN CŒLO (1)

## I

Voyez-vous dans le ciel, au ciel de ma Vendée,
Sur l'horizon d'azur monter cet astre d'or?
Qu'il est beau !... Son éclat, de jour en jour plus fort,
Eblouit, et l'Eglise en est comme inondée :
Saluez, Vendéens et Bretons : c'est Montfort !...

Montfort, le Bienheureux !... Hier, là-bas à Rome,
Un pied sur cette terre et le regard au Ciel,
Un homme — qu'ai-je dit ? — il est plus qu'un mortel,
Le Pape, Léon treize, il suffit qu'on le nomme,
L'a pris dans la poussière et l'a mis sur l'autel.

Montfort, c'est le Breton, le chrétien et le prêtre,
Trois signes qu'à son front vous trouverez partout :
Breton, cœur de granit, plus ferme encor peut-être ;
Chrétien fort, méprisé, mais constant jusqu'au bout ;
Prêtre, avec cet amour, — la croix du divin Maître, —
Il s'élance... et la mort le frappera debout.

## II

Ah ! Dieu l'avait marqué comme un soldat d'élite !
Enfant, son cœur avait des battements divins ;
Cette vie, un champ clos où le chrétien milite,
Il s'y jette, et quand tout s'ébranle ou périclite,
A Dieu seul il consacre et son cœur et ses mains.

Le voyez-vous couché sur les dalles du temple ?
Le sacerdoce a mis la couronne à son front
Et la flamme à son cœur. Dieu le veut : qu'il est prompt
A semer en tous lieux la parole et l'exemple,
Pour Marie et pour Dieu méprisant tout affront !...

---

(1) Cette poésie a été lue à la Distribution des prix du petit Séminaire de Chavagnes (1886)

C'est l'heure où l'hérésie au visage hypocrite
Déchire le manteau de l'Eglise de Dieu :
Jansénisme haineux, secte étrange et maudite,
Serpent broyé vingt fois, vingt fois il ressuscite,
Et jette son venin jusques dans le saint lieu.

Le fidèle est atteint et le prêtre s'égare,
Plus haut même parfois a monté le poison :
Rome tonne... et partout il court un long frisson...
En vain... l'hydre hideuse en tronçons se sépare
Et redresse bientôt sa tête à l'horizon.

Ah ! que va devenir, sous l'étreinte hideuse
Du cancer qui la ronge et lui suce le sang,
Cette Eglise de France autrefois si pieuse,
Si féconde en docteurs, en saints si glorieux ?...
Seigneur, pour la sauver, il faut un bras puissant.'

Les voici, les sauveurs !... O Bretagne, ô Vendée,
O Saintonge, ô Poitou, votre ange, c'est Montfort.
Jeune, ardent, plein de Dieu, frémissant à l'idée
De l'Eglise en péril, il prend un large essor...
En vain l'Enfer rugit et la place est gardée ;
Montfort a son Rosaire, il sera le plus fort.

### III

O combats de l'Apôtre, ô souffrances cruelles,
Fatigues de la chair, déchirements du cœur !...
Mépris, dur abandon qui vous brise les ailes ;
Souffles d'en bas, d'en haut, tuant les étincelles
D'un zèle ardent qui vole, et se croyait vainqueur !...

Tel fut, quinze ans, le sort de l'admirable Apôtre.
Mais souffrir, c'est ton lot, prêtre de Jésus-Christ !
L'œuvre que nous faisons, certes, n'est pas la nôtre :
Que t'importait, Montfort, quand, un jour ou bien l'autre,
Il te fallait vêtir la robe du proscrit ?...

Qu'importent le mépris, la lâche calomnie ?
Qu'importe le transfuge au camp de l'ennemi ?...
Montfort, si votre Père égaré vous renie,

Pierre est là qui console, et de sa voix bénie,
Vous dit que le Sauveur est resté votre ami.

Nantes, Rennes, Poitiers, Saint-Malo, vous le vîtes,
Traqué, circonvenu dans son zèle brûlant ;
Chassé du saint autel et du rang des lévites,
Comme un prêtre déchu. Montfort, ah ! vous gravîtes,
Sans vous plaindre jamais, ce calvaire sanglant.

Deux pontifes toujours lui restèrent fidèles.
Et Lescure et Champflour : La Rochelle et Luçon,
Deux refuges pour lui, deux fortes citadelles,
Où le soldat, percé de blessures cruelles,
Lutta jusqu'à la mort pour payer sa rançon.


IV


Lescure n'est pas mort : il semble vivre encore,
Et son cœur est toujours dans le vôtre, ô Montfort ;
Gardien de ce tombeau que tout un peuple honore,
Il a pris votre cause et déjà luit l'aurore
Où l'amant de la Croix va monter au Thabor.

Oui, Lescure est ici : c'est sa douce figure
Qui sourit au bonheur de vous voir sur l'autel ;
Sa main a recueilli votre cendre si pure,
Et ces œuvres de foi, beaux chants que l'on murmure
Et que l'on chante encore à la porte du ciel.

Oui, Lescure est ici comme le bras de Pierre,
Qui jette à votre front ce diadème d'or :
Il s'appelle Clovis... oh ! que son âme est fière
En voyant s'élever, dans la pleine lumière,
Cet astre que son cœur a tant aimé — Montfort !

Salut donc, ô Montfort ! Vive Louis-Marie
Humble prêtre jadis, aujourd'hui Bienheureux !...
Salut, fière Bretagne !... en toi n'est point tarie
La source d'où jaillit un sang si généreux ;
Salut, Vendée, à toi, sa seconde patrie,
Qui gardas son tombeau sur la terre des preux !...

## V

Mais d'un autre tombeau, là, sur ta noble terre,
Quelle est cette lueur qui blanchit l'horizon ?
Quel parfum s'échappant du marbre solitaire !...
Est-ce un nouveau Montfort — oh ! dis-nous ce mystère —
Qui brise glorieux les murs de sa prison ?

Oh ! silence, mortels ! Dieu fait bien toute chose :
Montez, montez, Montfort !... Baudouin aura son tour.
Des bienheureux au ciel la liste nest pas close ;
Léon, Clovis, amis de toute grande cause,
Ont l'œil sur cette cendre... attendez le grand jour.

L'Abbé J. J. Rousseau.

# BÉATIFICATION

## DE

## LOUIS-MARIE GRIGNON DE MONTFORT

Quels sont ces inconnus, à la figure austère,
Au lendemain du jour où Jésus monte aux cieux,
Qui, là-bas, froidement se partagent la terre
      En conquérants audacieux ?

Leurs armes ? — Rien, sinon une agreste parole.
Leur nom ? — Point d'autre nom que celui d'un proscrit.
Leurs trésors, où sont-ils ? — Ils n'ont pas une obole,
      Rien que la croix de Jésus-Christ !

C'est tout : mais, avec elle, ils ont, arme invisible,
La prière, la foi qui transporte les monts ;
Que dis-je ? Ils ont en main la puissance invincible
      Du Dieu qui chassait les démons.

Ils scelleront la croix au cœur de l'ancien monde ;
Et malgré les fureurs de l'enfer aux abois,
Faibles, ils forceront le paganisme immonde
      A se courber devant ce bois.

Tel apparut, un jour, dans ma douce patrie,
Par une sombre erreur presque blessée à mort,
Cet homme à l'œil profond, à la face amaigrie,
      Qui sera demain saint Montfort.

— « Je ne suis, moi, dit-il, que néant et misère ! »
Qu'importe ? Un feu divin s'élance de son cœur :
Quand il brandit la Croix, quand il tient son Rosaire,
      Il parle, il est partout vainqueur !

Le Rosaire et la Croix, voilà ses nobles armes ;
Il ne sépare point la Mère de son Fils :
Il invoque la Mère, et dans les jours d'alarmes,
      Il pleure au pied du crucifix.

Cent fois il voit surgir un formidable obstacle ;
D'amertume cent fois son cœur est abreuvé :
Dieu répond à ses pleurs par un touchant miracle,
    Et cent fois l'obstacle est levé.

Dieu le fit éloquent, l'amour le fit poète :
Il chante sa doctrine après qu'il a prêché ;
Souffle de Dieu, son chant est l'heureuse tempête
    Qui déracine le péché.

Après mille combats, lorsque le corps succombe,
Montfort, pour un instant, au monde dit adieu.
Seul au bois de Mervent, innocente colombe,
    Il va se cacher avec Dieu.

De ce nouveau Sina, doux conquérant des âmes,
Plein d'ardeur, il descend pour des luttes sans fin ;
Pâle est le grand lutteur, mais son front a des flammes,
    Comme le front d'un séraphin.

Il vole à Saint-Laurent où son amour l'appelle :
C'est là que Dieu l'attend ; intrépide soldat,
C'est là que la mort vient l'effleurer de son aile :
    Il tombe au milieu du combat !

Mûr déjà pour le ciel, il meurt plein de jeunesse.
Vendéens et Bretons, laissez couler vos pleurs !
Mais il laisse après lui vos *Sœurs de la Sagesse*
    Pour calmer vos justes douleurs.

Mais il laisse à côté ses *Enfants de Marie*,
Ses nobles descendants, ses dignes héritiers.
Non, non, de tels soldats partant pour la Patrie
    Ne meurent jamais tout entiers !

Maintenant, écoutez, dans notre nuit profonde,
Cette voix qui domine au ciel tempétueux,
Cette voix d'un grand Pape à qui s'en va le monde
    Offrir ses présents et ses vœux ?

Léon XIII a prêché la prière chérie
Que Montfort autrefois sema chez nos aïeux,
« Je veux fêter, dit-il, le héraut de Marie ;
    Que son nom soit grand en tous lieux ! »

Qu'il brille enfin ce jour prospère
Qu'appellent nos cœurs triomphants :
En glorifiant notre Père,
Vous glorifiez ses enfants !

Parlez ! votre voix solennelle
Va resserrer les doux liens
Qui rattachent, chaîne éternelle,
Et l'Eglise et les Vendéens.

Au Prince des Rois de la terre
Amour jusqu'à nos derniers ans !
Nous le jurons sur ce Rosaire
Qu'offrent vos fils reconnaissants !

Nous jurons amour au Rosaire
De Léon XIII et de Montfort :
Charme de cette vie amère
Il rendra douce notre mort.

Quand notre âme, pauvre colombe,
S'envolera loin de ce lieu,
Il sera là, dans notre tombe,
En attendant le jour de Dieu !

E. GONET.

# LA FÊTE DU BIENHEUREUX MONTFORT

## I

Saint-Laurent, bourgade fleurie,
Dont le nom partout est cité,
Non, tu n'es point de ma patrie
La moins importante cité !

Car c'est ici que prit naissance,
Le jour de son entrée aux cieux,
Celui dont ta reconnaissance
Garde les restes précieux.

Précieux, j'ai bien dit : la grande voix de Rome
Vient de jeter soudain à nos échos joyeux
Le nom glorifié de Montfort, de cet homme
  Si petit à ses propres yeux !

Élevons des autels, enfants, à notre Père :
Dieu le veut ! Exaltons ce vaillant humble et fort :
Dieu l'a fait grand au ciel : que notre cœur espère !
  Prions le Bienheureux Montfort.

## II

Le Prophète avait dit : Jérusalem la sainte,
Pour tes fils à venir recule tes remparts :
Ne crains pas d'élargir ta merveilleuse enceinte :
Vois-les à l'horizon venant de toutes parts !

Tel Saint-Laurent ! Voyant la foule qui fourmille,
« D'où me viennent ces fils que je n'ai point portés ? »
Et Montfort répondait : « Ils sont tous ma famille :
Mon Rosaire et ma Croix les ont tous enfantés ! »

Et l'humble Saint-Laurent, désormais Ville sainte,
Qui n'a que ses coteaux verdoyants pour remparts,
Elargit trente fois sa trop modeste enceinte
Pour les fils de Montfort venant de toutes parts.

Un groupe se détache : ils sont bien trente mille !
Ils montent au sommet où resplendit la Croix ;
Ils se pressent muets, troupe calme et tranquille,
Environnant l'autel du Seigneur, Roi des rois.

### III

Mais suis-je encor sur cette terre ?
Est-ce une vision des cieux
Qui, pendant l'auguste mystère,
Se déroule devant mes yeux ?

La Victime apocalyptique,
Que Jean, de son œil prophétique,
Vit dans la céleste Sion,
Elle est là, sanglante, immolée,
Epanchant sur notre vallée
Des flots de bénédiction.

Voici les vieillards, qu'environne,
Coup d'œil féerique, une couronne
De mille prêtres, dont la voix
D'abord monte au Dieu qu'elle honore,
Et redescend, fière, sonore,
Au fond des vallons et des bois.

Et puis, voilà tout près, les Sœurs de la Sagesse,
A peine entrevoyant, sous leurs vêtements gris,
Le spectacle nouveau que Dieu dans sa largesse
Etale tout à coup à leurs regards surpris.

Anges avec des corps, plus belles que les anges,
Partout où va Jésus, elles sont près de lui :
Elles suivent l'Agneau, c'est juste : ses louanges,
Nul mieux qu'elles ne peut les chanter aujourd'hui.

Puis, de l'autre côté, fils aussi du Rosaire,
Voici les protégés de l'ange Gabriel,
Les Frères de Jésus dont la troupe se serre,
Environnés d'enfants qu'ils conduisent au ciel.

Enfin, en contemplant cette foule nombreuse
Qui monte et qui descend, mystérieux reflux,

N'ai-je point sous les yeux la troupe bienheureuse
Qu'aperçut le Prophète au séjour des élus ?

Et peuples et Pasteurs, enfants, Vierges et Frères,
Unis sous l'œil de Dieu dans un commun transport,
Viennent tous, car leurs vœux ne sont plus téméraires,
Prier près de l'Agneau le Bienheureux Montfort.

> Non, je ne suis plus sur la terre ;
> C'est une vision des cieux
> Qui, pendant l'auguste mystère,
> Se déroule devant mes yeux !

### IV

> Mais il faut replier notre aile :
> Dieu veut que nous fêtions aussi,
> Montfort, ta dépouille mortelle
> Qui se cache tout près d'ici.

Déjà sept fois, jaloux d'exalter sa mémoire,
Sept anges du Seigneur ont célébré sa gloire :
A leurs accents émus tous nos cœurs ont bondi,
> Et sans l'Agneau, sublime hostie,
> Reposant dans l'Eucharistie,
> Cent fois nous eussions applaudi.

C'est à nous maintenant de lever hors de terre
Les sacrés ossements de cet Apôtre austère
Dont l'âme sur le corps sut garder tous ses droits.
> Portons ce corps, cette victime,
> Qu'un jour d'une main magnanime
> Montfort immola sur la Croix.

O filles de l'Elu, dans votre juste joie,
Sans compter, préparez l'argent, l'or et la soie :
Il faut une arche riche à ces riches débris !
Vous, Prêtres, courbez-vous sous la pieuse charge ;
Peuple, entr'ouvre tes rangs, et fais la place large :
On va porter Montfort dans nos sacrés lambris.

L'arche s'avance enfin… Ebranlant les collines,
Un cri s'échappe et part de cent mille poitrines :
Gloire ! Gloire à Montfort ! Montfort, priez pour nous !

Et sur tout le parcours de la sainte Relique,
On n'entend qu'un seul cri, le cri de la supplique
D'un peuple frémissant et priant à genoux.

### V

Et moi, je me disais : Quelle fête plus belle
Attend, dans les splendeurs de la sainte Sion,
Ceux qui, vainqueurs aussi d'un corps souvent rebelle,
Verront près de Jésus la Résurrection !

Et je vis, dans un beau nuage,
Un cilice d'or à la main,
De Montfort la riante image
Du ciel m'indiquant le chemin.

Il disait : « Pénitence austère !
« Oh ! que tes fruits sont précieux !
« Toi qu'on abhorre sur la terre,
« Combien nous t'estimons aux cieux !

« Qu'est-ce qu'une heure de supplices,
« Par la grâce de Dieu doucement tempérés,
« Auprès de ce jour de délices
« Qui ne finit jamais dans les parvis sacrés !

« Chez vous la gloire n'est qu'une ombre,
« Elle effrayait mon cœur, effarouchait ma foi :
« Au sortir de votre nuit sombre,
« Je vis la gloire vraie : elle accourait à moi !

« Faible, j'appuyais ma misère
« Sur l'humble Vierge d'Israël :
« Enfants, gardez bien mon Rosaire,
« Il ouvre la porte du Ciel. »

### VI

Les chants avaient cessé : la fête était finie,
Mais mon cœur ne pouvait s'éloigner de ces lieux,
Où je croyais encore entendre l'harmonie
Des anges poursuivant la fête dans les cieux.

E. Gonet.

# LE TRIDUUM

DU BIENHEUREUX

## LOUIS-MARIE GRIGNON DE MONTFORT

GLORIA, LAUS ET HONOR TIBI SIT, LUDOVICE MARIA ! ...

### I. La Béatification. Le Triduum Romain.

Te Leo sancivit, Ludovice Maria, Beatum
Tertius à decimo, quem totus suspicit orbis
Os Petri, os Christi !.... (Multos Leo vivat ad annos !)...
   Roma Beatorum primos tibi solvit honores
Solemni pompâ, quam dicere versibus impar
Non hic aggrediar ; Præsul Clodovæus honores
Vidit ovans, pinxitque piis spectacula verbis (1).
Mox quoque per triduum, solemnia festa celebrans,
Roma suis votis præsentem rebus in arctis.
Poscit opem, ingeminatque preces cum laude Beati !
   Nunc cives æquum est communia gaudia dignis
Testari festis, communia promere vota,
Communesque preces !... Ludovici plena Mariæ
Omnia, quà pateant districtus Pictavienses,
Armorici fines, provinciaque Andegavensis :
Sed tibi cessit honos, Vendæa beata, sepulcri,
Præcipuoque tuum celebrabis honore Beatum !....

### II. Saint-Laurent-sur-Sèvre et les gloires du Bienheureux Montfort

Est vicus, Sancti Laurenti nomine dictus
Ad Separim, Separis quia vicum interfluit una,

---

(1) « Quel spectacle, N. T. C. F., que celui de la glorification de notre
Apôtre, dans la salle immense qui s'étend au-dessus du portique de Saint-
Pierre ? Jamais nous n'oublierons l'impression mystérieuse qui s'empara
de tout notre être, quand, après la lecture du Bref de Béatification, le voile
qui couvrait l'apothéose du Père de Montfort tomba subitement, et le
Bienheureux nous apparut, tout inondé de lumière, montant dans la gloire,
entouré des anges qui portaient la Croix, le Rosaire et le livre admirable
des Règles qu'il a laissées à ses enfants ! » (Mandement de Mgr Catte

Felix terra situ, felicior ossibus istis !
Hinc nempè ad Superos, Ludovice Maria, saluti
A Christo partæ, post annos mille, sub annum
Septingentesimum decimum sextumque, migrâsti,
Ætatis quadragesimum quartumque sub annum ;
Sic habuit tumulum tantilli Ecclesia vici !....
Non alius Tridui festis locus aptior usquàm
Esse queat : nàm vivit adhùc Pater ille Beatus
Hocce loco, quem *sanctam urbem* Vendæa vocabit :
Hic defunctus adhùc loquitur !... Speciosa, Mariæ
Nomine qui gaudent, cernis vestigia Patrum :
Hi pacem sermone ferunt, bona vera loquentes !
Cernis et eximias, queis dat Sapientia nomen,
Sponsarum Christi turmas ; his credita latè
Cura puellarum, servantque innoxia corda,
Insuper et variis probent solatia morbis !
Cernis et hic fratres Sancti Gabrielis adesse
Qui pueros pariter doceant, vivumque tenellis
Germinibus curent Christi superaddere amorem !
Hæc mirere velim : sunt hæc monumenta, fatebor,
Clara Patris Montfort : miror magis undique nostris
Viventem in populis mentem atque exempla Beati !
Quæ coluit, colimus ; quæ dixit, novimus omnes ;
Quæ cecinit, canimus ; sic nos docuêre parentes !
Nunquàm degeneres simus nostrive nepotes !...

---

### III. Les préludes du Triduum

Nunc paucis dicam Tridui præludia verbis.
Jàm Præsul Clodovæus adest, templumque Sororum
Divinæ sacrat Sophiæ : Pater ipse Beatus
Divinam Sophiam tanto celebrabat amore !...
Vix ità magnificis templum fulgere columnis
Invenias alibi, vel lumen spargere vitris :
Omnia digna Deo, quantùm fert terra !.... Vicissim
Et fratrum Sancti Gabrielis nobile templum,
Marmoreo altari clarum gothicisque columnis,
Pontificis sacrat manus indefessa !... Paratur
Intercà insertis trabibus miroque labore
Ad pompas Tridui sub dio mobilis ara ;
Perstringitque oculos coràm *Calvaria Montfort*,
Collis in excelso sita culmine ! Lata patescunt
Prata piis populis ; sedes tabulata tenebit
Pontifices Domini ; facilè spectacula cernet
Turba ingens, servoque Dei pia carmina dicet.
« Corde pios humilesque Deus de pulvere tollit,

Quos lucem ponat populis, faciatque potentes ! » (1)
Hæc dixit Montfort : hæc ipsi gloria cessit !

---

## IV. Le premier jour du Triduum. Les Panégyriques, etc.

Lucet prima dies Tridui !... Quis dicere possit
Quàm multi dignè incipiant pia festa fideles,
Dùm Christum accipiunt Sacri velamine Panis ?...
Manè dabit Missæ solemnia Pontificalis ;
Hanc celebrat Præsul Clodovæus Lucionensis,
Qui precibus, scriptis, multoque labore Beatum
Curavit Montfort citiùs Petri ore vocari :
Sic laudem sibi, sic nobis hæc gaudia fecit !...
Hinc vespertinis triplex auditur in horis
Sermo panegyricus. Sanctus Laurentius olim
Rupellensis erat vicus, quo jure Beatum
Nuncupet et Rupella *suum !* Properavit adesse
Præsul Rupellæ, Sophiæ in temploque Suorum
Narrat apostolicos miro sermone labores
Quot Pater ille locis divini semina verbi
Sparserit, et quantos tulerit patientia fructus :
Tanto animas, tantoque Deum quærebat amore !...
Quàm miranda viri pietas ! Crucis insitus illi
Cultus erat, Matrisque Dei !... Vestigia Patris
Christus apostolicos homines det cernere semper,
Semper et in populis cultum fervere Mariæ !
  Ast habet ipsa suas laudes Ecclesia vici,
Hicque Pater Trotin depingit imagine vivâ
Quàm fuerit Montfort humilis, quæ gloria merces
Sit data servo humili : Dominus nàm corda superba
Despiciens, humiles vult exaltare valetque !
Quanta tulit Christus ludibria, quantaque Montfort,
Verè discipulus Christi ! « Crux nulla, Beatus
Aiebat, crux quanta mihi ? » Convicia sæpè
Passus in incæptis, similisque per omnia Christo,
Præmia digna capit, triplexque corona Beato
Lucet honore Patrum, Fratrum, Sophiæque Sororum !
Ad tumulum populi currunt, humilisque Sacerdos
Pontifices ipsos, venerentur ut ossa, vocabit !....
Intereà Jesuita Pater, cui nomine Nauleau,
Alloquitur fratres Sancti Gabrielis, et ipsis

---

(1) « Dieu cherche en la poussière
Le pauvre et l'innocent,
Pour le rendre puissant
Et l'orner de lumière ! (Montfort).

Fert exempla Patris : puerorum fingere mores
Grande opus est, omni picturâ et quâlibet arte
Dignius ! Undè priùs discas, exindè docebis !
Matre docente piâ, Montfort pietatis amorem
Imbibit : hinc socii Jesu documenta salutis
Infundunt animo Patres, artesque profanas ;
Sancti Sulpitii Patres opus omne coronant.
Arma Sacerdotem divina humanaque cingunt ;
Exeat in campum, fleat et sua semina mittens,
Sed metet exultans ; colit imo corde Mariam,
Castigat corpus durè : sic itur ad astra !...
Multa manent puerorum hodiè discrimina mentem :
Protegat è cœlo pueros, tribuatque magistris
Invictum zeli robur, cultumque Mariæ !...

---

## V. Le second jour du Triduum. Les panégyriques, etc.

Prima dies fugit citiùs, lucetque secunda.
Pontifices venère decem, queis clarior exstet
Pontificalis honos Missæ : quàm densa precantûm
Agmina jàm videas solemni assistere Missæ !
Post, adeunt tumulum Patris, precibusque frequentant,
Nunc statua huic tumulo supereminet, et morientem
Exhibet ipsa Patrem : cœlum aspicit, et Crucifixum
Dextra tenet ; lapidi verba hæc inscripta leguntur :
« Pergamus nos ad cœlum, pergamus, amici !
Si bona mundus habet, melior paradisus, amici ! » (1)
Vespere, Pontificis quo magna Lutetia gaudet,
In templo Sophiæ, sermonem audire licebit.
Hic se concivem, Vendæo sanguine cretum,
Dicit, et edoctum à primis venerarier annis
Insignem Patrem. Montfort tria scripta reliquit
Queis pingit sensus animi, queis pingitur ipse !
Describit primo quantas Sapientia laudes
Divina in se habeat, quantum et mereantur amorem :
Virgineumque agmen tanto vult nomine dici !...
Mox scripto insigni Crucis interpellat amicos,
Gaudia magna Crucis narrans magnosque triumphos :
Hinc, postquàm docuit populos, *Calvaria* semper
Erigitur ; si fortè nequit Crux illa locari :
« Ædificemus eam nostris in cordibus, inquit ;

---

(1) « Allons, mes chers amis,
      Allons en paradis ;
      Quoi qu'on gagne en ces lieux,
      Le paradis vaut mieux ! »

Nobiliorque Cruci nullus locus esse valebit ! »
Tertium opus, quæ sit devotio vera Mariæ,
Auxiliumque potens, edisserit : undè Mariam
Curat ubiquè coli per Sacra Rosaria Montfort ;
« Sic antiqua fides tota regione manebit !... »
   In templo vici, Dominici ex ordine, Rousset
Ore Pater fratrem laudat ; nàm tertius ordo
Accepit Socium Montfort ; Dominicus honore
Præcipuo Matrem Domini Montfortque colebant !
Illi Albigenses, huic pestis Janseniana
Cessit : uterque fuit per Sacra Rosaria victor !
Robur et æs triplex est sacra corona Mariæ ;
Nàm credenda docet, docet et facienda, moventque
Cor Domini Jesu mysteria singula, mente
Quæ pietas recolit, dùm fit oratio verbis.
« Quære Dei Matrem, per Sacra Rosaria quære :
Lumen erit tenebris, ægro certissima virtus !.... »
   In templo Fratrum, laus est præclara Simonis,
Qui titulum generalis habet munusque Vicarî.
Dicit apostolicæ Patris miracula vitæ :
Nullus terrebat labor ; omnibus omnia factus,
Quærebat solas animas, nil cœtera curans !
Post mortem, remanet quoquè verus Apostolus : eccè
Prædicat ore Patrum, pueros docet atque puellas
Per Fratres socios semper sociasque Sorores :
« Si quæris Patris monumentum, hæc inspice circùm ! »
   Nocte dein tota, tumulum densissima turba
Continuis recolit precibus, piaque oscula figit,
Floribus et spargit statuam : tu vota, Beate,
Quum valeas, Montfort, de cœli sedibus audi !

---

## VI. Troisième jour du Triduum

§ Iᵉʳ — Les décorations. La Messe Pontificale. Les Évêques présents

Splendida prima dies, solemnior altera : vincet
Tertia lux alias, sicut sol sidera vincit.
En pinxêre domi mysteria nota Sorores
Quinque decemque, piè quæ nostra Rosaria dicunt :
Atria magnifico fulgent decorata labore !...
Cerne triumphales per singula compita malos ;
Cerne modis variis inserta Rosaria malis,
Cerne Cruces : depicta patet devotio Monfort,
Perque vias omnes spectacula dulcia mentem
Ad cœlum rapiunt ! Pompa fulgentior omni
Ingens concursus populi : ferè millia centùm
Convenêre ; anima una fuit, cor omnibus unum,

Et laudare Deum, et Patrem laudare Beatum !
Legatos Vendæa Senatoresque triumpho
Gaudet adesse suos : sic stabit gloria gentis !
Quantam Sacerdotum turma est, qui mente revolvunt
Sancta exempla Patris, sanctumque ad prælia robur ;
In mundo pressura quidem, sed præmia cœlo
Certa manent : vicit Christus, vincetque sacerdos !
Pontificum veneranda cohors cum plebe fideli
Cantica lætitiæ defert et gaudia miscet ;
Et si nòsse placet, dicam tibi carmine quinam
Pontifices hodiè adfuerint, pars maxima pompæ.
Pontificalis enim dùm sunt solemnia Missæ,
Ordine quisque suo graditur. Sic ordine primus
Belliciensis adest, Cenomanensisque secundus ;
Tertius et Præsul Sagiensis, et ordine quartus
Præsul Rupellæ ; quintum ordine cerne Blesensem,
Indè Suessionum Patrem, cui proximus adstat
Nannetensis ; adest Engolismensis, et illum
Nonus Aturensis sequitur, mox Andegavensis,
Undecimusque Venetensis, tituloque Sebastæ
Indè coadjutor Rhedonensis Præsulis ; illum
Subsequitur Præsul quo nostra Lutetia gaudet ;
Eccè, loco insigri, Clodoveus Lucionensis ;
Facturusque Sacrum, quem Romæ purpura vestit,
Ordine quindecimus Præsul Rhedonensis habetur.
Quis digne valeat sacros depingere cantus,
Effusasque preces, solemnis tempore Missæ ?
Audiat e cœlo Dominus pia vota precantum !

### § II. — Le Panégyrique de Monseigneur Freppel

Sed jàm dicturus Patris præconia Præsul
Andegavensis adest ; olli *Calvaria* sedes ;
Coràm, turba ingens ; pendent dicentis ab ore
Pontifices, populique silent ; vix clarior usquàm
Sermo fuit : legisse parùm est, audisse necesse est !
At totus parvâ in chartâ depingitur orbis ;
Sic liceat tantas aliquali carmine laudes
Delibare mihi ! Dixit quæ viderit ætas
Nascentem Patrem : Ludovici gloria regis
Summa fuit decimi quarti ; sed Gallia multis
Languebat vitiis ; corruptis moribus, ipsa
Languebat doctrina, novoque errore negabat
Janseniana lues populis alimenta salutis.
Et zelo vitia, et duram Pater ille Beatus
Doctrinam quoque divino correxit amore !
Quos docuit populos ? Dederat sua jussa Beato
Clemens undecimus : concives semina verbi

Accipient primi, multisque laboribus amplam
Terra dabit messem; Vendæos indè docebit;
Lucio Lescurium, Champflour Rupella videbat
Pontifices incæpta viri zelumque probare.
Sic regio Oceanum versùs latissima Patrem
Audiet, atque animis exempla et verba manebunt,
Ut maneat semper Christo Vendæa fidelis,
Ense ipso tuitura fidem !.... Quænam arma Beato ?
Viva fides, et vivus amor Crucis, indè Mariæ
Vivus amor : lorica triplex, et nescia vinci !
Primùm quanta fides ! Mysteria prædicat ore
Carminibusque canit ; mira est industria Patris,
Ut doceat cunctos ; exempla, oratio, verba,
Omnia plena fide !.... Crucis at præcordia quantus
Urget amor ! Divina Crucis mysteria libro
Scripta patent, bonitas Domini, sapientia, virtus ;
Crux hominum peccata luit, Crux omnia portat,
Crux Evangelii summa est, curatque Beatus
Per montes plateasque Cruces expandere lumen ;
Plenus amore Crucis, miris hunc versibus effert :
« Vivat Jesus, ait, vivat Crux inclyta Jesu ! »
　Sed multos austera Crucis si semita terret,
Dulce feret trepidis solamen imago Mariæ.
Quanta Dei Matrem signat clementia ! Montfort
Laudibus innumeris celebrat pretiosa Mariæ
Auxilia, et planum per Sacra Rosaria cœli
Monstrat iter; peccatori spes magna, Maria,
Spes justo !... Hæc vivens docuit, moriensque Beatus
Consociat gratesque Deo gratesque Mariæ !...
Nunc per discipulos Patris servetur ubiquè
Viva fides, et amor Crucis, et devotio fervens
In Matrem Domini ! « Solus Deus » ore canatur,
Et « Solus Deus » unanimi quæratur amore,
Ut cecinit Pater, ut summo quæsivit amore !...

### § 3. — La Procession solennelle de l'après-midi

Vespere per vicum splendescit pompa triumphi !
Ordine prima venit magno splendore coruscans
Sancti Laurenti processio : vicus habebit
Relliquiam Patris, quæ summo fertur honore.
Mox veniunt Fratrum Sancti Gabrielis alumni,
Et lœtis circùm concentibus aëra replent;
Post, ipsi pulchro procedunt agmine Fratres ;
Relliquiamque ferunt, quam Fratrum ecclesia servet,
Presbyteri, quondàm Sancti Gabrielis alumni.
Subsequitur Sophiæ divinæ turma Sororum,
Cantica sacra canens, manibusque Rosaria gestans,
Continuasque preces pietas ad sidera tollit.

Indè alii Fratres, quos claro nomine Sanctus
Spiritus exornat, veniunt, celebrantque Beatum!
En jàm clerus adest, Levitarumque cohorti
Ampla Sacerdotum succedunt agmina ; Patrem
Cantibus et precibus laudant ; sociique Mariæ,
Presbyteri sex, ossa ferunt veneranda Beati
Magnifica capsa. Titulis aut munere clari
Presbyteri incedunt, Prælatique ordine justo ;
Demùm Pontifices populis benedicere gaudent.
Quantus honos Patri Montfort ! Miracula cantùs
Ornamenta viæ, pietas generoa precantûm,
Omnia demulcent animum : spectacula cœlo
Digna vides, et perseverat tres pompa per horas !
Sic Deus extollit servum ! Vox omnibus una :
« Ora pro nobis, post talia festa, Beate !....
Gloria, laus et honor tibi sit, Ludovice Maria !....»

## VII. — Dédicace et vœu du poète

Hos, Præsul Clodovæe, pii gregis optime pastor
Qualescunque Tibi securus dedico versus,
Qui Patris Montfort exempla et verba secutus
Toto corde Crucem populo cultumque Mariæ
Insinuare cupis. Gaudes celebràsse *Beatum !*
Glorificet Dominus nova per miracula Montfort,
Ut *Sanctum* citiùs Romana oracula dicant,
Et *Sanctum* ipse novo possis celebrare triumpho !...
    Amen, amen, amen !....

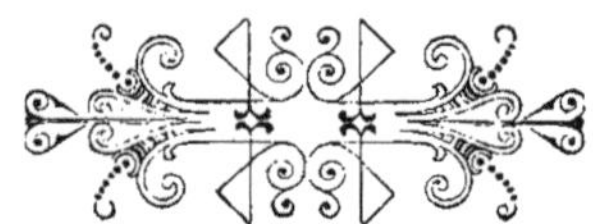

# TABLE DES MATIÈRES


pages

Béatification du Serviteur de Dieu Louis·Marie Grignon de
  Montfort. ...................... ..................................  3
Instruction de la cause. .........................................  4
Procès des écrits de Montfort. ...................................  6
Procès des vertus de Montfort. ..................................  8
Procès des miracles de Montfort. ................................  11
Décret terminant la procédure. ..................................  14
Ouverture du tombeau de Montfort ..............................  17
Béatification solennelle de Louis·Marie Grignon de Montfort...  20
Supplique. ......................................................  23
Bref de Béatification .............................................  24
Audiences accordées par le Saint-Père au pèlerinage vendéen..  32
*Triduum* à Saint-Louis-des-Français. .............................  38
Lettre pastorale de Mgr l'Evêque de Luçon pour annoncer le
  *Triduum* solennel de Saint-Laurent-sur-Sèvre ..............  43
*Triduum* célébré à Saint-Laurent·sur-Sèvre ...................  55
Discours de Mgr Ardin, évêque de la Rochelle. ...............  75
Discours de Mgr Richard, archevêque de Paris. ...............  87
Discours du R. P. Jules Trotin, supérieur général de la Congré-
  gation des Enfants de Marie Immaculée. ...................  99
Discours de M. l'abbé Simon, vicaire général de Luçon. .......  111
Discours du R. P. Nauleau, de la Compagnie de Jésus. ......  133
Discours du R. P. Matthieu-Joseph Rousset, des Frères Prê-
  cheurs. ......................................................  155
Discours de Mgr Freppel, évêque d'Angers ..................  173
*Lumen in cœlo* (poésie). ......................................  187
Béatification de Louis-Marie Grignon de Montfort (poésie). .....  191
La fête du Bienheureux Montfort (poésie). ...................  195
*Triduum* du B. Louis-Marie Grignon de Montfort (poésie latine)  199



Luçon, imp. Veuve Bideaux et Fils.

www.ingramcontent.com/pod-product-compliance
Ingram Content Group UK Ltd.
Pitfield, Milton Keynes, MK11 3LW, UK
UKHW021641170726
13836UKWH00005B/2327